L'Efficacité
du Commercial

Éditions d'Organisation
Groupes Eyrolles
61, bd Saint-Germain
75240 Paris Cedex 05

www.editions-organisation.com
www.editions-eyrolles.com

Cet ouvrage, traduit en espagnol, en polonais et en arabe littéraire, a reçu le premier prix du « Meilleur ouvrage économique traitant de la fonction commerciale » décerné par les Dirigeants commerciaux de France (DCF). La septième et présente édition est complètement refondue et mise à jour.

En toutes choses, la préparation assure le succès
comme l'imprévoyance entraîne l'échec.

凡事预则立，不预则废

En toutes choses, la préparation assure le succès
comme l'imprévoyance entraîne l'échec.

René Moulinier

L'EFFICACITÉ DU COMMERCIAL

LES 14 CLÉS DE LA RÉUSSITE

Quatrième édition 2008

EYROLLES

Éditions d'Organisation

Du même auteur, chez le même éditeur

Les techniques de la vente (Prix DCF)
Vendre aux grands comptes
Les entretiens de vente
Vendre pour la première fois
Prospection commerciale, stratégie et tactiques
Comportements de vente (avec J.-L. Lehmann)
Comment rater une vente (avec S.-C. Moulinier, illustré par Mick)
Visites clients : préparez vos négociations
Manager les vendeurs
Le livre du chef des ventes
Le recrutement des commerciaux (avec F. Mantione)
Mener une réunion efficace
Former pour la première fois

Chez d'autres éditeurs

Guide du savoir-vivre des affaires (Chiron éditeur)
L'Essentiel de la vente (Chiron éditeur)
Dictionnaire de la vente (Vuibert)
L'évaluation du personnel (Chiron éditeur)
Gestion du temps : manager son travail, manager sa vie (Chiron éditeur)
Techniche e psicologia della Vendita (avec C. Rotondi) (Rizzoli – ETAS)
Guidare una Forza di Vendita (avec C. Rotondi et G. Morganti) (Rizzoli – ETAS)
La Valutazione dei Collaboratori (avec C. Rotondi et G. Morganti) (Rizzoli – ETAS)

Cassettes audio

Mieux vendre I – Mieux vendre II
Disponibles chez Moulinier et Associés E-mail : rene.moulinier@wanadoo.fr
Tél. : 01 45 22 67 76

Audiolivre

Vendre avec succès (www.audible.fr)

Sommaire

Présentation

Entre le moment où nous écrivions le premier état de cet ouvrage et aujourd'hui, plus de cinq lustres se sont écoulés. Pendant ce temps, que de changements dans la pratique des métiers de la vente !

Notre marché est devenu une région de l'Europe, la crise économique mondiale, resserrant son étau n'a épargné aucun pays, exacerbant la concurrence ; le mouvement de concentration des entreprises a concerné tous les secteurs de la vie économique ; se sont dessinés autour de l'action commerciale des horizons incertains ; le pilotage à vue, conséquence de ce qui précède, sans rendre caduques les stratégies à long terme, a rétréci l'amplitude temporelle des plans d'action ; l'informatique et la télématique, enfin, sont devenus les compagnons de route des commerciaux.

Il était donc nécessaire de repenser complètement un travail qui a rencontré un succès de librairie jamais démenti, d'autant plus que nous avons nous-même, à l'occasion de nos collaborations avec des entreprises de tous métiers et de toutes dimensions – de la multinationale à la PME régionale – poursuivi le développement de nos méthodes et affiné nombre d'instruments.

Voici donc la nouvelle édition, profondément remaniée, des *Dix clefs de l'efficacité du commercial*, que nous comptons aujourd'hui au nombre de quatorze.

Ce livre est un manuel de travail, un traité de la rigueur en matière de vente. L'auteur vous propose de le lire, crayon en main, en disposant près de vous vos instruments de travail en clientèle. Pour la lecture – ou plutôt l'étude – de certains chapitres, vous vous munirez d'une calculatrice (mais les opérations à effectuer sont simples), de cartes Michelin ou similaires de votre secteur de vente, de crayons de couleurs, de feuilles de papier, de votre ordinateur portable, etc.

Cet ouvrage s'adresse aux commerciaux[1], chefs de vente, directeurs commerciaux, chefs de produits et directeurs du marketing soucieux de se perfectionner ou de perfectionner leurs hommes dans la conduite des opérations de vente. Traité de la méthode, ce livre part de l'observation qu'il ne suffit pas d'être un vendeur doué pour vendre. Il faut encore avoir réfléchi à ses intentions et être organisé pour vendre. Nous croyons même personnellement que dans notre pays conservateur, où la réussite personnelle suscite davantage des réflexes de jalousie et de destruction plutôt qu'une saine émulation, c'est encore l'organisation qui impressionne et qui a le pas sur l'aisance de comportement du vendeur.

Ce livre s'appuie sur plus de vingt-cinq ans de conseils commerciaux pratiques en entreprise et l'auteur manifeste sa gratitude envers les sociétés qui lui ont permis de forger et de perfectionner les démarches et les instruments présentés dans cet ouvrage.

Toutes les méthodes présentées dans ces pages ont fonctionné correctement en entreprise : il ne s'agit donc pas ici d'hypothèses de travail exposées par un théoricien, mais au contraire de la synthèse condensée d'un nombre assez important d'expériences pratiques.

LE VENDEUR ET LA MÉTHODE

Ceci étant, quand nous écrivons que ces démarches ont fonctionné correctement en entreprise, il nous faut faire état des réticences, des rébellions parfois que cette rigueur – en apparence privatrice de liberté pour les hommes – a pu susciter lors de sa mise en place. Il faut comprendre ces réactions. Bien des vendeurs ont choisi ce métier par goût pour l'indépendance, pour mener une vie active, loin des contraintes d'une direction parfois distante de plusieurs centaines de kilomètres, loin de la monotonie et de la régularité de la vie de

---

1. Le vocabulaire qui désigne les vendeurs itinérants est, on le sait, assez riche: du « voyageur » qui sent son ancien temps, au vendeur, VRP, délégué, attaché, agent, « technico-commercial », ingénieur de vente, ingénieur d'affaires, représentant, responsable de clientèle, de région, de marché, de secteur, etc. Nous avons choisi d'employer préférentiellement soit le terme vendeur, soit l'adjectif substantivé commercial, dont l'usage se répand de plus en plus.

bureau. Et voilà qu'un conseil vient changer cette vie libre – passablement colorée d'anarchie – pour ordonner, réguler, canaliser ! Si nous évoquons ce phénomène de révolte, c'est pour rendre un hommage d'autant plus prononcé aux directions commerciales qui ont su travailler au coude à coude avec nous pour mettre en place des dispositifs dont elles se félicitent aujourd'hui. Contre les hommes ? Même pas. Ceux qui sont sur la route nous racontent aujourd'hui ces séminaires passionnés – passionnants – comme une rude expérience qui leur a révélé de nouvelles potentialités. La rigueur adversaire de la liberté ? Allons donc ! La rigueur, condition de la liberté.

LES BÉNÉFICES DE LA MÉTHODE

Ceux qui, nombreux bien entendu, n'ont pas travaillé avec nous au sein de groupes de formation se trouvent vraisemblablement dans cette disposition d'esprit qui fait dire, avec un haussement d'épaules : « Une méthode ? À quoi bon ? » Auprès de ceux-là, je voudrais plaider en faveur de la méthode.

Prenons une situation pluri-quotidienne pour un vendeur, celle d'une négociation avec un client. Il peut se fier à son inspiration, à son aisance naturelle, à son art de retomber sur ses pieds quelle que soit l'acrobatie à laquelle il s'est livré. Nous voulons bien, mais cette improvisation permanente est, soit angoissante, soit tout simplement fatigante. Au surplus, si l'on considère les résultats, honnêtement, on peut estimer que l'on a raté des opportunités, faute de préparation.

La préparation : tout est là. Avant de construire une maison, le bâtisseur s'assied sur une pierre et réfléchit. Il met en place une méthode. L'esprit de méthode incite à réfléchir avant l'entretien, avant tout entretien. Ainsi, l'on est particulièrement exercé quand on doit préparer un entretien délicat.

Un entretien méthodiquement préparé conduit à le structurer, ce qui est un facteur de clarté pour l'interlocuteur. On observe également que cet entretien bien préparé gagne en cohérence et en densité. Les résultats obtenus sont plus rapides et plus nombreux. Parce qu'on a envisagé les obstacles, on se trouve moins surpris quand ils se présentent, et détendu et habile pour y répondre. L'esprit de répartie n'est-il pas dû à une intense préparation ?

Ayant un but précis à atteindre, sachant à tout moment comment évolue l'entretien, ayant l'initiative de la manœuvre, on se sent plus détendu et sûr de soi.

Et les questions que l'on se pose sur l'entretien que l'on vient d'achever sont pertinentes puisqu'elles se fondent sur les jalons mis en place lors de la préparation. Ce retour en arrière, au surplus, est peut-être ce qu'il y a de plus formateur dans la vente. Encore faut-il disposer des points de repère de la méthode pour en retirer toute la « substantifique moelle ».

Parce qu'on possède son sujet, on est plus disponible pour l'écoute de l'interlocuteur : c'est dans les propos de l'interlocuteur que se trouve la plus grande mine d'affaires à traiter avec lui. Posséder son sujet, ce n'est pas se limiter à une voie unique, celle que l'on a choisie ; c'est pouvoir suivre les détours que vous fait emprunter votre interlocuteur, sans pour autant abandonner votre objectif. Simplement, vous disposez des ressources qui vous permettent d'organiser autrement votre tactique d'entretien.

Les mérites de la méthode ne se limitent pas au seul entretien de vente. Disposer d'une définition précise de ses activités, des objectifs généraux et particuliers à atteindre, être parfaitement éclairé sur le rôle exercé et les aides que peut vous apporter chacun des membres de la hiérarchie, s'inscrire dans une politique commerciale dont le contenu et le style sont clairement compris permettent d'exercer un esprit de jugement sensé en toutes occasions.

C'est cela, se sentir libre. Être soi-même, totalement, sur un océan incertain dont la carte vous est claire. Maître à bord de vous-même. Désarmant cette argumentation, j'entends certains lecteurs me dire : « *J'ai toujours agi ainsi. Pourquoi voulez-vous que je change ?* » Il est vrai qu'on a toujours le droit de se laisser dépasser par les événements. C'est aussi cela la liberté. Et c'est un choix que de ne rien faire. Ce n'est heureusement pas le point de vue de la majorité des vendeurs.

LE NOUVEAU VENDEUR

Malgré nos difficultés économiques – ralentissement des affaires et chômage – un métier reste très préservé : celui de la vente. Mais ce métier a ses exigences : il demande santé, régularité, courage. De plus, c'est un métier dont l'accès sera de plus en plus réservé à des hommes et des femmes qui, aux qualités énoncées ci-dessus, sauront ajouter un minimum de culture contemporaine. Les acheteurs évoluent et sortent en bataillons de plus en plus fournis des études secondaires et même supérieures. Les affaires évoluent et deviennent de plus en plus complexes. La vente s'internationalise et se situe sur des territoires aux langues, aux mentalités, aux mœurs différentes. Pour être parfaitement à l'aise aujourd'hui et demain, les vendeurs doivent nécessairement faire preuve d'ouverture et d'adaptabilité. Ceci repose d'abord sur un bon niveau d'expérience et de connaissances.

Le vendeur au cou de taureau, la face rouge, doté d'une solide fourchette, d'une panse proéminente et au baratin intarissable a vécu. N'y pensez plus. Le vendeur d'aujourd'hui est un homme d'écoute et de dialogue, un homme habile et tacticien, un homme indépendant et travailleur désirant gagner confortablement sa vie, un homme organisé et régulier, fiable pour ses clients, un homme de méthode. Toutes ces qualités sont en vous et peuvent être développées : ce livre tente de vous y aider.

Certains critiques, sans doute plus soucieux de séduction intellectuelle que d'efficacité, sans doute aussi trop éloignés de la vie et des contingences des hommes et des femmes de la vente, nous feront peut-être grief de ne guère présenter d'alternative dans nos méthodes. « *Il y a, au fond*, observeront-ils judicieusement, *la méthode Moulinier ou rien.* » C'est que c'est moins notre choix personnel qui s'exprime dans ces pages, que vingt ans de travail avec plus de cinq mille vendeurs, attachés commerciaux, délégués commerciaux, représentants, chargés de clientèle, inspecteurs, chefs de vente, directeurs des ventes, directeurs commerciaux, qui nous ont amenés à élaguer des méthodes peu probantes sur le terrain, au profit de celles seules qui apportent des résultats.

La programmation P.E.R.T. ? Oui dans quelques cas. La prévision par droite de tendance ? Combien de vos hommes peuvent-ils vous suivre sur ce terrain ? La mise en équation ? J'ai souvent observé que l'on prêtait une plus grande attention à la qualité du traitement mathématique qu'à la sûreté des informations mises en équation, alors que c'est l'inverse qui est important.

Par réaction contraire, qu'on ne taxe pas ce manuel d'« uniformiser par le bas » et d'être un opuscule démagogique et populaire. Ce livre manifeste une exigence de rationalité et il serait à tout prendre injuste de traiter par le mépris un ouvrage qui, attentivement suivi, fera progresser les hommes et leurs entreprises.

LES QUATORZE CLEFS

Pourquoi quatorze clefs ? Sans aller jusqu'à nous inscrire dans la « financiarisation de l'économie », il est certain que les entreprises, dans un souci de gestion rigoureuse de leur fonctionnement, s'attachent à la recherche de la productivité optimum de tous les services qui la composent. La fonction commerciale n'échappe pas à cette tendance, quand bien même l'équipe de vente et son encadrement font observer qu'ils sont les principaux apporteurs d'argent à l'entreprise. Apporter de l'argent ne dispense pas de le faire avec la plus grande efficacité.

Quels sont les facteurs qui concourent à cette productivité pour un commercial ? Nous en comptons quatorze :

- 1. Avoir une claire conscience de son rôle dans l'entreprise ;
- 2. Bien connaître son territoire de vente ;
- 3. Être imprégné des directives de la politique commerciale ;
- 4. Avoir défini ses objectifs ;
- 5. Ce qui retentira sur la gestion de son emploi du temps ;
- 6. Bâtir le programme personnel d'action du commercial
- 7. Organiser rationnellement ses circuits de visites ;
- 8. Maîtriser ses moyens d'organisation ;
- 9. Maîtriser les aides à la vente
- 10. Maîtriser l'information ;
- 11. Posséder à fond les techniques de la vente et la conduite des entretiens de vente ;
- 12. S'insérer dans le jeu d'équipe des opérations commerciales ;
- 13. Analyser ses performances et en tirer les conséquences ;
- 14. Être animé et entraîné par un management de qualité.

À l'exception des points 9 (techniques de la vente[1], préparation des visites[2], conduite des entretiens de vente[3], exploitation de la visite[4]) et

---

1. Aux Éditions d'Organisation : *Les techniques de la vente* (2003), *Prospection commerciale, stratégie et tactiques* (2001), *Vendre aux grands comptes* (2001), *Tactiques de vente gagnantes* (à paraître en 2009) ; chez Chiron éditeur : *L'essentiel de la vente* (2005).
2. *Tactiques de vente gagnantes, op. cit.*
3. *Les savoir-faire de la vente*, Éditions d'Organisation, à paraître fin 2008.
4. *Tactiques de vente gagnantes, op. cit.*

12 (management de l'équipe de vente[1]) que nous avons largement traités dans nos autres ouvrages, tous les autres facteurs sont étudiés dans le présent livre.

Aucune technique n'est neutre. Notre approche des conditions de l'efficacité de la vente ne l'est pas en tout cas. Elle exprime avec son langage propre une conception de l'action commerciale, une conception de l'entreprise, une conception du milieu économique. Les deux premières conceptions sont exposées ci-dessous.

VUE GÉNÉRALE SUR L'ACTION COMMERCIALE

La marche d'une entreprise, tirée par son action commerciale, peut trouver son origine soit dans la volonté motrice de ses dirigeants (cas plutôt rencontré dans les entreprises de création récente ou dans les entreprises dont l'équipe de direction a été profondément renouvelée) soit dans la volonté de survivre et de réagir aux forces qui se manifestent sur son marché (action des pouvoirs publics, action de la concurrence, courants socioculturels, progrès technique).

Qu'il soit d'action ou de réaction, pour l'entreprise ce mouvement s'organise soit spontanément, soit de façon réfléchie, par une stratégie et par des politiques qui gouvernent la production ou les approvisionnements, les finances, les hommes, l'administration, la vente, et qui se traduisent par la définition d'objectifs, par la mise en place de moyens coordonnés entre eux. Ces aspects sont traités dans les troisième et sixième chapitres.

La rémunération du vendeur dépend du marché et de la clientèle qui lui sont confiés, objet du deuxième chapitre, mais également de la tactique qu'il va élaborer avec la gamme de produits dont il dispose, ce dernier point étant traité dans le cinquième chapitre.

Mais il faut, pour penser son action, mettre en concordance prévisionnellement les produits et leur clientèle, de manière à avoir sous les yeux un plan

---

1. Aux Éditions d'Organisation : *Le livre du chef des ventes* (2006), *Manager les vendeurs* (2005).

de marche qui permettra au vendeur d'avoir les points de repère qui jalonneront son avancée. Ceci est étudié dans le quatrième chapitre.

Cette prévision des ventes est l'un des préalables à la détermination d'objectifs personnels pour le vendeur, question traitée dans le sixième chapitre.

Avant de se lancer dans l'action, le vendeur recense les moyens d'organisation dont il dispose et qui seront autant de supports lui permettant de préparer son entretien de vente, d'organiser son système d'information, d'apprécier lui-même ses résultats. Ceci est abordé dans le dixième chapitre.

Pour le soutenir dans sa démarche de vente, de multiples aides sont mises à la disposition du vendeur. Elles sont présentées dans les chapitres 11 et 12.

Les objectifs à atteindre, des moyens à sa disposition, des talents de vendeur, oui. Mais celui qui ne prend pas en compte la durée oublie l'un des aspects de l'action. L'emploi du temps se gère, l'imprévu se prévoit : ce sont les thèmes du septième chapitre.

La rationalité, principe central de notre conception de l'action commerciale, régit aussi les déplacements du vendeur afin d'optimiser l'emploi de son temps et d'augmenter son efficacité commerciale. Cette question est abordée dans les chapitres 8 et 9.

Un vendeur ne travaille pas seul. Il est inscrit dans des opérations d'ensemble : celles du régime habituel et les opérations exceptionnelles de promotion des ventes. L'une d'entre elles, impétueuse comme un torrent – la DRAC – est exposée au cours du chapitre 13.

Enfin, un regard en arrière s'impose. Il faut prendre du recul pour évaluer ses performances. Au cours du dernier chapitre, nous en exposerons le principe.

Nous avons voulu dans cet ouvrage couvrir, en un regard panoramique, l'ensemble des éléments qui conditionnent la réussite de l'action commerciale. Plus synthétiquement, l'action commerciale porteuse du chiffre d'affaires et génératrice de rentabilité pour l'entreprise peut s'analyser comme le produit du nombre de commandes – qu'elles soient enregistrées par le vendeur ou traitées directement entre le client et l'organisation commerciale en place – qui dépend du nombre de visites et du taux d'efficacité de chacune des visites. La valeur moyenne de la commande dépend du nombre de produits vendus multiplié par la valeur de chaque produit.

Ainsi, l'efficacité de l'action commerciale repose sur quatre fondements : le nombre de visites, le taux d'efficacité de chaque visite, le nombre de produits vendus, enfin la valeur unitaire de la rentabilité de ces produits (ou volume de marge).

Quels facteurs influent sur le nombre de visites ? La gestion rigoureuse que l'on fait de son temps pour en consacrer la plus grande part aux entretiens efficaces, l'organisation stricte de ses circuits de visite, mais aussi les usages professionnels que l'on doit subir (temps perdu sous des prétextes divers) et encore l'importance du temps requis pour vendre les produits, services ou biens dont on a la charge. On peut aussi estimer qu'une excellente méthode de vente est un facteur favorable qui influe sur le nombre de visites.

Le taux d'efficacité de chaque visite repose d'abord sur la méthode de vente, mais également sur la sélection sévère que l'on opérera parmi les clients et de la fréquence des visites que l'on effectue (voir chapitres 7, 8 et 9). On n'oubliera pas la plus ou moins grande facilité de vente des produits de la gamme. Ce dernier facteur dépend de la direction du marketing de la société.

La quantité de produits vendus dépend de la capacité d'absorption des clients, donc de leur sélection, de la fréquence des visites, de l'importance de la gamme (facteur indépendant des volontés du vendeur) et de la qualité de sa technique de la vente.

La valeur unitaire des produits vendus, si elle dépend de facteurs placés sous la responsabilité de l'entreprise, dépend aussi de la sélection des clients (la rentabilité des ventes aussi), ainsi que de la méthode de vente.

Ainsi le vendeur dispose-t-il d'un pouvoir potentiel important pour créer le chiffre d'affaires et la rentabilité de la société pour laquelle il travaille. Cela mérite considération aussi bien de sa part (il n'est pas seulement à la remorque des produits qu'il a à vendre) que de la part de sa direction. Les paragraphes qui suivent aideront cette dernière à méditer notre réflexion.

VUE GÉNÉRALE SUR LE MANAGEMENT DES COMMERCIAUX

Est-ce une entreprise au fonctionnement commercial idéal qui est présentée de façon sous-jacente au tissu des méthodes exposées ici ? En un sens, oui. Mais ce fonctionnement idéal n'a rien d'inaccessible, nous en parlons par expérience. Voici quelques aspects du vécu de cette entreprise.

Chaque année, en début d'exercice – ce peut être pour les unes la fin du mois d'août, pour les autres le mois de mars, pour d'autres encore le mois de janvier – une réunion générale de la force de vente, soigneusement préparée, rondement menée par une équipe de direction qui s'est fait conseiller ou s'est formée aux méthodes modernes d'animation, est l'occasion d'un bilan de l'année écoulée suivi de l'exposé des objectifs et des directives données aux vendeurs.

Il ne s'agit pas de ces réunions où l'on crée, à l'américaine, une sorte d'enthousiasme factice qui cache mal la réticence de certains et l'adhésion purement superficielle des autres. Il s'agit bien au contraire d'une réunion de travail où la participation est sincèrement vécue, notamment au sein de sous-groupes d'élaboration de recommandations pour l'application pratique des directives générales.

Les dirigeants commerciaux de cette entreprise sont-ils des êtres d'une qualité exceptionnelle ? Pas nécessairement. Seulement, ils sont informés des méthodes actuelles de direction et d'animation des hommes et ont su dialoguer et utiliser ceux qui, à l'intérieur ou à l'extérieur de leur entreprise, ont pu les conseiller et les entraîner au maniement de ces comportements et de ces techniques. À l'issue de la réunion, chacun part avec ses objectifs personnels et ses engagements, quel que soit son niveau hiérarchique.

L'animation de l'équipe de vente ne connaît ensuite pas de relâche. Les chefs de vente ou les animateurs de vente font régulièrement le point avec leurs hommes soit individuellement (rappel des objectifs, résultats enregistrés, écarts significatifs, raisonnements sur l'écart, mise en place du dispositif nécessaire pour rattraper les retards), soit en groupe, par exemple à l'intérieur d'une même région de vente (recherche de solutions, entraînement des hommes). Ces mêmes chefs de vente accompagnent plus ou moins régulièrement leurs hommes pour les appuyer lors de négociations délicates ou pour observer leurs lacunes et ainsi les perfectionner « sur le tas ». Un bon climat de travail règne dans l'équipe de vente : les vendeurs, se sentant à la fois suivis et appréciés, reconnaissent le souci de leur hiérarchie de les perfectionner et sont sensibles aux rapports humains qu'elle entretient. Au sein de l'équipe on peut s'expliquer franchement, puis les décisions qui s'imposent ayant été prises et appliquées, peu d'ombres en définitive obscurcissent l'action quotidienne.

Tableau idyllique et touchant ! objectera-t-on. Où trouverez-vous les hommes qui s'inscriront dans un tel cadre ?

Observons d'abord que l'homme au travail apprécie qu'une ligne de conduite lui soit tracée et que l'on se penche avec intérêt sur ses comportements, ses performances et ses difficultés. Observons aussi qu'une autorité se justifie d'autant plus qu'elle est d'abord perçue comme une a i d e , avant d'être une contrainte pour celui sur lequel elle s'exerce.

De plus, cinq atouts sont entre les mains de la direction commerciale pour façonner et stimuler l'équipe. Les hommes sont ce qu'ils sont et s'avèrent modérément perfectibles. Un bœuf de labour ne deviendra jamais un taureau de haute lignée. Mais c'est précisément au moment du recrutement – à condition d'avoir défini au préalable quel type d'homme on veut sélectionner – que l'on peut faire entrer le collaborateur qui, par son caractère, ses aptitudes et son psychisme, correspondra le mieux au profil que l'on souhaite, et donc l'homme qui sera naturellement le plus dans l'esprit et dans le comportement de travail que l'on désire. C'est un premier atout.

Le deuxième atout entre les mains de la direction commerciale est sa politique de formation et de perfectionnement. Nous préciserons simplement que le progrès accompli par un vendeur ne s'obtient pas au cours d'un séminaire, aussi réussi soit-il, mais naît d'une action continue, dont les séminaires jalonnent les étapes.

Troisième atout, la politique de rémunération, au service des hommes, mais en accord étroit avec les objectifs de l'entreprise.

Quatrième atout, la mise en place d'un processus de promotion interne. À cet égard, il faut admettre que certaines promotions ne peuvent s'accomplir qu'en sortant de l'entreprise. Ceci est aisé à pratiquer dans le cadre d'un grand groupe industriel par le passage d'une filiale à l'autre, mais est plus délicat dans le cadre des sociétés de plus petite importance.

C'est sans doute le cinquième et dernier atout, l'animation et la motivation des personnels de vente, dont l'effet est le plus appréciable sur les résultats d'ensemble, parce qu'il permet à la fois de susciter et d'entretenir l'élan, de tenir en main l'action de l'équipe de vente, de manifester son appui aux hommes en difficulté.

Ces sujets, malgré leur importance, ne peuvent pas être développés ici[1].

----

1. Ils sont traités dans *Manager les vendeurs, op. cit.*

Avoir une claire conscience de son rôle dans l'entreprise

PROFIL DU VENDEUR

Une force de vente désigne un ensemble d'hommes et parfois de femmes, structurés et en mouvement, pour atteindre les objectifs commerciaux qui leur sont assignés. Ce n'est pas ici le lieu d'évocation de la structure de la force de vente, mais on peut esquisser le cadre d'un profil-type de vendeur, dans la mesure où, par rapport au thème des « clés de l'efficacité du commercial », chaque vendeur est le fondement et la clé de voûte de l'efficacité des dispositifs commerciaux mis en place par la direction commerciale.

Un profil de vendeur se définit d'une part par rapport à sa place dans l'organisation de l'entreprise et d'autre part par rapport aux qualités spécifiques que nécessite ce métier singulier.

Placé dans une structure, le profil de vendeur s'analyse en termes de fonction, de responsabilités et d'activités. La fonction du vendeur a une utilité qui repose sur la contribution de son travail au devenir de l'entreprise : apport de chiffre d'affaires, recherche de la rentabilité, défense ou extension de la part de marché, maintien ou conquête de positions chez des clients « stratégiques », écoulement homogène des productions de l'entreprise, etc. La contribution du vendeur à son entreprise est en réalité constituée par l'atteinte des objectifs qui lui sont assignés. La fonction du vendeur se décrit aussi en termes de responsabilités, dont le champ peut être étendu ou restreint, dont les limites peuvent être floues ou précises ; ces responsabilités sont exercées sous le contrôle de la hiérarchie et donnent lieu à des sanctions (pénalisation ou récompense).

La place dans l'organigramme, le niveau hiérarchique éventuellement, la nature des liaisons hiérarchiques et fonctionnelles sont précisés dans la description du poste de travail du vendeur. Au-delà de l'aspect administratif de cette description de poste, il faut savoir si l'entreprise attend d'abord du vendeur qu'il soit discipliné (les liaisons sont définies alors de façon stricte, procédurière) ou qu'il prenne des initiatives (et l'on ne s'étonnera point alors que les liaisons soient définies de façon moins cadrée).

Activités et missions regroupent l'ensemble des tâches assumées par le vendeur pour atteindre ses objectifs. Pour plus de clarté, nous distinguons les activités, groupes de tâches à accomplir en permanence, des missions, groupes de tâches occasionnelles ou exceptionnelles, ou encore parfois hors fonction.

Activités des commerciaux

D'une définition de fonction à l'autre, les activités demandées à un commercial sont extrêmement différentes. Qu'on en juge à travers trois exemples extraits de définitions de fonction.

1. Le vendeur technicien est chargé de :
   - fidéliser et dynamiser la clientèle existante ;
   - créer de nouveaux clients ;
   - maximiser la pénétration des produits de l'entreprise sur son secteur de vente, conformément aux objectifs définis chaque année ;
   - mettre en place les nouveaux produits.

2. Le chargé de prospection a pour activité :
   - le repérage et l'identification des entreprises du secteur géographique ou de la branche professionnelle dont il a la responsabilité et qui ne sont pas en relation d'affaires avec notre entreprise ;
   - la prise de contact avec le ou les décideurs ;
   - l'étude des besoins des prospects et la mesure du degré de satisfaction éprouvé auprès des fournisseurs actuels ;
   - la conduite de la négociation jusqu'au terme de la première commande et le passage du relais au vendeur qui assurera ensuite la relation commerciale courante avec ce client[1].

3. L'ingénieur d'affaires est chargé de :
   - la prospection des affaires chez les générateurs d'affaires* (clients et prospects), y compris dans la phase préliminaire de la candidature à préqualification ;
   - l'étude du besoin du client (si nécessaire en associant un ou des ingénieurs de projet) en vue de la soumission de l'offre ;
   - la négociation jusqu'à l'accord sur le contrat ;
   - le suivi, sur le plan commercial, du déroulement de l'opération technique.

---

1. Consulter *Prospection commerciale, stratégie et tactiques, op. cit.*

À l'intérieur des activités et des missions, on fera la part des tâches de conception, d'organisation, d'information, d'administration, de gestion, et d'action (déplacements, nombre, durée et rythme des visites, etc.).

Un vendeur est d'abord un être humain, ce qu'aurait pu faire oublier la description très taylorienne qui précède. Sur le plan humain on peut le définir comme la conjonction de qualités et d'expérience.

Les qualités du vendeur se fondent sur ses aptitudes intellectuelles, ses aptitudes physiques, ses aptitudes psychiques. Sur le plan intellectuel, selon le type de vente pratiqué et selon les interlocuteurs rencontrés, on attend du vendeur un certain niveau de compréhension, un vocabulaire plus ou moins étendu, des possibilités de se renouveler, un sens plus ou moins aigu de la prévision, un esprit d'analyse et de synthèse plus ou moins développé.

Déplacements importants (un vendeur passe entre le quart et le tiers de son temps en voiture), tension due aux négociations répétées, parfois obligation de boire et de manger copieusement, ce métier exige des aptitudes physiques certaines.

Sur le plan psychique, n'oublions pas que le vendeur est un homme qui travaille essentiellement seul. Cette solitude, entrecoupée dans les entreprises qui animent bien leurs forces de vente par des accompagnements du chef des ventes, présente quelques avantages pour des personnes soucieuses d'autonomie, mais nécessite, à l'égal de la solide constitution physique, un psychisme particulier : solidité face à l'échec, courage, combativité, enthousiasme, sens du risque, autorité pour défendre son point de vue face à un interlocuteur, contrôle de soi, sociabilité pour communiquer facilement avec autrui.

Le profil humain du vendeur prend enfin en compte l'expérience accumulée par celui-ci : cette expérience génère un certain savoir pratique, accumulation de milliers d'observations qui permettent une connaissance aiguë des types de clientèle, des produits, des variétés de négociation (simples, complexes), qui étoffent les méthodes apprises par expérience ou par intervention extérieure.

Les comportements des vendeurs nous semblent aussi être le fruit de l'expérience : ces comportements se travaillent et se perfectionnent, mais avec le temps, une certaine assurance, une certaine aisance remplace chez les sujets expérimentés les tendances au repli sur soi et à la timidité ; la prestance physique s'élabore, l'expression du visage se modifie, la gestuelle participe à une meilleure communication avec l'interlocuteur/client.

DISSIPER UN MALENTENDU

Quand on consulte les annonces classées de recrutement de vendeurs, ce qu'on y lit concorde souvent plus avec une idée répandue dans le grand public sur le vendeur qu'avec les besoins réels de l'entreprise. Le grand public associe à l'expression « bon vendeur » les images d'un homme brillant, ayant une grande facilité d'élocution (« baratineur »), entreprenant, enthousiaste, emportant la décision sabre au clair (un tantinet « violeur »). Au fond, l'idée reçue du vendeur en fait un homme violent dans son profil et son comportement.

On observe que ce type d'homme n'est pas très répandu dans la population française : ainsi on dresse dans ces annonces de recrutement un portrait dans lequel la majorité de nos contemporains ne se retrouve pas. Et l'on se plaint amèrement de ne pas trouver un nombre suffisant de collaborateurs de vente.

Si l'on partait du profil d'homme souhaité par les clients, à quelle description parviendrait-on ? Un client souhaite un homme actif et entreprenant. Un homme ayant le goût des contacts humains, si possible sympathique. Si possible seulement. Un homme attentif à ses préoccupations, à l'écoute de ses problèmes : oui, absolument. Un homme de bon service, de bon conseil, ce qui ne signifie nullement qu'il sera désintéressé. Un homme qui a le sens des affaires et qui est présent chez son client pour que chacun réalise, conjointement, de bonnes affaires. Un homme, donc, ayant le sens d'une négociation équilibrée pour les deux parties. Un homme régulier dans sa forme physique, dans son humeur, dans ses visites. Un homme de parole, soucieux de tenir ses engagements (annoncés avec la circonspection nécessaire, tous les engagements ne dépendant pas uniquement de lui).

Ce profil de collaborateur se trouve plus facilement que ce « baroudeur » idéal, cet « animal de combat », ce « parachutiste de la vente en prospection », ce « chef de commando » à qui on promet monts et merveilles et la fortune en prime, en espérant utopiquement que ce mouton à cinq pattes sera suffisamment crédule pour accepter le boniment avec lequel on croit l'attirer.

UNE ÉQUIPE ARDENTE

Qu'est-ce qui favorise l'ardeur au travail d'une équipe de vente ? Le senti-ment qu'elle s'inscrit dans une ambition collective, dont elle recueille en partie les fruits, la conviction qu'elle est commandée par des managers compétents, exigeants mais réalistes, attentifs aux hommes mais sans démagogie, offrant la possibilité réelle d'exprimer son point de vue et d'être traitée en groupe d'adultes. Mais aussi, et nous lui consacrons le chapitre 13, la possibilité de manifester son tonus lors d'opérations com-merciales temporaires. Il faut, de la part de la direction commerciale, savoir cultiver la capacité des hommes à atteindre collectivement des performan-ces. Le dispositif de la « D.R.A.C. » est une proposition organisée face à cette nécessité.

L'ardeur d'une équipe de vente résulte encore d'une politique de rémunéra-tion stimulante, d'un effort de formation qui ne soit pas seulement com-posé d'un saupoudrage épisodique de séminaires sans lendemain, mais qui au contraire corresponde à ce qu'on appelle « formation permanente », c'est-à-dire la recherche du perfectionnement de tous les instants, jalonnée d'évaluations, rudes parfois, mais franches et loyales.

L'accession à certaines responsabilités, les mesures prises pour que les ven-deurs soient fiers d'exercer leur métier (c'est parfois seulement une ques-tion de choix de véhicule professionnel, de niveau d'indemnités de repas et d'hôtels), le sentiment de faire équipe de l'extérieur avec l'intérieur de l'entreprise et d'en être apprécié, contribuent fortement à la stimulation de la force de vente (ici encore, ce n'est pas l'objet de ce livre de développer ce sujet).

LE GUIDE DU VENDEUR

Peu d'entreprises à notre connaissance ont cherché à ressembler en un document unique – qui peut avoir un caractère évolutif – les réflexions conduites sur le statut du vendeur dans l'entreprise, permettant de situer la position du vendeur dans le cadre des structures de marketing et commer-ciales de l'entreprise, de définir sa fonction, son poste de travail, ses res-ponsabilités, ses objectifs fondamentaux, de recenser les méthodes et les moyens de travail mis à sa disposition.

Un tel guide du vendeur comporte un nombre appréciable d'avantages. Tous les échelons de la vente, hiérarchiques ou fonctionnels, de la direction jusqu'au niveau de l'action en clientèle, ayant des rapports réciproques, sont ainsi parfaitement informés et conscients de leurs fonctions respectives et des limites et latitudes assignées à chacun.

L'élaboration d'un tel guide permet d'engager une réflexion fondamentale avant de dresser un organigramme. On évite ainsi bien des définitions hâtives, inadéquates, non respectées, etc. Pour tout dire, on décrispe l'élaboration d'un organigramme.

Sur le plan du recrutement des collaborateurs de vente, le travail de celui qui recherche des candidats est grandement facilité, et de la même façon, l'insertion des nouveaux venus est exposée à un moindre risque d'échec : en effet, le candidat comprend assez clairement, dès les premiers contacts avec l'entreprise, quelle est la nature du poste offert, ses limites, ses contraintes.

Sur le plan de l'évaluation des collaborateurs (voir chapitre 14), ce guide constitue le soubassement des documents et des méthodes qui permettront de jeter un regard aussi objectif que possible sur chaque vendeur.

L'évaluation ne trouve sa justification, dans une organisation dynamique, qu'associée au perfectionnement et le précédant. Ce perfectionnement nécessite un projet d'ensemble, ne serait-ce que pour étaler les investissements et les budgets dans le temps et pour former les hommes dont l'entreprise aura besoin au fur et à mesure de son évolution. Le guide, ici encore, sert de référence constante au projet de formation.

Une force de vente n'est pas un ensemble humain statique, mais, comme nous l'avons défini plus haut, un groupe en mouvement. Ce mouvement ne peut pas dépendre uniquement de l'élan des seuls vendeurs : il s'étiole vite s'il est livré à lui-même. Ce mouvement est suscité, entretenu, développé par l'animation. Mais pour que cette animation soit efficace, c'est-à-dire acceptée et même souhaitée par les vendeurs et leur hiérarchie, il faut que chacun, chef des ventes ou animateur et vendeur, sache ce qui lui est demandé et qu'il soit clairement répondu à l'avance à tout ce qui pourrait susciter un malentendu, que la règle du jeu, condition d'un bon climat de travail, soit exposée et ratifiée par chacun, que les responsabilités et les sanctions soient aussi caractérisées que possible. Ces questions sont évoquées ici.

AMBITION PERSONNELLE ET CONTRAT AVEC L'ENTREPRISE

Ne rêvons pas. Ils sont de plus en plus rares les collaborateurs qui se sentent « mariés à leur entreprise ». Le mouvement est – heureusement – devenu une habitude et tout homme a droit à ses propres ambitions. Le guide du vendeur a ceci d'appréciable, par rapport à cette observation, qu'il précise clairement les droits et les obligations, les responsabilités à exercer, les tâches à accomplir par le vendeur pour honorer son contrat.

Ambition personnelle ? Oui, dans le respect du contrat – écrit et moral – signé entre le vendeur et son entreprise. Encore faut-il qu'il y ait un contrat circonstancié et qu'ait été élaborée par l'entreprise une doctrine du vendeur : le guide du vendeur en est l'expression. Ce dernier constitue l'un des aspects du manuel du vendeur qui sera évoqué dans le chapitre 10.

2 Bien connaître son territoire de vente

Un représentant qui se voit confier un secteur de vente peut être comparé à un chef d'orchestre réputé à qui l'on confie la direction et la révélation des meilleures possibilités de l'ensemble d'exécutants et d'instruments qui composent cet orchestre.

Avant de travailler son secteur de vente pour lui faire exprimer toutes ses potentialités, ce représentant va se poser un certain nombre de questions relatives au territoire qui lui est attribué et aux produits, biens d'équipement ou services qu'il est chargé de vendre. Ces questions d'ailleurs ne se posent pas seulement quand on débute sur un nouveau secteur de vente, mais devraient être reposées épisodiquement, par exemple tous les deux ans, afin de faire le point sur son activité passée et ses perspectives d'avenir.

Voici quelques-unes de ces questions[1]. Nous commençons par les plus réalistes :

- Quel chiffre d'affaires vais-je réaliser (qui me rapportera quelles commissions, quelles primes, quelle rémunération) ?

- Qui sont les clients ? Quelles sont les catégories de clientèle ? Combien y a-t-il de clients à visiter ? Et qui ne sont pas visités ? Où sont-ils situés ?

---

1. On remarquera que ces questions tendent plus à donner une photographie instantanée de l'aspect du secteur. La direction du marketing de l'entreprise, outre qu'elle jette un regard sur l'ensemble du territoire national et des marchés mondiaux qui sont susceptibles d'accepter les produits fabriqués par l'entreprise, se soucie également des évolutions passées, des tendances pour l'avenir du produit, de ses concurrents et des produits éventuels de substitution.

APERÇU DU MARCHÉ LOCAL

Puis comme un chef d'état-major préparant un plan de bataille – il est vrai qu'entre les opérations commerciales et les opérations de guerre on a fait souvent des parallèles :

- Sur ce secteur, quelles sont les grandes villes ? Les principaux centres de consommation ? Les centres d'attraction ? Les zones en déclin ? Les zones en expansion ? Les manifestations qui nécessitent ma présence ? Et d'une manière générale, quels sont les « lieux » où il faut se rendre pour rencontrer la clientèle ? Quels sont les projets pouvant concerner mon activité ?

- Quels sont les axes routiers, les zones présentant une logique pour éviter des déplacements inutiles ? Y a-t-il des passages difficiles en hiver (cols fermés) ou en été (embouteillages routiers dus à la fréquentation touristique) ?

- Quelles sont les influences climatiques ? Saisonnières ?

- Quel est le pouvoir d'achat ? Quels sont les « indices de richesse vive » ? Combien y a-t-il d'habitants ? D'industries utilisatrices ? Quels sont leurs effectifs ? Quelle est la structure socioprofessionnelle ?

- Quelle est la collection des produits, biens ou services dont je dispose pour créer un chiffre d'affaires ?

- Quels produits seront vendus à quels clients ? Quel chiffre d'affaires puis-je réaliser avec chacun des clients ? Quel chiffre d'affaires puis-je réaliser avec quels produits ?

- Quelle est notre place sur le marché national ? Notre place sur le marché local est-elle supérieure ou inférieure à notre place sur le marché national ? Quelle est notre notoriété ? Quelle est notre image de marque ?

- Qui sont mes concurrents ? Quelle est leur notoriété, leur image, leur place sur le marché ? De quels moyens d'action disposent-ils ? Quelles sont leurs places fortes ?

- Quels sont les circuits de distribution ? Quelles sont les procédures de négociation pour pénétrer ces circuits ?

- Quelles sont les structures professionnelles qui environnent, freinent ou activent le marché (prescripteurs, organisations professionnelles, organismes de tutelle, etc.) ?
- Quels sont mes propres moyens ? Sur quelle organisation vont s'appuyer mes efforts ? Existe-t-il des méthodes, des procédures propres à ma société ?

À ces questions qui n'épuisent pas le sujet, il faut apporter des réponses détaillées. Ce livre vous propose un itinéraire à suivre et des méthodes pratiques pour organiser vos propres réponses. Cependant, la première question qui se pose peut s'exprimer ainsi : que vaut le secteur de vente sur lequel je travaille ? Quel est son potentiel de développement ?

ANALYSE DE LA CLIENTÈLE

Une analyse de clientèle se conduit en plusieurs étapes :
1. Repérage des « métiers » auxquels le produit que nous vendons peut convenir.
2. État de notre pénétration et de la qualité de cette pénétration.
3. Potentiels et développement présentés par ces clients.

LE REPÉRAGE DES « MÉTIERS-CLIENTS »

Un exemple emprunté à un fabricant de panneaux de fibre agglomérée situera cette notion de « métiers-clients ». Les partenaires de cette entreprise sont :

- les négociants en matériaux qui distribuent, stockent la marchandise et servent de relais de commercialisation ;
- les entrepreneurs qui assurent la pose (charpentiers, menuisiers, couvreurs, entreprises générales) ;
- les industries, pour leur usage propre ;
- les constructeurs de maisons individuelles ;
- les prescripteurs, qui souvent décident du choix du matériau (architectes, métreurs, bureaux d'étude, directions de l'Équipement, mairies, préfectures, régions, EDF, promoteurs immobiliers).

Sans vraiment considérer que le produit que l'on vend a une destination universelle, on doit envisager de manière large les solutions qu'il est susceptible d'apporter à un certain nombre de professions ou d'individus. Bien entendu cet état d'esprit concerne autant le marketing que la vente. Les deux fonctions peuvent s'ingénier parallèlement, au sein d'une même entreprise, à détecter de nouveaux créneaux, voire de nouvelles niches – c'est-à-dire des utilisations ou des débouchés où le fabricant s'assure soit l'exclusivité, soit évite largement la concurrence.

Ces nouveaux créneaux ne se limitent pas aux seules nouvelles formes de distribution apparues relativement récemment (vente par téléphone, vente par correspondance, vente par club à domicile, distributeurs automatiques, néorestauration, boutiques de station-service, centres de bricolage, vente par souscription, *cash and carry*, Internet, etc.) ; il existe dans la distribution traditionnelle de réelles possibilités d'ouverture : les négoces de matériaux de construction, par exemple, s'ouvrent largement aux articles et biens d'équipement de second œuvre destinés aux professionnels et, à partir de leurs magasins d'exposition, accueillent aussi les particuliers ; de la même manière, les grossistes renouvellent leurs services en s'adjoignant des *cash and carry*, ces sortes de libres-services ouverts aux professionnels et parfois aux particuliers ; ou encore le marché des collectivités chez lesquelles certains producteurs ont acquis de belles positions commerciales en sachant travailler avec ces circuits d'achat spécifiques.

L'ÉTAT DE LA PÉNÉTRATION PAR MÉTIER

Une fois les différents « métiers » repérés, une nouvelle analyse va consister à comptabiliser :

• les clients acquis et actifs. On considère en général comme clients actifs ceux qui ont commandé une fois au moins, ou un certain minimum, pendant les douze derniers mois ;

• les clients perdus ;

• les prospects repérés ;

• les prospects inconnus.

Il peut paraître paradoxal de recenser les prospects inconnus. *A priori*, on ne connaît pas leur existence et on ignore donc leur nom et leur adresse.

Cette indication du nombre de « prospects inconnus » est établie par différence entre les statistiques professionnelles – recensement d'annuaires et statistiques récupérées auprès de l'INSEE (Institut National de la Statistique et des Études Économiques) – et la somme des clients acquis, perdus et prospects repérés.

Au sujet des clients perdus, on peut se poser la question de savoir pourquoi ils sont partis. Les réponses sont pleines d'enseignement : ces clients perdus l'ont-ils été volontairement ? En raison de leur taille insuffisante ? Parce qu'ils étaient de mauvais payeurs ? Ont-ils été perdus involontairement ? Pourquoi ? Quelle est la conséquence de ces pertes sur le chiffre d'affaires ? Sur le taux de rentabilité ? Sur l'image de la firme vis-à-vis des autres clients ? Ces clients perdus doivent-ils être récupérés ? Peuvent-ils l'être avec les produits que nous vendons ?

En reportant sur un graphique les pourcentages de clients acquis, perdus, prospects repérés et, par différence, prospects inconnus, on dispose d'une vue synthétique et éclairante sur le secteur de vente dont on a la responsabilité, surtout si une comparaison est effectuée avec d'autres secteurs. Par exemple :

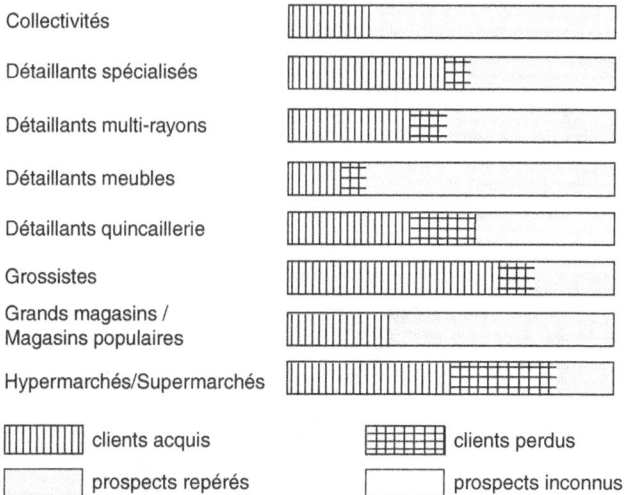

FIGURE 1 – *Pénétration par métier*

La comparaison d'un secteur à l'autre permet soit de trouver des explications plausibles (usages locaux, climat, géographie, géologie, etc.) soit de poser de bonnes questions : « *Ce qui est possible en Haute-Normandie n'est-il pas réalisable en Basse-Normandie ?* » Il faut bien trouver une interprétation aux différences.

LA LOI DE PARETO

Une chose est de repérer chez qui l'on est et chez qui l'on n'apparaît pas. Ceci ne donne pas toujours une vue suffisante de la clientèle. Il faut savoir si, pour l'essentiel, on est chez les clients les plus importants. Ce nouvel aspect de l'analyse se conduit en deux temps :

• repérer la structure de notre portefeuille de clients ;

• repérer ensuite les potentiels accessibles.

L'expérience montre que, dans toutes les entreprises, la plus grande partie du chiffre d'affaires ou du tonnage est réalisée avec un petit nombre de clients.

Pareto[1] a dégagé une loi dite des « 20 × 80 » qui observe que d'une manière générale, 20 % du nombre de clients porte 80 % du chiffre d'affaires. Assez curieusement, cette loi s'applique aussi en matière de produits (20 % de la collection des produits assure 80 % du chiffre d'affaires) et en matière de rentabilité des clients et des produits. Elle concerne aussi bien la dimension nationale qu'un secteur de vente régional.

Cette loi n'est pas une norme vers laquelle il faut tendre. Elle établit un simple constat. D'ailleurs l'observation centrale de la loi de Pareto peut osciller dans certains cas jusqu'à « 10 × 90 » ou dans d'autres cas se situer à « 40 × 60 ». La suite de ce chapitre montrera qu'une structure de portefeuille où 10 % des clients réalisent 90 % du chiffre d'affaires – cas assez répandu dans le domaine industriel et notamment chez les sous-traitants – peut rendre l'entreprise ou le secteur commercial extrêmement vulnérable, tandis qu'une structure de portefeuille de clients du type « 40 × 60 » – cas

---

1. Vilfredo Federico Samaso, Marquis Pareto, économiste et sociologue italien, né à Paris en 1848, mort en Suisse en 1923, professeur à l'Université de Lausanne.

fréquent dans les entreprises de produits de grande consommation – révèle une bonne assise de clientèle, où aucun client dominant ne risque de mettre l'entreprise en péril en raison de son poids, en raison de ses exigences ou à la suite d'un brusque départ.

CLASSEMENT DES CLIENTS

Pour classer pratiquement les clients, on dresse un tableau où apparaît en tête le client de chiffre d'affaires le plus élevé, puis le client venant immédiatement ensuite, jusqu'au dernier client, le plus faible en chiffre d'affaires. Chaque client reçoit un numéro d'ordre. Dans la dernière colonne on cumule les chiffres d'affaires.

	Numéro d'ordre	Nom du client	Ville	Chiffre d'affaires (en 000 €)	Cumul (en 000 €)
	1	Lachaise		1 207	1 207
	2	Brossard		1 045	2 252
	3	Fettig		696	2 948
	4	Pieuchot		665	3 613
	5	Thebault		627	4 240
	6	G B F		604	4 844
	...	....		....	
	...	....		....	
20 %	44	Gravières		98	10 050
	...				
	...				
	...				
100 %	216	Lastigue		3	12 563

FIGURE 2 – *Classement des clients*

(Sur ce tableau figure une colonne pour le nom des villes : nous en verrons l'importance dans le chapitre consacré aux circuits de visites de la clientèle).

Au moment où le calcul représente approximativement 80 % du chiffre d'affaires, on constate que l'on est aux environs de 20 % du nombre de clients.

Un tel travail, bien qu'il paraisse assez primitif, met en valeur qu'un nombre restreint de clients alimente la part principale du chiffre d'affaires et indique donc vers quels clients on doit porter une attention soutenue pour maintenir un certain volume d'affaires (cependant ceci ne constitue pas, tant s'en faut, une politique commerciale suffisante pour le secteur de vente considéré).

CLASSEMENT PONDÉRÉ DES CLIENTS : LES UNITÉS DE COMPTE

Dans certaines activités, le classement des clients par commercial n'est pas satisfaisant, dans la mesure où les rentabilités ne sont pas proportionnelles aux chiffres d'affaires et varient considérablement d'un produit à l'autre.

Il est alors utile de pondérer les chiffres d'affaires en les corrigeant par une sorte de coefficient. On établit ainsi un système d'unités de compte où chaque produit s'inscrit en chiffre d'affaires corrigé par la pondération dans le nombre d'unités de compte généré par chaque client. Par exemple, un produit dix fois moins rentable qu'un produit repère va être pris en compte pour le dixième de sa valeur unitaire. Il convient d'être très simple dans ces affectations de coefficients et de prendre des ordres de grandeur pour ne pas être conduit à corriger chaque année les coefficients en vertu des changements inévitables de rentabilité.

L'ordinateur est d'un grand secours pour ce genre de travail qui peut cependant, dans certains cas, être encore effectué à la main.

LES POTENTIELS DE DÉVELOPPEMENT

Les analyses qui précèdent ne sont pas suffisantes car elles ne concernent que la clientèle acquise. Dessiner un panorama de la clientèle ne prend son sens que si l'on débouche sur un éclairage de l'action commerciale à entreprendre. Celle-ci va s'appuyer à la fois sur l'entretien et le développement de la clientèle acquise et sur la prospection de clients disposant d'un potentiel de chiffre d'affaires disponible pour nos produits, services ou biens.

Qu'est-ce qu'un potentiel ? Il est souvent défini comme la totalité du chiffre d'affaires réalisé par un débouché de l'entreprise avec l'ensemble de ses concurrents. Cette notion ne nous convient guère pour l'action commerciale. En effet, il est souvent peu réaliste de considérer que l'on peut assurer la totalité des fournitures d'un client. Cela existe, il est vrai : mais le client, en se remettant totalement entre les mains d'un seul fournisseur, sauf cas exceptionnel, risque d'être bien embarrassé en cas d'accident de parcours survenu à cet unique fournisseur. En général, plusieurs fournisseurs se partagent les faveurs du client. Il est également réaliste de considérer que, quel que soit le dynamisme que l'on manifeste, quelle que soit la qualité des produits que l'on vend, la concurrence conservera une petite place chez ce client.

LE POTENTIEL ACCESSIBLE

En fonction de ce qui précède, nous proposons une définition plus réaliste et plus limitée du potentiel. Nous l'appelons le « *potentiel accessible* ». Il s'agit de la part que l'on peut raisonnablement conquérir chez un client ou un prospect.

Quatre termes de cette définition doivent être soulignés. Il s'agit de conquérir : on se place donc dans une perspective dynamique. L'adverbe « raisonnablement » trace une limite réfléchie aux possibilités de progression chez un client ou chez un prospect. Les deux termes « chez un client » et « chez un prospect » indiquent que la prospection ne se pratique pas exclusivement chez les non-clients mais commence chez les clients acquis.

La seule perspective de conquête ne serait pas réaliste. Les difficultés économiques ont contraint les entreprises et leurs forces de vente à observer que leurs clients, en pratiquant une chasse drastique aux références superflues, aux budgets incontrôlés, pratiquent une politique restrictive vis-à-vis de leurs fournisseurs. En conséquence, un potentiel accessible peut devenir négatif chez certains clients.

Il est également conseillé de définir un potentiel accessible en l'inscrivant dans le temps. De notre point de vue, un tel potentiel doit être fixé au niveau à atteindre par le vendeur sous un délai d'un à deux ans. Le potentiel accessible devient ainsi un niveau repère pour la prévision des ventes (voir chapitre suivant).

On peut objecter que le potentiel accessible n'est pas *a priori* connu. C'est en général la remarque qui est faite et qui débouche sur une directive de découverte des potentiels des clients adressée à l'ensemble de la force de vente.

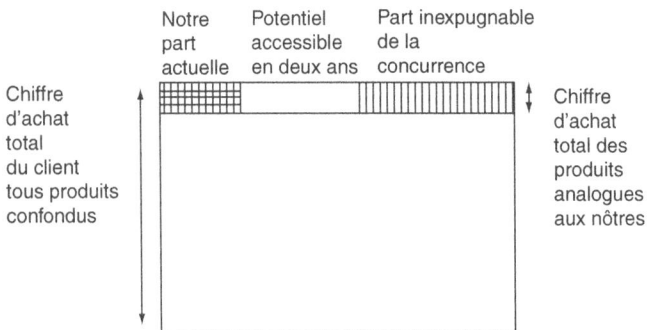

FIGURE 3 – *Potentiel accessible.*

En définitive, le potentiel accessible se distingue clairement :
• du chiffre d'affaires total du client ;
• du potentiel total du client, ou chiffre d'achats qu'il réalise à notre entreprise et à nos concurrents avec des produits analogues à ceux que notre entreprise lui propose.

Exemple de calcul du potentiel accessible

Un exemple permettra de comprendre en fonction de quels facteurs s'estime un potentiel accessible. On observera une réflexion de même nature dans le chapitre suivant sur la prévision des ventes, ce qui ne saurait étonner : estimer un potentiel accessible participe de la démarche préparatoire à la prévision des ventes, le potentiel accessible étant estimé pour un avenir proche.

Comme nous le constaterons, l'inventaire des facteurs permettant d'évaluer le potentiel accessible s'applique à des négociants en matériaux de construction.

Facteurs permettant d'évaluer le potentiel accessible des négociants

I. Son marché (9 facteurs)
- Environnement économique, conjoncture économique de la région (industrie, tertiaire, maisons individuelles, habitat collectif, HLM, rénovations, etc.), niveau de vie
- Implantation du négociant par rapport aux sites en mouvement
- Saisonnalité, régularité de son marché
- Initiatives locales (politiques, économiques)
- Impact des décisions législatives (Paris, Bruxelles, Organisation Mondiale du Commerce, etc.)
- Typologie de sa clientèle
- Dynamisme de cette clientèle
- Dynamisme de sa concurrence
- Nombre, importance, répartition des fabricants sur le marché (le fournisseur et ses concurrents)
- Usages/traditions locales d'emplois de matériaux

II. Le négociant (24 facteurs)
- Professionnalisme : dirigeant, force de vente, chauffeurs livreurs, magasiniers
- Dynamisme : (idem)
- Qualification du personnel, politique de formation
- Stabilité du personnel, style de management
- Organisation, méthodes de travail
- Clarté de la structure
- Part de marché sur son site :
  − avec déclinaison par famille de produits
  − tendances des ventes par famille de produits
- Stratégie du négoce (par exemple acquisitions, fermetures de dépôts, etc.)
- Politique commerciale, objectif de développement
- Politique d'achat, conduite vis-à-vis des fournisseurs (partenariat, girouette)
- Incidence des taux de saturation du fournisseur sur la zone du négociant
- Politique financière (vis-à-vis de ses clients : stricte, laxiste) et conséquences commerciales
- Notoriété du négociant
- Image du négociant
- Moyens matériels dont il dispose (surface, stockage, moyens de distribution)
- Moyens financiers (surface financière, garantie financière, adossement à un groupe)
- Spécialisation (généraliste, spécialiste)
- Connaissance de son marché
- Indépendant ou membre d'un groupe (degré de latitude dont il dispose)
- Affaire familiale ou société anonyme avec dirigeants salariés

- Âge des dirigeants/succession
- Chiffre d'affaires
- Part du fournisseur dans son chiffre d'achats en produits identiques
- Proportion des ventes directes (commission au négociant) et des ventes par dépôt

III. Le fournisseur (17 facteurs)
- Notoriété du fournisseur
- Image
- Effets de la gamme des produits en fonction de sa largeur et de son exhaustivité
- Proximité ou éloignement d'une usine ou d'un centre d'approvisionnement
- Connaissance du marché (qualité et densité de l'information recueillie par le commercial du fournisseur)
- Assistance technique et services
- Équipe commerciale du fournisseur : vendeur, démonstrateur, technico-commerciaux, correspondancières
- Densité de la présence du commercial chez le négociant
- Qualité de sa relation avec le négociant : compétence, stabilité, dynamisme, personnalité, liens de sympathie, etc.
- Produits nouveaux
- Compétitivité des prix du fournisseur, rentabilité pour le négociant
- Impact des opérations promotionnelles
- Aides à la vente (formation des clients)
- Qualité des produits
- Qualité des services
- Capacité à prescrire (apport d'affaires par le fournisseur au négociant)
- Perméabilité/vulnérabilité par familles de produits

FORCES ET FAIBLESSES DES CLIENTS IMPORTANTS, MOYENS ET PETITS

L'intérêt d'un client pour une entreprise peut s'analyser de trois points de vue : le volume (chiffre d'affaires, tonnage, quantités, séries, litrage, etc.), la rentabilité et enfin la sécurité (ou conséquence de son départ du portefeuille de clients ou des difficultés financières qu'il peut susciter).

Évaluées selon ce triple point de vue, les trois grandes catégories de clients donnent lieu aux appréciations suivantes.

Les clients importants permettent de réaliser un volume important, ce qui est toujours favorablement considéré par les responsables de la production. Ils sont plus ou moins rentables parce que leur poids dans les affaires du fournisseur leur permet de discuter les prix et d'obtenir diverses conditions qui pèsent sur ses coûts. De plus, la sécurité qu'offrent ces clients importants est faible : la perte de l'un d'eux est durement – parfois dramatiquement – ressentie par l'entreprise fournisseur.

Les clients moyens, eux, représentent, additionnés, un volume d'affaires appréciable ; leur rentabilité est bonne et la sécurité qu'ils offrent est importante, car la perte de l'un d'eux sera « amortie » par leur grand nombre, donc de peu de conséquence sur le volume total.

Enfin, les petits clients ne réalisent, tous ensemble, qu'une petite partie du volume d'activité de l'entreprise ; leur rentabilité n'est pas optimum, non pas parce qu'ils ont la possibilité d'exiger des conditions, mais parce que les frais de suivi administratif et commercial qu'ils nécessitent pèsent sur les frais généraux de l'entreprise. Ces petits clients offrent en revanche une bonne sécurité : le passage de l'un d'eux à la concurrence n'est pas ressenti.

En synthétisant les observations qui précèdent sur un tableau et en signalant l'aspect favorable par un ou deux « + », l'aspect défavorable par « – », que constate-t-on ?

	Clients importants	Clients moyens	Petits clients
Volume réalisé	++	+	–
Rentabilité	±	+	–
Sécurité	–	+	+

FIGURE 4 – *Volume, rentabilité et sécurité comparés.*

La tentation est grande chez les commerciaux de concentrer leur attention sur les clients les plus importants. Et l'on observe dans un premier temps que le développement du chiffre d'affaires peut être spectaculaire.

Oui, mais les clients importants, constatant quels poids ils représentent chez leur fournisseur ne se priveront pas, très vite, d'abuser de leur position pour exiger des prix de plus en plus serrés. La rentabilité des ventes décroît donc rapidement.

Les clients importants sont très courtisés par votre concurrence. Ils sont facilement versatiles. Ils peuvent estimer qu'ils vous ont suffisamment fait travailler et que maintenant c'est au tour de vos concurrents. Votre part de marché chez ces clients décroît rapidement.

La perte ou la forte restriction des affaires des clients importants est difficile à compenser. On observe que les clients importants ne sont pas toujours les partenaires idéaux de l'entreprise. Ceci ne veut pas dire que l'on peut s'en passer ! Les petits clients présentent un certain nombre d'inconvénients. Seuls les clients moyens semblent répondre favorablement à la triple légitime exigence d'une entreprise sainement conduite : volume d'affaires, rentabilité, sécurité.

CROISEMENT DES POTENTIELS ET DES CHIFFRES D'AFFAIRES

On peut compléter le tableau du classement des clients par chiffre d'affaires décroissant (voir page 27) par une colonne mentionnant les potentiels accessibles. L'étude des chiffres d'affaires et des potentiels accessibles sur un même tableau suscite des réflexions positives et indique dans quel sens mener son action commerciale. Cette étude s'appuie sur une matrice simple : dans chaque case, on inscrit les noms des clients selon leur catégorie d'appartenance aux potentiels et chiffres d'affaires importants, aux chiffres d'affaires moyens mais avec un potentiel important, etc.

Clients	Potentiels importants	Moyens potentiels	Petits potentiels
Chiffres d'affaires importants			
Chiffres d'affaires moyens			
Chiffres d'affaires petits			
Chiffres d'affaires nuls			

FIGURE 5 – *Croisement des potentiels et des chiffres d'affaires.*

Les réflexions issues du travail effectué avec la matrice des potentiels et des chiffres d'affaires sont enrichies par la prise en compte de la concurrence.

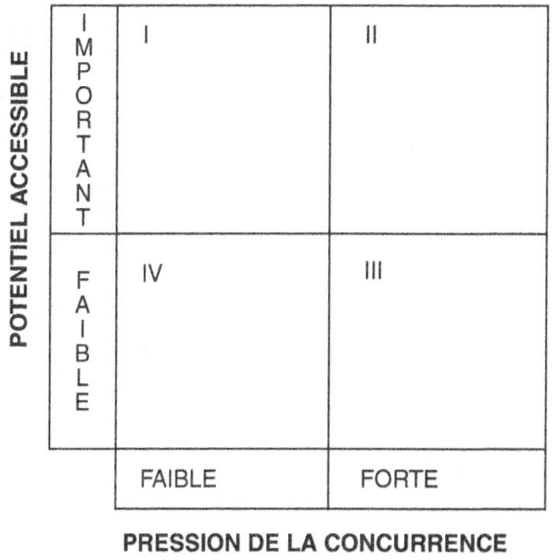

		PRESSION DE LA CONCURRENCE	
		FAIBLE	FORTE
POTENTIEL ACCESSIBLE	IMPORTANT	I	II
	FAIBLE	IV	III

FIGURE 6 – *Croisement des potentiels et de la pression de la concurrence.*

La répartition sur une matrice telle que celle représentée ci-dessus des clients et des prospects du secteur de vente aide à définir les axes de politique commerciale que développera localement le vendeur.

Chez les clients de la catégorie I (faible pression de la concurrence – ce qui est plutôt rare – et potentiel accessible important), la présence commerciale du fournisseur sera particulièrement dense. La direction des ventes suivra et épaulera intensément l'action du commercial ; on sera particulièrement attentif à tout ce qui accompagne la vente : qualité de l'exécution des commandes, du service après-vente, de la comptabilité client (avoirs déclenchés sans intervention du client par exemple), politique tarifaire avantageuse pour le client, soutien promotionnel marqué, etc.

Les clients de la catégorie II (potentiel accessible important, mais présence forte de la concurrence) sont dans une situation bien connue des commerciaux. Ici encore, le fournisseur se manifestera par une forte densité de présence. La politique suivie sera analogue à celle qui concerne les clients de la catégorie I, sauf peut-être sur le plan des soutiens tarifaires (attention à ne pas s'engager dans une bataille de prix qui rendrait ce client non rentable) et promotionnels (une promotion des ventes doit se traduire par une poussée des articles vendus, ce que peut empêcher précisément la concurrence). Si ce type de client s'avère peu ou pas rentable, en raison précisément de la politique du ou des concurrents, on envisagera une moindre présence, voire dans certains cas un retrait pur et simple.

Les clients de la catégorie III (faible potentiel accessible et forte pression de la concurrence, ceci expliquant peut-être cela) seront traités sans concession particulière, avec un suivi espacé. Les commandes seront prises si elles viennent sans effort.

Enfin les clients de la catégorie IV (faible potentiel accessible et faible pression de la concurrence) peuvent s'avérer relativement rentables, sans effort particulier. On observe aujourd'hui que ces clients, dès qu'ils sont repérés par la concurrence tendent à passer dans la catégorie III.

Il faut noter que le schématisme des décisions que prépare la matrice croisant les potentiels et la concurrence ne tient pas compte des multiples cas particuliers. Il faut donc la considérer comme une aide au défrichage, mais certainement pas comme la règle absolue des politiques commerciales locales.

LE DIAGNOSTIC DU SECTEUR DE VENTE

Un territoire de vente ne se lit pas avec les lunettes déformantes du tempérament d'un vendeur. Cela reviendrait alors à le décrire en fonction des clients que l'on aime rencontrer en raison de leur amabilité ou du fruité de leur eau-de-vie de framboise, ou en fonction du périmètre que l'on fréquente assidûment à cause de la proximité de son domicile ou de la qualité de la table de certains restaurants, ou en fonction des clients appartenant à une branche d'activité que l'on privilégie parce qu'on s'y sent particulièrement compétent ou encore en fonction de clients et de prospects davantage visités parce que les accès par la route sont plus confortables ; le corollaire de ce qui précède étant que les autres clients ou prospects sont négligés.

Ce qui précède est humain et peut-être même pittoresque, mais ne correspond guère à ce que l'on attend aujourd'hui d'un véritable professionnel de la vente. Celui-ci au contraire organise rationnellement sa réflexion en dressant le diagnostic du secteur, c'est-à-dire une étude qui permet de dégager :

1 – les places fortes du fournisseur ;

2 – les vulnérabilités ou fragilités de la position du fournisseur ;

3 – la répartition de la clientèle.

Les places fortes du fournisseur

Ces places fortes sont soit des positions assurées par certains produits de la gamme (exclusifs ou très performants ou d'un rapport qualité/prix particulièrement compétitif), soit des clients qui ont choisi de travailler en exclusivité ou en majorité avec votre entreprise.

Au sein de ce noyau solide de la clientèle, on remarquera les *clients phares*. Nous désignons ainsi les clients qui bénéficient d'une forte notoriété ou d'une image d'excellents professionnels ou dont la direction est assurée par un patron « médiatique » qui érige ce client en leader d'opinion ou encore qui se montrent exemplaires par leur spécialisation, etc.

Les fragilités de la position du fournisseur

Ces vulnérabilités concernent certains produits ou clients. La vulnérabilité d'un client – qu'il ne faut pas confondre avec la vulnérabilité financière – se définit comme une position menacée du fournisseur en raison d'un changement de direction, ou d'erreurs répétées du fournisseur, ou de l'entrée ou du fort développement de la collaboration de ce fournisseur avec un des concurrents de ce client dans un espace géographique proche, dont ce client prend ombrage et qu'il manifeste par des mesures de rétorsion sous la forme de boycott, ou de freinage, ou aussi simplement d'un « coup de sang » d'un patron pour un motif futile. L'appartenance ou l'entrée d'un client dans un groupe financier peut avoir pour conséquence d'éloigner ou de rendre plus opaque l'approche du centre de décision et de fragiliser le courant d'affaires engagé.

La répartition de la clientèle

Cette répartition se fait entre les clients très importants, importants, moyens et petits, en prenant en compte le potentiel accessible.

Pour mettre en évidence cette répartition de clientèle on a recours à une représentation par histogramme. En abscisse figure le nombre de clients, en ordonnée le chiffre d'affaires majoré ou minoré du potentiel accessible (ou si l'on préfère l'estimation du chiffre d'affaires futur au terme d'un à deux ans).

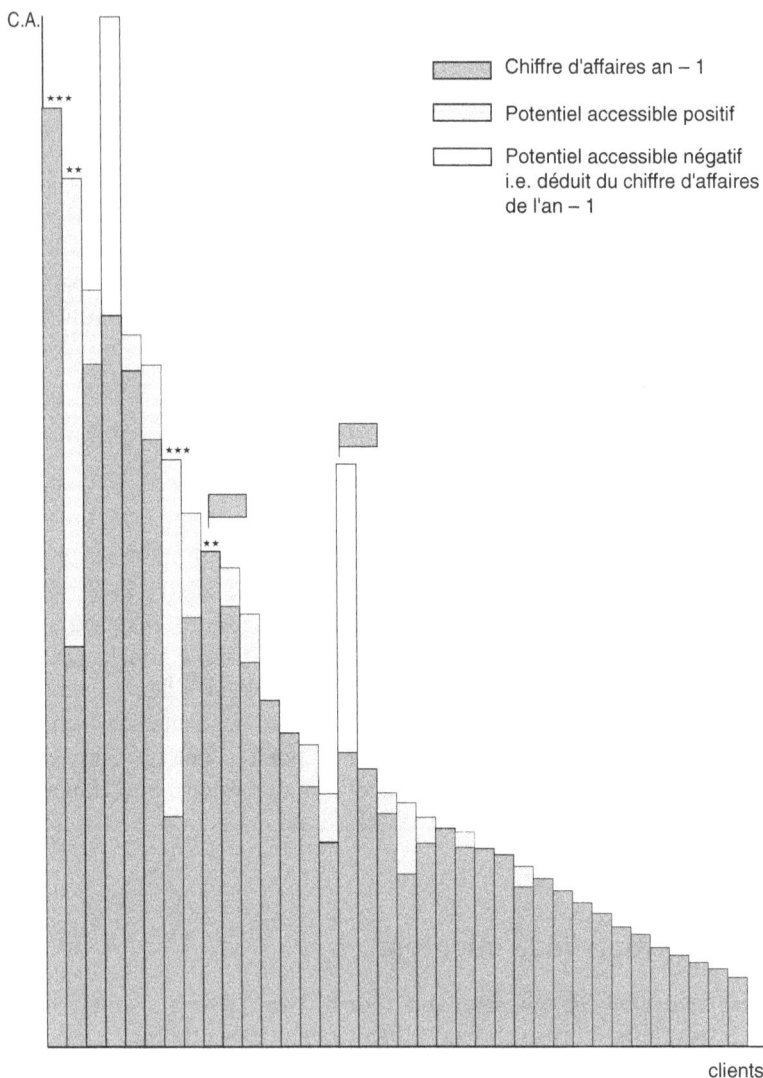

FIGURE 7 – *Histogramme de répartition de la clientèle.*

Voici un exemple d'une de ces représentations. On observera que le classement en fonction du seul chiffre d'affaires actuel aurait été différent.

L'histogramme peut être illustré par des étoiles (deux ou trois) pour signaler les clients phares et par un fanion rouge (signal de danger) pour avertir d'une vulnérabilité de la position.

La représentation graphique a pour principal mérite de faciliter l'interprétation. La concentration du chiffre d'affaires se trouve-t-elle ramassée vers la partie gauche du graphique ? (figure 8) Attention : la perte d'un seul de ces clients met fortement en péril la position du fournisseur dans ce secteur.

La courbe a une pente harmonieuse d'environ 45 à 50 ° ? (figure 9). La répartition du chiffre d'affaires comprend aussi bien des clients importants que des clients moyens ; la position du fournisseur semble solide.

La courbe est-elle interminablement étalée vers la droite ? (figure 10). Ce portefeuille comporte un nombre trop important de petits clients, coûteux à suivre ; mais la position du fournisseur est bien assise.

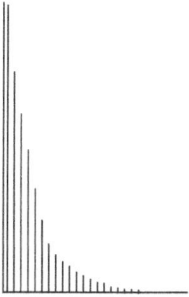

FIGURE 8 – *Histogramme*
10 × 90

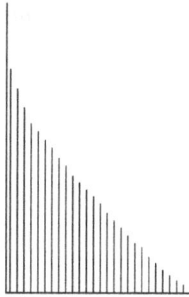

FIGURE 9 – *Histogramme*
30 × 70

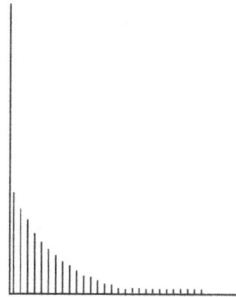

FIGURE 10 – *Histogramme*
40 × 60

LA VEILLE CONCURRENTIELLE COMMERCIALE

Participer à la veille concurrentielle, c'est-à-dire exercer en permanence une surveillance active de l'environnement commercial du secteur de vente est une activité normale pour tout vendeur – la veille concurrentielle, bien entendu, ne se limite pas au seul domaine commercial, mais s'étend aux évolutions techniques, juridiques et réglementaires, dont la surveillance incombe à d'autres spécialités de l'entreprise.

Il s'agit pour l'entreprise d'identifier les menaces et les opportunités le plus en amont possible pour anticiper et être en mesure de réagir tant qu'il est encore temps.

La veille concurrentielle commerciale s'exerce auprès des clients et sur les marchés de l'entreprise. Elle a pour objet :

• de prendre connaissance des forces et des faiblesses des concurrents ;
• de comprendre leur politique commerciale et tarifaire ;
• d'étudier leurs plans d'action ;
• d'être immédiatement informé de la sortie de nouveaux produits ;
• de détecter l'arrivée de nouveaux concurrents.

L'utilité de cette veille concurrentielle est de permettre à l'entreprise de situer ses forces et ses faiblesses par rapport à ses concurrents les plus actifs et les plus redoutables afin d'engager les actions internes visant à égaler, si ce n'est à dépasser, les concurrents sur leurs principales supériorités pour développer auprès de la clientèle les offensives et contre-offensives conduisant à gagner ou à maintenir ses parts de marché.

🛂 S'imprégner de la politique commerciale

Si le récit d'un soldat nous intéresse, quelle que soit la guerre ou la campagne à laquelle il ait participé et qu'il relate, c'est par l'intelligence qu'il exprime de l'ensemble du dispositif mis en place – ou oublié – par les hommes politiques et les chefs de guerre qui conduisaient l'action offensive ou défensive. L'auteur du récit ne s'est pas contenté des limites de son rôle, mais a dépassé la modestie de sa position en se plaçant dans un ensemble qu'il essaie de comprendre et d'analyser. Il se hausse ainsi au niveau de ceux qui ont exercé leurs responsabilités pour leur renvoyer une autre image de leurs initiatives. C'est peut-être pour cela que, quand ils ne pensent pas dans le même sens qu'eux, les hommes de réflexion sont mal vus de certains chefs militaires, des hommes politiques et d'ailleurs également de certaines directions d'entreprises.

Il nous semble que l'on craigne, ici et là, l'aspect décapant de l'homme lucide qui s'exprime. Bien sûr, cet homme est un gêneur, un « empêcheur de tourner en rond ». Mais n'est-il pas aussi, avec son aspect incommode, une chance pour le dirigeant qui trouve cet homme-là dans son équipe, la chance d'être provoqué à expliquer, à justifier ses décisions. La chance peut être d'être alerté pour ne pas s'engager ou persévérer dans une voie qui se révèle être une impasse. *Errare humanum est, perseverare diabolicum.* Seule la constance dans l'erreur est blâmable, mais non le fait de se tromper. S'expliquer et reconnaître qu'une voie a été mal choisie n'est pas perdre de son pouvoir, mais le renforcer.

Si l'on transpose ces considérations au milieu des vendeurs, qu'on ne nous fasse pas écrire que nous préférons celui qui engage toute son énergie à critiquer – souvent dans quel but ? Le sait-il lui-même ? – ses dirigeants et leurs décisions. Il y a un temps pour les commentaires et un temps pour l'action et pour les résultats. Et un vendeur se juge à ses résultats, c'est une affaire entendue. Que l'on voie cependant dans cette démarche de discussion le moyen d'éclairer parfaitement chaque vendeur sur la structure dans laquelle il s'insère, sur les produits qu'il a à vendre, sur la stratégie et la politique dont il anime, pour sa part, les décisions, sur les objectifs qui lui sont assignés.

On peut s'étonner ici de cette sorte de libre débat que nous instituons et qui porterait sur la stratégie et la politique commerciale de l'entreprise. Ces sujets ne font-ils pas partie du domaine réservé ? On peut à l'opposé être séduit par cet « échange démocratique » et estimer que la « convention des ventes », manifestation annuelle, au cours de laquelle la direction s'explique sur ses options, ses volontés, ses objectifs, serait singulièrement enrichie, si au lieu du seul exposé à sens unique, on sollicitait aussi l'« effet en retour » de ceux qui seront chargés de traduire ce message en action concrète.

La démocratie de l'entreprise n'est pas un « soviet » aux relents d'anarchie. Nous la voyons fonctionner selon un schéma qui nous a été inspiré il y a quelques années par un exposé d'Antoine Riboud, alors président de Danone, sur ses principes de management, au cours duquel il spécifiait le rôle de ses collaborateurs et le sien propre en matière de stratégie, et de tactique : « *J'écoute le conseil de mes collaborateurs en matière de stratégie, mais je suis le décideur. En revanche, sur le plan de la tactique ou de l'application sur le terrain, je conseille mes collaborateurs et eux prennent la décision qui s'impose.* » Ceci n'illustre-t-il pas la parfaite cohésion entre le principe d'autorité et de responsabilité et une pratique démocratique ?

Ce schéma de fonctionnement – transposé au domaine commercial – peut être représenté par la matrice suivante :

Niveau hiérarchique	Stratégie	Tactique
Direction commerciale	Décision	Conseil
Vendeurs	Conseil	Décision

FIGURE 11 – *Conseil et décision.*

C'est dans cet esprit que nous rappelons ici quelques notions sur la stratégie et la politique commerciales, sur les produits à vendre, sur la structure commerciale et sur le profil du vendeur, enfin sur les objectifs. Ces notions concernent le vendeur. Leur connaissance contribue à enrichir la fonction de vente. Il y va aussi de l'intérêt de l'entreprise. Celle-ci ne peut progresser que si les lignes directrices qui la guident sont parfaitement définies, de façon telle que les hommes responsables pensent et agissent dans le même sens en vue d'atteindre les mêmes objectifs.

FINALITÉ DE L'ENTREPRISE

La finalité de l'entreprise, c'est-à-dire le but ultime vers lequel elle tend, est censée être connue de tous et exposée au vendeur au moment de son entrée dans l'entreprise. Rappelons qu'il n'existe pas qu'une seule finalité d'entreprise – le profit –, mais que grandes ou petites y adjoignent souvent l'excellence, c'est-à-dire être la meilleure dans la spécialité choisie (on citera par exemple Matra et Schlumberger), l'humanisme (on évoquera Nobel et les multiples firmes qui alimentent une fondation), le bien commun (ceci n'étant pas l'exclusivité des services publics et des administrations, mais pouvant être adopté par certains groupes industriels), la pérennité, etc.

Cette vue souveraine sur l'événement ne suffit pas à expliquer le comportement d'une entreprise. Elle réagit surtout au milieu ambiant, c'est-à-dire aux pressions de tous ordres qui s'exercent sur elle : pression des pouvoirs publics, du marché, de la clientèle et de la concurrence, pressions humaines et sociales, pression technique et scientifique ou encore financière. Face à ces pressions, les responsables de l'entreprise mettent en place deux dispositifs : l'un stratégique, l'autre de politiques. Au niveau commercial, la stratégie se manifeste par le choix du ou des marchés sur lesquels se portera l'entreprise et du mode de comportement général de l'entreprise vis-à-vis de ces marchés, compte tenu de sa vocation (ou si l'on préfère de son savoir-faire) et de l'optique des dirigeants, la politique consistant alors à adopter une certaine règle de conduite pour atteindre les objectifs stratégiques.

LES QUATRE STRATÉGIES COMMERCIALES

En reprenant les typologies dégagées par H. I. Ansoff dans sa « théorie stratégique des entreprises », on distingue quatre stratégies commerciales fondamentales :

- la stratégie de pénétration du marché : l'entreprise développe ses produits actuels sur les marchés actuels ;
- la stratégie de développement du marché : l'entreprise – en général leader ou en position de challenger du leader – développe les produits actuels sur des nouveaux marchés, ou si l'on préfère crée de nouveaux marchés ;
- la stratégie de développement du produit, qui consiste à développer des produits améliorés ou nouveaux sur les marchés actuels ;
- la stratégie de diversification, la plus risquée, par laquelle l'entreprise développe de nouveaux produits ou marchés.

Ce qui précède peut être schématisé ainsi :

	Marchés actuels	Marchés nouveaux
Produits actuels	Stratégie de pénétration du marché	Stratégie de développement du marché
Produits nouveaux ou améliorés	Stratégie de développement des produits	Stratégie de diversification

FIGURE 12 – *Couples marchés – produits.*

Le choix entre les différentes stratégies dépend principalement selon nous :

- du « métier », de la vocation de l'entreprise ;
- de l'optique des dirigeants.

La vocation de l'entreprise peut être lue de différentes manières et être appréciée de façon évolutive. Quand BSN a lancé en 1969 sa fameuse OPA sur Saint-Gobain, il était clair que l'entreprise estimait que son métier était d'abord celui d'un verrier. Depuis, le groupe BSN devenu entre-temps Danone, a considéré – en revendant certaines industries et en faisant l'acquisition de nombreuses entreprises alimentaires – que le verre devenait davantage un contenant au service d'une activité de contenu (produits alimentaires et liquides) qu'une fin en soi.

Bien des « redéploiements » sont fondés sur le passage d'un savoir-faire technique à un savoir-faire de destination.

L'optique des dirigeants influe sur les décisions stratégiques, selon que ceux-ci s'attachent à la concentration, à la dispersion ou encore à l'économie. Une stratégie de concentration sera expliquée par la volonté de rassembler ses forces, de regrouper ses activités sur un nombre de domaines plus réduits. On ira même jusqu'à la réduction d'activité pour des raisons de sécurité : abandons partiels ou totaux de marchés estimés en déclins, de secteurs de distribution jugés condamnés, de lignes de produits peu rentables[1].

Une stratégie de dispersion peut être motivée par la volonté de fuir progressivement un marché trop concurrencé, pour porter son effort sur d'autres marchés estimés plus paisibles. La dispersion et la diversification se traduisent par la création de nouveaux fronts, quitte à faire glisser partiellement ou considérablement la vocation de l'entreprise.

Une stratégie d'économie consiste à ménager ses forces et ses réserves, soit pour passer un cap difficile, soit pour amasser le trésor de guerre qui permettra d'investir en force dans des opérations ultérieures de grande envergure.

LA POLITIQUE COMMERCIALE

Nous entendons parfois des représentants critiquer leur direction commerciale en affirmant qu'il n'y a pas de « politique commerciale ». Nous faisons alors observer à nos interlocuteurs qu'à partir du moment où ils ont entre les mains une gamme de produits à vendre, un tarif pour ces produits, une clientèle existante et un système de rémunération, cette politique commerciale existe en fait. Elle n'est cependant ni écrite, ni claire à leurs yeux, d'où leur désarroi.

En quoi consiste une politique commerciale ? Elle est constituée d'un contenu, d'une structure et d'un style. Elle se définit comme une norme – écrite de préférence – de l'action à entreprendre. Elle est un pont jeté entre la stratégie et l'action commerciales. Elle constitue le support des actions à conduire et organise les tactiques de l'action.

CONTENU D'UNE POLITIQUE COMMERCIALE

La politique commerciale définit les intentions de la direction commerciale sur l'ensemble du champ commercial. Elle concerne ainsi les produits,

---

1. Une telle stratégie est couramment annoncée comme un retour au « cœur du métier ».

biens ou services à vendre, l'aire géographique de vente, les clientèles à qui vendre, les prix et conditions tarifaires, les quantités à vendre, l'organisation de la force de vente et les méthodes et moyens à sa disposition, la publicité et la promotion des ventes.

Il n'est pas naturellement, envisageable de décrire les différentes options des politiques commerciales. Notre panorama se contentera d'évoquer quelques cas de figure. D'autre part, une politique se définit à un moment du vécu commercial de l'entreprise. On ne se trouve donc en général pas dans le cas d'une naissance concomitante d'une entreprise et des produits qu'elle vend, mais au contraire dans une situation où l'on est tributaire d'un passé qui engage le présent et, partiellement, l'avenir.

LES STYLES DE POLITIQUES COMMERCIALES

Deux politiques commerciales peuvent avoir, sur le papier, une apparence commune et pourtant leur application peut être extrêmement différente. Les distingue en particulier l'esprit propre à l'auteur de chacune. Ce style de politique commerciale, normalement, se retrouve dans le style de management de la force de vente et donne son explication à la politique de recrutement des hommes de la vente.

Deux pôles principaux caractérisent les tendances de la politique commerciale : le pôle offensif et le pôle défensif, ou si l'on préfère la recherche de la protection des situations acquises.

Dans le domaine militaire, ce pourrait être l'analogie de la guerre de mouvement et de la guerre de tranchées : chars et avions ou ligne Maginot. Encore qu'en évoquant cet exemple nous puissions faire penser que notre faveur va vers l'offensive, alors que le choix entre la protection et la marche en avant dépend au moins autant de l'analyse de la situation que de l'optique propre des directions commerciales. D'ailleurs, il existe plusieurs façons de concevoir une politique défensive et une politique offensive.

HUIT FORMES DE POLITIQUE OFFENSIVE

Une politique offensive peut être caractérisée par l'*attaque* qui s'exercera sur un produit ou une clientèle où la concurrence est vulnérable : l'effort commercial demandé aux représentants portera sur les clients leaders de la concurrence ou encore sur la multiplication des points de vente ou des points d'éclatement de la distribution (création de dépôts par exemple). Cet effort commercial pourra être accompagné par une politique promotionnelle aiguë (baisse de prix, reprise de matériels périmés, etc.). L'attaque nécessite des moyens financiers.

La *menace*, autre forme de l'offensive, peut consister à engager le fer avec sa propre distribution, pour la stimuler, en passant outre les « exclusivités » accordées aux grossistes ou en renégociant les contrats des intermédiaires qui ont eu tendance à s'endormir. Constitue aussi une menace une politique qui privilégie la distribution, mais en pratiquant la « prise en tenailles », c'est-à-dire une action en amont (auprès des acheteurs et de la direction de l'entreprise de distribution) et en aval (par la création ou le développement de la demande chez les clients du distributeur).

Proche de la menace, on trouve le *contournement*, plus insidieux, qui va consister par exemple à choisir de travailler directement avec certains utilisateurs importants sans passer par le grossiste (ou tout au plus en le commissionnant à un faible taux) ou encore en développant les négociations directes pour équilibrer les ventes directes et celles assurées par les intermédiaires de la distribution.

Au contraire de l'attaque qui est franche, la *termitière*, dont l'action est lente et larvée, passe longtemps inaperçue. Cette politique consistera à exercer son effort, sa présence et son attention auprès des clients leaders d'aujourd'hui et de demain, auprès des clients les plus actifs et auprès de certains clients régionaux dynamiques. Termitière également : la mise en place de produits d'avenir chez des clients d'avenir. La concurrence s'apercevra plus tard des positions solides que s'est assuré ce fournisseur et sa contre-offensive sera rendue plus coûteuse et, pourquoi pas, inopérante.

La *surprise* se manifeste par un accord subit avec un de ses concurrents par exemple, ou l'irruption sur un segment du marché négligé jusqu'alors par l'entreprise, grâce à un produit nouveau. La politique commerciale de surprise demande un secret gardé jusqu'au dernier moment et une action commerciale vive, menée par plusieurs atouts du marketing mix : produit, force de vente, publicité, promotion, prix.

La *feinte* peut consister à se dégager momentanément d'un marché sur un produit en espérant que le concurrent va s'y engager alors que l'on suppute que ce dernier perd de l'argent sur ce marché et qu'un succès momentané lui créera rapidement des difficultés financières. Les idées de feintes sont multiples.

Enfin la *surenchère* est une politique par laquelle on porte la compétition sur le produit ou la clientèle où notre principal concurrent vient déjà d'engager de gros efforts, alors qu'on le sent un peu essoufflé.

L'action psychologique revêt diverses formes : déclarations retentissantes, ou bien, à l'occasion des contacts de recrutement des vendeurs des concurrents – que l'on ne sélectionnera pas – présentation avantageuse de nos positions, de notre politique, de nos projets, de manière à obtenir une diffusion insidieuse dans le camp des concurrents.

HUIT FORMES DE POLITIQUE DÉFENSIVE

En tout état de cause, la défensive se conjugue avec l'offensive, à peine de devenir le combat désespéré de l'entreprise qui jette toutes ses ressources dans la compétition parce qu'elle est gravement menacée et contrainte de négliger la protection de son acquis : les formes de défensive sont variées.

Le *statu quo* consiste à maintenir par tous moyens sa part de marché.

La *prairie grasse* ressemble au *statu quo*. Mais ici, au maintien de la part de marché s'ajoute la recherche d'un profit maximum (produits « vache à lait » évoqués page 53) qui procure à l'entreprise les ressources financières nécessaires pour servir la stratégie de dispersion ou d'économie décidée par la direction générale de l'entreprise.

La *dissuasion* consiste à conserver une supériorité technique, financière et commerciale, comme si on devait un jour se lancer dans la bataille. *Si vis pacem, para bellum.* Montrer sa force pour ne pas avoir à s'en servir… Il s'agit plus d'impressionner la concurrence par les forces et la santé que l'on exhibe, que de mener l'offensive toujours éprouvante pour les finances de la société. Cette politique commerciale de dissuasion repose nécessairement sur un suivi attentif des dispositifs de la concurrence et sur l'étude continue de ses forces et de ses moyens (veille concurrentielle).

La *parade* est une politique commerciale conduite par une entreprise qui a conscience de certaines faiblesses et qui va consister à se dégager de ses secteurs vulnérables ou de les colmater suffisamment pour supporter un choc éventuel.

La *riposte* peut porter sur un domaine général ou limité. À l'attaque de la concurrence répond notre contre-attaque sur des points sensibles. Le concurrent propose à nos meilleurs clients des conditions exceptionnelles… et nous en perdons quelques-uns ; la meilleure riposte consiste à faire de la surenchère chez quelques-uns des meilleurs clients de la concurrence ou encore, ce qui est moins coûteux, de semer la zizanie en colportant quelques informations sur les avantages accordés à certains et pas à d'autres. L'effet ne se fait pas attendre longtemps : les couteaux sont vite replacés sur leur râtelier.

Le *dégagement* est la pratique qui consiste à amener le concurrent à arrêter son offensive sur un point, pour l'inciter à attaquer sur un autre, moins dangereux pour nous, et où le succès peut être facile et fructueux.

L'*esquive* est une politique de refus momentané du combat. Se sentant trop peu assuré, on reste chez soi ou on s'occupe d'autres produits ou d'autres clientèles. Quand l'orage est passé (quand la promotion déployée par le concurrent est tarie, par exemple) on essaie de reprendre le courant d'affaires avec la clientèle, si on le peut. S'apparente à l'esquive la recherche d'une situation équilibrée où aucun client ou distributeur n'a de position dominante, de façon à éviter les tentations de pression de l'un d'eux.

La *rupture* est l'abandon, pour des raisons de sécurité générale de l'entreprise, d'une activité non rentable, soit qu'on l'arrête purement et simplement, soit qu'on en tire quelque profit en la revendant à un confrère.

En réalité, une politique commerciale, même clairement définie, est exprimée avec certaines nuances. Il ne peut pas être question de pratiquer exclusivement la rupture, la riposte ou la surenchère. Un exemple courant illustre ces nuances indispensables.

Certains clients ont une faible rentabilité et sont de plus sont exposés aux convoitises et à la pression de la concurrence. La direction commerciale peut abandonner purement et simplement ce type de client : le vendeur ne le visitera plus et les produits éventuellement commandés seront vendus au plein tarif (rupture). La direction commerciale peut aussi engager des négociations avec ce client en tentant de lui faire accepter un certain volume d'affaires assorti de nouvelles conditions tarifaires : le client doit s'engager sur un objectif de chiffre d'affaires (esquive). La direction commerciale peut encore décider de conserver ce client pour des raisons stratégiques (éviter une contagion d'abandons en raison de l'influence de ce client sur le reste de la clientèle) tout en établissant une sorte de « cordon sanitaire » autour de lui, surtout si l'on est obligé de consentir des conditions tarifaires très désavantageuses pour l'entreprise, pour faire pièce aux propositions de la concurrence (surenchère). Encore faut-il prendre la précaution de vérifier de très près la fameuse qualité « stratégique » de ce client : nous a-t-il apporté des nouveaux clients ? Est-il une « locomotive » pour nos produits ou notre image de marque ?

LES SCÉNARIOS

La crise économique et financière dans laquelle se débat l'économie mondiale, ou ce que l'on qualifiera, si l'on est plus optimiste, de relâchement du tonus économique, a pour conséquence de créer une situation à répercussion qui n'épargne aucun marché : baisse prononcée d'une bourse des valeurs, spéculation sur certaines monnaies entraînant la hausse des taux d'intérêt ou des dévaluations, cessation de paiement d'un État ou effondrement de certains marchés immobiliers mettant en difficulté de très grandes banques, etc.

Toute entreprise qui entend maîtriser de façon réaliste son action commerciale doit alors envisager des scénarios alternatifs : noir (le plus pessimiste), blanc (atone), bleu (normal), vert (le plus optimiste). Ces scénarios prennent en compte les comportements possibles de différents acteurs du marché, notamment celui des concurrents : baisse brutale des prix ; importations « sauvages » à bas prix ; conquête, quel qu'en soit le coût, de positions sur le marché ; cessation de paiement et dépôt de bilan, avec sa conséquence de disparition d'un concurrent et de reprise de sa clientèle par ses confrères ; relèvement plus ou moins concerté des tarifs, maintien des positions de chacun sans lutte financière épuisante, etc.

Ces scénarios se traduisent en actions concrètes. On citera ici deux exemples.

Scénario noir : désengagement rapide chez des grossistes en situation financière délicate ; concentration chez les distributeurs les mieux gérés et les plus dynamiques en augmentant légèrement leur marge ; violent effort de reconquête de clients perdus il y a deux à trois ans.

Scénario vert : vaste programme de reconquête des distributeurs ; création d'un service de promotion chez les utilisateurs, avec pour but de diriger les commandes de cette clientèle vers les grossistes les plus liés au fournisseur.

INTÉRÊT D'UNE POLITIQUE COMMERCIALE

Est-il vraiment indispensable de définir une politique commerciale ? Ne se mue-t-elle pas en un carcan rigide qui devient gênant quand on veut manœuvrer vite ? D'ailleurs, nombre d'entreprises ne semblent pas avoir une politique commerciale très structurée et paraissent en bonne santé.

C'est là une réflexion fréquente. Cependant, nous pensons que l'élaboration d'un document de politique commerciale présente quelques avantages appréciables. Lecture du passé et orientée vers l'avenir, la politique commerciale favorise une certaine prévision des événements et permet de les dominer quand ils surviennent.

Outil de direction, la politique commerciale énonce des directives claires pour les hommes et oriente leurs efforts dans le sens voulu. L'absence de politique provoque une incompréhension sur le mouvement général souhaité par la direction commerciale qui, dès lors, subit les exigences des collaborateurs de la vente, du marché, de la distribution, enfin de la clientèle.

De plus, la politique commerciale permet un management moderne fondé sur la délégation et la décentralisation, tout en gardant un cap précis, les interprétations et les fantaisies, nées de l'absence de directives étant assez largement évitées. De la même manière, la politique commerciale favorise la coordination des efforts de personnels aux statuts différents, chacun à son poste travaillant en fonction d'une doctrine commerciale commune pour atteindre des buts bien cernés.

Enfin, il n'y aurait pas de contrôle efficace si des prévisions et des objectifs, des directives, des programmes et des calendriers de travail n'étaient pas définis afin de mesurer l'avance ou le retard pris, d'interpréter les résultats et de regarder en face les erreurs de jugement pour tenter de les corriger.

En définitive, les lacunes de la politique commerciale ou son inexistence sont bien souvent à l'origine d'échecs commerciaux, que l'on apprécie mal en raison de l'absence de norme pour en évaluer l'importance.

Nous poursuivrons ces considérations sur la politique commerciale par quelques développements de son contenu concernant les produits, objets de la politique commerciale, et la structure de la force de vente, chargée de son application.

LES PRODUITS ET LA POLITIQUE COMMERCIALE

Du point de vue commercial, un produit qui ne trouve pas son marché est un produit sans existence. C'est le fondement même du marketing. C'est avec les yeux de la clientèle qu'un produit se situe et définit sa place dans la politique commerciale. Cependant, les points de vue sur une gamme de produits, de services ou de biens, sont multiples. Nous en connaissons au moins trois :

• les produits vus par le marché ;

• les produits vus par la direction commerciale ;

• les produits vus par le représentant.

Il est indispensable que les trois points de vue concordent.

On connaît la matrice dite du Boston Consulting Group (BCG), qui croise la part de marché des produits (en abscisse) et le taux de croissance du secteur (en ordonnée), les produits étant répartis dans un espace à quatre compartiments, chacun étant désigné par une appellation pittoresque : « vedette », « dilemme », « vache à lait », « canard boiteux ».

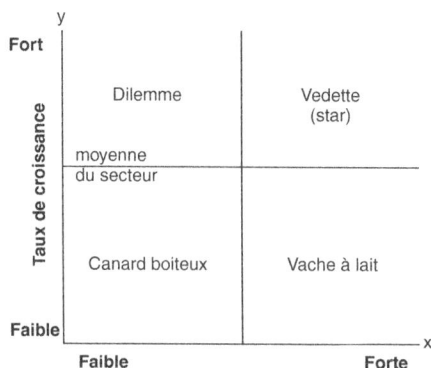

FIGURE 13 – *Croissance et part de marché.*

L'entreprise bataille pour maintenir les produits « vedettes » porteurs d'avenir en position de leader et pour rentabiliser les produits « vache à lait » (qui améliorent les comptes de résultats).

En ce qui concerne les produits « dilemme », trois solutions sont envisageables : continuer à investir, segmenter (c'est-à-dire trouver des niches) ou abandonner.

C'est un peu les mêmes issues qui s'ouvrent aux produits « canard boiteux » : segmentation, maintien sans effort, avec une prépondérance d'abandons.

Une telle matrice a un aspect nécessairement sommaire. Aussi nous préférons reprendre le classement de Guy Serraf[1] qui distingue :

- les produits générateurs de profit ou de prise de contrôle de certains segments du marché (produits « vedettes ») ;
- les produits qui tirent une partie ou la totalité des produits de la gamme et sont eux-mêmes largement profitables ; ils portent souvent l'image de la gamme de produits ; ces produits permettent d'entrer chez un client, ou de rester (produits « locomotives ») ou en quelque sorte évitent que la porte du client ne se referme complètement ;
- les produits « suiveurs » apportent un complément de profit et assurent un chiffre d'affaires ou un volume de vente satisfaisant ;
- les produits de « soutien », produits « moyens » indispensables dans la structure d'une gamme, remplissent des rôles tactiques pour déjouer les stratégies des concurrents, pour répondre à tel segment de marché ou aux désirs de la distribution ;
- les produits anciens « regonflables » ou « remodelables » appellent des efforts promotionnels ou des transformations pouvant aller jusqu'à la recréation du produit ;
- les produits « essoufflés », de moins en moins rentables, ou encore rentables sur des segments de marché en voie d'extinction ;
- les produits nouveaux en cours de lancement ;
- les produits « en projet » qui peuvent déjà être en test dans un ou plusieurs secteurs de vente.

---

1. *Marketing et stratégie des produits*, Publi-Union, 1974.

Lorsque tel représentant considère son secteur de vente, il a, de son point de vue, l'impression qu'un certain produit est condamné, alors qu'il joue sur le plan national un rôle encore appréciable, par exemple, de soutien. Il est donc important que le représentant continue à porter à bout de bras ce produit, afin que, même modeste, sa contribution jointe à celle de ses camarades permette le maintien d'un minimum de production et que le produit garde ses chances en accédant aux économies de série de production.

La direction commerciale a ainsi un rôle important à exercer pour que l'ensemble de l'équipe pratique un jeu discipliné vis-à-vis des produits. Un jeu discipliné ne veut pas dire bien entendu, que les directives commerciales seront insensibles aux difficultés réellement rencontrées par les hommes sur le terrain. La vue sur les produits dans l'« intérêt de l'entreprise », exposée par la direction commerciale, a aussi pour objectif, vis-à-vis de la force de vente, de faire comprendre le rôle stratégique de certains produits vis-à-vis de la concurrence, de la distribution, des pouvoirs publics, des syndicats et du personnel. L'information ainsi apportée peut encore alerter les vendeurs sur les contraintes dues à la production et qui peuvent se traduire soit par des stockages tampon pour atteindre une série minimum, avec ce que cela comporte de surveillance du rythme d'écoulement – l'écoulement rapide entraîne un risque de rupture temporaire des livraisons, l'écoulement trop lent génère des opérations promotionnelles –, soit par des délais de livraison qu'il faudra bien négocier avec la clientèle.

Il y a un jeu parfois complexe, mais assez passionnant, à expliquer aux représentants pour que ceux-ci aient une vue claire du contexte propre à l'entreprise qui fabrique les produits.

L'intelligence des produits ne se limite pas à l'exposé de quelques objectifs qualitatifs, mais s'accompagne nécessairement d'une information substantielle portant sur la contribution de la gamme des produits aux objectifs à moyen terme de l'entreprise vis-à-vis du marché et de son évolution, et à court terme sur le plan de l'image vis-à-vis de telle ou telle cible, sur le plan des ripostes à la concurrence, ainsi que de la contribution au chiffre d'affaires, au volume et à la marge nécessaires à l'entreprise.

Ainsi seront mieux perçues les directives concernant les produits et les articles à implanter, à développer, à maintenir, à freiner ou à retirer. Ainsi également sera mieux situé le modèle de structure de gamme qui doit servir de repère et de guide aux hommes pour préparer leur action et en apprécier les résultats.

4 | Prévoir les ventes

« Ne pas prévoir, c'est déjà gémir. »

LÉONARD DE VINCI.

LA PRÉVISION DES VENTES, NÉCESSITÉ DU CONTEXTE ÉCONOMIQUE

Le contexte général d'incertitude monétaire joint aux phénomènes épisodiques de spéculation sur certaines monnaies, certaines matières premières ou agroalimentaires ont bouleversé les notions tranquilles des comptables. En effet, si en matière de gestion comptable on raisonne selon la théorie des charges fixes, semi-variables et variables, théorie qui rattache les achats aux charges variables, la direction générale de l'entreprise fait aujourd'hui des constatations très différentes.

La théorie comptable, élaborée à une période de relations douces et continues entre l'entreprise et ses sources d'approvisionnement, table en effet sur une liberté permanente des achats et en conséquence sur la possibilité d'acheter les produits nécessaires à la fabrication au fur et à mesure des besoins de l'entreprise.

Or, pour se prémunir contre les ruptures possibles d'approvisionnement (embargo politique, pénuries saisonnières dues à des accidents climatiques) et pour prévenir une hausse spéculative du prix d'achat, toute entreprise gérée dynamiquement doit effectuer des achats de précaution et passer des « marchés » fermes avec ses fournisseurs.

Le contexte social de chômage rend les pouvoirs publics de plus en plus vigilants face à une gestion désordonnée du personnel de l'entreprise. Les licenciements pour raisons économiques ne sont pas accordés automatiquement. Ceci conduit les directions du personnel à envisager une certaine rigidité des effectifs. Ce facteur impose également des charges fixes de personnel à l'entreprise.

Ces phénomènes, relativement récents dans leur généralisation, conduisent les entreprises à s'engager malgré elles dans une politique de charges financières fixes de plus en plus importantes, quel que soit le taux d'activité réel, lui-même commandé par les ventes de l'entreprise.

Parallèlement à ce phénomène, l'entreprise est confrontée au ralentissement général des activités économiques. Sans prononcer le mot de « crise », il faut reconnaître que la croissance échevelée que les pays occidentaux ont connue pendant le troisième quart du XXe siècle s'est singulièrement ralentie. L'économie n'est pas en panne, mais les ressorts sont détendus.

Face à cette situation, chaque entreprise concurrente combat et engage ses forces de vente à se battre sur le marché pour maintenir un taux de croissance acceptable. Pour peu que ce taux de croissance soit supérieur à celui que connaissent les produits qu'elle fabrique sur l'ensemble du marché, il est évident que la croissance de l'entreprise se fera au détriment de certains de ses confrères.

Cette lutte est commandée également par le jeu prévisible du ou des concurrents qui se sentent et se voient menacés par les entreprises les plus dynamiques. Pour trouver les « ballons d'oxygène » financiers indispensables à sa survie, le concurrent menacé tente une fuite en avant par la baisse de ses prix. Sa rentabilité s'amenuise et devient précaire, mais l'argent rentre.

Les entrepreneurs dynamiques, ceux qui se sont révélés sur leur marché par le développement de leurs ventes, ne peuvent pas laisser leurs concurrents les plus faibles les menacer à leur tour par la baisse des prix, sans riposter. Mais, plutôt que d'utiliser le même moyen, du moins directement, ils vont tenter de parvenir à baisser leurs prix, sans altérer leur rentabilité, en procédant au préalable à des investissements destinés à améliorer leur productivité. Le bénéfice de cette productivité (production supérieure ou égale à moindre coût à la production antérieure) va permettre de prendre position sur le marché à un prix inférieur. La suite de l'histoire indique que ceux qui auront joué leur va-tout en ripostant par la baisse des prix sans investissement préalable de productivité seront les vaincus de cette lutte économique. Mais ceci n'est pas notre propos.

Pour pouvoir investir et améliorer sa rentabilité, l'entreprise doit « mettre de côté » les ressources financières nécessitées par cet investissement. Une autre rigidité se crée alors : une sorte de charge future.

Les investissements de l'entreprise ne se limitent pas à l'achat des matériels et des machines qui permettront des gains de productivité. La recherche de nouveaux produits, leur mise au point, leur lancement ou encore le risque d'échec nécessitent des sommes importantes qui doivent être également dégagées du chiffre d'affaires.

Ces produits nouveaux sont porteurs d'avenir ou constituent simplement des ripostes aux initiatives des concurrents. L'entreprise n'est, là non plus, guère libre de ses choix : ou elle accepte la loi de la compétition et est condamnée à créer des produits nouveaux ; ou elle refuse le combat et est appelée au déclin. Créer et réussir le lancement de produits nouveaux impose une quatrième rigidité financière à l'entreprise.

Ainsi, l'entreprise se trouve confrontée à la quadruple rigidité financière :

- des achats de précaution par « marchés » ;
- du maintien du personnel ;
- des prévisions d'investissements de productivité ;
- de création et de lancement des produits nouveaux.

L'entreprise doit dégager une marge de financement qui dépasse le taux de l'inflation. Une entreprise qui n'atteint pas aujourd'hui un rythme de développement de son chiffre d'affaires, à structures constantes, supérieur à 5 % par an, risque de voir s'amenuiser ses possibilités de mouvement.

Mais ce développement du chiffre d'affaires, quel sera-t-il ? Les ventes sont aléatoires. Ce caractère aléatoire rend d'autant plus nécessaire la mise en place d'un dispositif de prévisions. Ignorer les prévisions serait d'une rare imprudence, face aux charges et aux investissements que l'on a la certitude d'avoir à financer.

Ce qui suit vise à contribuer à la mise en place d'un dispositif de prévision des ventes et de détermination d'objectifs qui s'appuie sur la prévision locale et ne se contente pas d'une vue globale sur l'ensemble du marché de l'entreprise.

UNE PRÉVISION PARTICIPATIVE DES VENTES

Pour avoir entendu, avec une belle régularité, les vendeurs sur le terrain se plaindre de l'irréalisme des prévisions des ventes – dans la mesure où ces prévisions des ventes servent d'indicateur et de repère de leurs résultats – nous avons souvent mis en place des dispositifs de prévision des ventes faisant appel au point de vue des hommes du terrain. Bien entendu, cette prévision des ventes ne peut se limiter à la seule extrapolation des observations des vendeurs, dans la mesure où ceux-ci manquent de recul ou ne sont pas informés de certaines décisions ou d'événements dont l'impact n'est pas encore ressenti au niveau de leurs clients.

C'est une généralisation de ce dispositif de prévision des ventes que nous présentons ici[1].

LES QUATRE ÉTAPES DE LA PRÉVISION DES VENTES

Le processus de prévision collectif, associant vendeurs et direction commerciale, passe par une succession de quatre étapes.

Première étape

La direction générale définit ses objectifs provisoires. Ce sont des hypothèses qui prennent en compte les contraintes financières, techniques, humaines et commerciales de l'entreprise. Au cours de cette phase, il est demandé à la force de vente d'effectuer ses prévisions de ventes et d'établir une hypothèse basse et une autre haute.

---

1. Comme nous l'avons précisé dans la présentation de ce livre, nous n'avons pas cherché ici à dresser un panorama exhaustif des différentes méthodes de prévision des ventes. Nous avons sélectionné celle qui, d'expérience, semble la plus opérationnelle. Le directeur du marketing ou le directeur commercial de l'entreprise ne peuvent ignorer – ne serait-ce que pour faire les recoupements indispensables – les méthodes statistiques telles que le lissage exponentiel, les droites de tendance, le calcul d'espérance mathématique, les méthodes se fondant sur la lecture d'indices économiques, et autres « baromètres » et « observatoires », les méthodes expérimentales établies sur l'étude des intentions d'achat et les tests ou simulations accompagnées d'enquêtes.

Deuxième étape

La direction générale confronte son estimation à celle de la force de vente, par exemple au cours d'une réunion entre direction et chefs des ventes. L'expérience montre qu'à ce stade, on constate une différence sensible entre les prévisions des uns et les estimations des autres.

Troisième étape

Chaque partie – direction et force de vente – procède à un ajustement de ses hypothèses. Au niveau du terrain en particulier, on recherche au cas par cas, compte tenu des moyens mis à disposition (promotion de certains produits, arrivée de nouveaux produits, remises, accords de référencement, etc.), les possibilités d'ajuster au mieux les prévisions de ventes aux niveaux estimés nécessaires par la direction.

Quatrième étape

Une nouvelle négociation entre la direction et la force de vente permet de trouver un accord. Parfois, une nouvelle « navette » est nécessaire. On peut estimer que cet accord constitue une sorte d'engagement réciproque de la direction et des vendeurs de tenir pour les uns les promesses du programme d'aide à la vente et pour les autres de faire correspondre les résultats aux prévisions ainsi élaborées.

LE SENS DE L'ESSENTIEL

Selon les sociétés, selon les valeurs unitaires des produits vendus, selon qu'il s'agisse de biens d'équipement ou de produits de grande consommation ou de consommation industrielle, le nombre de clients à visiter est très variable. Pour un commercial, l'éventail va facilement de soixante-dix à plus de cinq cents. Même si l'on ne prend en considération que les clients réellement actifs, on peut se trouver confronté à plus de deux cents noms de clients. Comment, dans ces conditions, alors que la clientèle vous requiert, ne pas investir trop de temps dans ce travail de prévision des ventes ?

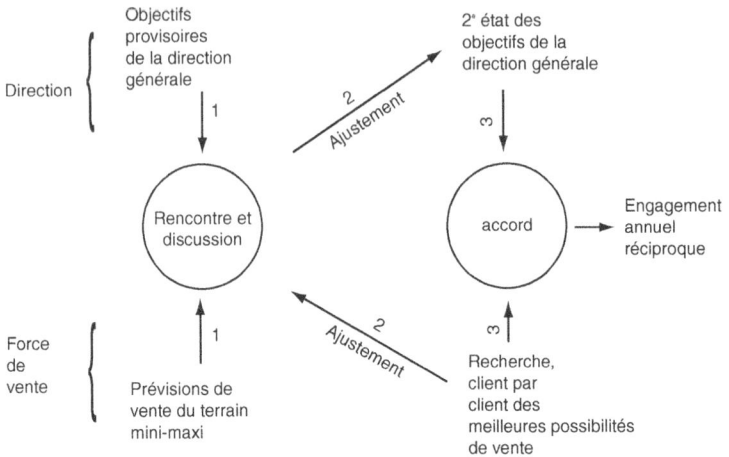

FIGURE 14 – *Schéma de la négociation des vendeurs et de la direction sur les prévisions des ventes.*

Il est judicieux de ne raisonner que sur les clients significatifs, c'est-à-dire ceux qui représentent le principal du chiffre d'affaires. La loi de Pareto va être mise à profit. Puisque 20 % du nombre des clients représentent 80 % du chiffre d'affaires, on va raisonner de façon détaillée sur les clients « 20 × 80 » et globalement sur les autres clients « 80 × 20 ».

Statistiquement si l'on se trompe sur cette dernière catégorie de client parce qu'on n'aura pas effectué un travail détaillé, le risque d'erreur est minime. En effet, si par exemple on commet une erreur d'appréciation importante, mettons de 30 % sur l'ensemble des petits clients « 80 x 20 », la répercussion de cette erreur sur la totalité de la prévision sera de l'ordre de 30 % x 20 % = 6 %, ce qui est assez faible.

LES FACTEURS D'INFLUENCE DES VENTES

Un grand nombre de facteurs influe sur les ventes d'un produit et sur le travail du représentant en clientèle. Certains de ces facteurs sont indépendants de l'entreprise, d'autres sont générés par l'entreprise elle-même (parfois malgré elle). Ces facteurs peuvent avoir un effet bénéfique ou un effet contraire.

LES FACTEURS INDÉPENDANTS DE L'ENTREPRISE

Ne sont pris en considération ici que les facteurs ayant une influence à court terme. Nous ignorons volontairement les mouvements en profondeur du marché dont les effets ne sont pas immédiats – cette préoccupation-là est du ressort des responsables du marketing de l'entreprise. De toute façon, tant dans sa perspective que par la méthode adoptée, la prévision des ventes dont il est question ici se satisfait du seul court terme (moins de deux ans).

Trois facteurs principaux d'influence sur les ventes sont indépendants de l'entreprise : la tendance du marché des partenaires clients, leur dynamisme propre, l'agressivité de la concurrence.

Tendance du marché des partenaires clients

La propre évolution de la clientèle de nos clients commande parfois très directement les ventes de notre entreprise. Les indications sont fournies par nos entretiens avec les responsables des entreprises clientes, et par la propre évolution de nos ventes chez nos partenaires clients. Cet examen permet d'intégrer dans nos prévisions l'effet des mesures gouvernementales ou des mouvements internationaux (pénurie, spéculation, inflation des coûts, etc.).

Dynamisme des partenaires clients

Tous nos clients ne se contentent pas d'assister passivement aux évolutions qui les concernent. Certains, plus dynamiques que d'autres, manifestent un esprit entrepreneurial qui fait d'eux de véritables locomotives de notre propre expansion. D'autres, hélas, défavorisent très directement notre propre évolution : ce sont de « mauvais chevaux ».

Dans le domaine de la grande distribution par exemple, telle grande surface peut avoir l'esprit commerçant, c'est-à-dire prendre des initiatives promotionnelles propres, répercuter les promotions du fabricant, pratiquer une gestion active de son stock-rayon et du stock-réserve sans que le fournisseur ait à envoyer ses équipes de marchandiseurs. Le « mauvais cheval », lui, garde pour lui les promotions de son fournisseur sans en faire bénéficier sa clientèle, donc les détourne complètement de leur intention de développement de marché, gère négligemment, voire pas du tout ses stocks et connaît des ruptures d'approvisionnement ; il perd et fait perdre des affaires à son partenaire fournisseur.

Agressivité de la concurrence

Il s'agit ici de prendre en compte la pression de la concurrence dans la mesure où elle s'exerce sur nos positions en clientèle et que notre clientèle y soit plus ou moins sensible. C'est l'un des objets de la veille concurrentielle (voir chapitre 2).

LES FACTEURS PROPRES À L'ENTREPRISE

Les facteurs que peut maîtriser l'entreprise sont plus nombreux que ceux qui en sont indépendants. Ceci ne peut laisser penser que leur nombre permet de faire échec à la conjoncture, mais permet de souligner que l'entreprise qui le veut peut créer son propre destin.

Ces facteurs sont l'effet de la position et de la notoriété de l'entreprise, l'impact des nouveaux produits, la qualité des relations des hommes de notre entreprise avec leurs vis-à-vis chez ses clients, la qualité de l'effort promotionnel et publicitaire, la politique tarifaire, etc. Il est difficile à cet égard de passer ici en revue les initiatives que peut prendre une entreprise pour stimuler ses ventes : il en existe près d'une centaine. Quelques commentaires sur certains des facteurs cités permettront de développer notre point de vue.

Effet de la position et de la notoriété de l'entreprise

Il ne s'agit pas ici de prendre en compte le rang et le taux de notoriété moyen au niveau national, mais de considérer ces positions sur le marché régional dont s'occupe le vendeur. Sur chacun de ces marchés régionaux, l'entreprise n'a pas toujours la même position : tantôt leader, tantôt en position plus faible, il est évident que ses clients – souvent sensibles à la puissance – ne l'apprécient pas uniformément. L'effet de frein ou de moteur d'un tel facteur n'est pas aisé à saisir, mais il nous paraît nécessaire d'en tenir compte.

Impact des nouveaux produits de l'entreprise

La mise sur le marché d'un nouveau produit, son entrée chez un client, va troubler la vie des autres produits de la gamme du fabricant, soit en stimulant tout ou partie de la gamme, soit en ayant un effet négatif plus ou moins accusé sur certains de nos produits – l'entrée d'un produit concurrent ressort de l'« agressivité de la concurrence » précédemment évoquée.

Qualité des relations des dirigeants et des vendeurs vis-à-vis des clients

Les « bonnes relations » entretenues entre les hommes de l'entreprise et leurs vis-à-vis chez les clients ont pour objectif de motiver les partenaires et de les rendre favorables au développement de nos affaires. Il est bon de dissiper quelques illusions à ce sujet.

Ainsi, on peut avoir d'excellentes relations et ne pas être spécialement favorisé pour autant, dans la mesure où le partenaire entretient des relations équivalentes avec les directions et les vendeurs de nos concurrents. De plus, on se trompe parfois sur la qualité des relations qu'on entretient : il est indispensable d'être lucide.

Il faut, à l'occasion de ces remarques, souligner combien les clients sont critiques vis-à-vis des changements trop fréquents des vendeurs : cela les rend dubitatifs sur les engagements que la société peut prendre à leur égard.

LE CLIMAT, EMPÊCHEUR DE TOURNER EN ROND

Un facteur n'est pas pris en compte, malgré son importance extrême pour certains métiers (brasserie, jus de fruits, articles de plage, maillots de bain, etc.) : il s'agit du facteur climatique.

Il est bon pour les industries concernées de prendre pour base de la prévision une année moyenne, et d'établir une hypothèse haute et une hypothèse basse en fonction d'une prévision climatique optimiste ou pessimiste, en se fondant plutôt sur le chiffre le plus faible – du seul point de vue du climat –, le beau temps apportant un « bonus ». On admettra cependant que l'incertitude des prévisions météorologiques à long terme rend très improbable la chance que les réalisations correspondent aux prévisions des industries très tributaires du climat.

LE PROCESSUS DE LA PRÉVISION DES VENTES PAR LE COMMERCIAL

En pratique, comment procéder ? Il est préférable, chaque fois qu'on le pourra, de pratiquer le travail qui suit, individuellement, mais aussi en groupe, par exemple à l'occasion d'une réunion commerciale. L'atmosphère de groupe est en effet stimulante. Ce travail ne nécessite qu'une journée, modérément remplie. Chaque représentant se munira au préalable de :

- une calculatrice ;

- papier ;

- ses statistiques de vente par client et par produit d'une année entière (au cas où la prévision est effectuée en cours d'année, mettons en octobre, on prendra les statistiques de vente de janvier à septembre de l'année en cours et d'octobre à décembre de l'exercice précédent) ;

- fiches de client (voir chapitre 10) ;

- une dose suffisante de bonne humeur et de courage…

ÉTABLISSEMENT DE LA LISTE DES CLIENTS

Le vendeur établit une liste de ses clients par chiffre d'affaires décroissant. À cet effet, il utilise la liste proposée dans le chapitre précédent. Le cumul des chiffres d'affaires permet de sélectionner les clients qui assurent 80 % du chiffre d'affaires (on vérifie si cela correspond à plus ou moins de 20 % des clients).

La suite du travail est effectuée sur les clients « 20 × 80 ». Il consiste à :

- recenser les facteurs d'influence sur les ventes, en s'inspirant de l'énumération présentée ci-dessus et en la complétant ;

- examiner chaque client « 20 × 80 » en s'interrogeant à son sujet sur l'influence des facteurs significatifs. On s'inspirera du travail effectué pour estimer le potentiel accessible (voir chapitre précédent).

L'influence des facteurs donne lieu, pour chacun d'eux, à une estimation chiffrée, sous forme de pourcentage. Si l'effet du facteur est bénéfique, le pourcentage sera précédé du signe « + » si l'effet est contraire, le pourcentage sera précédé du signe « – ».

Par exemple, si la concurrence se montre agressive, on peut estimer que ce facteur risque de faire perdre 10 % sur tel produit ou sur l'ensemble des produits : on écrit alors – 10 %. Exemple contraire : si un distributeur de nos produits s'affirme par son dynamisme, on peut estimer que ce facteur est susceptible de faire progresser nos ventes ou tel produit de 15 %. On écrit alors : + 15 %.

Dans un souci de précision, il est préférable d'éviter un examen global des ventes, mais d'envisager plutôt l'influence des facteurs par famille de produits, chaque fois au moins que la gamme n'aura pas une dimension trop importante.

LE TABLEAU DE CALCUL DES PRÉVISIONS DE VENTES

Quand la faible étendue de la gamme de produits ou de services à vendre le permet, on utilise un tableau de calcul par client. Sinon le même tableau recueille les prévisions globales de tous les clients « 20 × 80 » (voir figure 15).

Le tableau de calcul comporte un assez grand nombre de colonnes, en quantité suffisante pour accueillir toutes les estimations de l'effet des facteurs d'influence retenus.

En colonne 1, on inscrit les ventes des douze derniers mois connus. Ces ventes sont indiquées, quand cela est possible, en quantités, sinon en valeur.

Les colonnes 2 à 11 servent à l'inscription des coefficients de progression (+) ou de régression (–) résultant de l'action isolée de chacun des facteurs d'influence sur les ventes de la famille de produits considérée. Il faut toutefois définir avec discernement les facteurs afin d'éviter tout recouvrement des effets, et des accentuations incongrues.

La colonne 12 recueille la totalisation des coefficients + et – de chaque ligne. Par exemple, sur le tableau de la figure 15, on trouve en première ligne :

	Facteurs favorables	Facteurs défavorables
Tendance du marché	+ 15 %	
Dynamisme du client	+ 10 %	
Agressivité de la concurrence	– 10 %	
Position et notoriété de la société	+ 2 %	
Effort promotionnel	+ 10 %	
Effort publicitaire	+ 10 %	
Totaux bruts	+ 47 %	– 10 %
Total net	+ 37 %	

Observation : cette méthode fera frémir les statisticiens par son aspect primitif. Il ne faut pas oublier que notre propos vise davantage à faire raisonner les vendeurs d'une manière analytique qu'à satisfaire les mathématiciens. Au surplus, fort de plusieurs expériences, il apparaît qu'un tel calcul simple donne des résultats approchant d'assez près la réalité.

Les colonnes 13 et 14 permettent au vendeur de chiffrer l'hypothèse haute et l'hypothèse basse qui lui semblent envisageables après avoir raisonné sur les effets des facteurs d'influence pour la famille de produits chez le client considéré et sur les aides – promotionnelles notamment – que le vendeur pense recevoir.

BIENS D'ÉQUIPEMENT : LE PRONOSTIC DE RÉSULTAT

Quand on vend des biens d'équipement ou des grandes installations, quand on soumissionne pour des marchés annuels, on sait qu'au fur et à mesure du rapprochement de l'échéance, les chances d'emporter l'affaire augmentent ou diminuent, en passant souvent par des péripéties et des rebondissements.

La méthode précédente s'applique ici imparfaitement. Il faut la compléter au cours de l'année par des pronostics exprimés en pourcentage de chance de réussir l'affaire. Ceux-ci s'expriment par tranches de 20 %, étant entendu que les hypothèses 0 % et 100 % sont réservées au moment où l'affaire s'est dénouée, respectivement en faveur du concurrent ou en notre

Client														
Potentiel total :												Localité		
Potentiel accessible :														
	1	2	3	4	5	6	7	8	9	10	11	12	13	14
Famille de produits	tendance marché clients	Dynamisme clients	Agressivité concurrence	Position + notoriété Sté	Nouveaux produits	...	...	Effort promotionnel	Effort publicitaire	...	Coefficient-résultat	Prévisions de vente année prochaine mini (000)	maxi (000)	conditions à remplir pour atteindre le niveau maximum
	Ventes exercice précédent (000)														
Produits A	200	+15%+10%	-10%	+2%	-	-	-	+10%+10%	-	-	+37%	275	285	
Produits B	300	-10%	-	-10%	+2%	-	-	+2%		-16%	250	265		offre liée avec produits A
Produits C														
Produits D														
Produits N														
Totaux														

FIGURE 15 – *Tableau de calcul des prévisions des ventes.*

faveur. Les chances s'étagent donc, au fur et à mesure du recueil d'informations sur l'évolution de la négociation, sur quatre niveaux : 20 %, 40 %, 60 %, 80 %. L'approximation est largement suffisante[1].

LA FOURCHETTE DE PRÉVISIONS DU SECTEUR DE VENTE

Une fois qu'on a rempli tous les tableaux de prévision (en principe un pour chaque client « 20 × 80 »), on totalise les prévisions minimum et maximum des colonnes 13 et 14.

On se trouve donc en présence de deux chiffres qui concernent les seuls clients « 20 × 80 ». Pour obtenir la « fourchette de prévision du secteur de vente », on reconstitue l'ensemble – sans se pencher sur le cas des clients « 80 × 20 » – en multipliant les totaux des clients « 20 × 80 » par 5/4, ou si l'on préfère 100/80 : on obtient ainsi la reconstitution des prévisions de la totalité du secteur de vente. On admet pour cela que les petits clients évolueront sur le secteur, grâce à l'action du représentant, de la même manière que les clients importants et moyens. En fait, ceci n'est pas toujours très exact, dans la mesure, par exemple, où l'on assiste à un phénomène de concentration par absorption de petits clients par les clients les plus importants, ou bien dans le cas contraire où les affaires de petites dimensions se montrent plus mobiles, plus adaptables que celles des « dinosaures » empêtrés dans leur grande taille.

LA SOMMATION PYRAMIDALE

Les chiffres de prévision de ventes minimum et maximum de chacun des secteurs du territoire national seront ensuite additionnés et formeront les premières prévisions minimum et maximum de la société. En réalité, selon la règle d'addition que nous avons adoptée, le chiffre minimum supposerait pour être atteint que toutes les hypothèses pessimistes se réalisent. De même, le chiffre maximum nécessiterait la conjonction simultanée de toutes les hypothèses optimistes. La vérité des prévisions va donc se situer entre ces

---

1. Lire à ce sujet *Prospection commerciale, stratégie et tactiques, op. cit.*

deux extrêmes. Ceci suppose également que chacun, à son poste, ait joué correctement le jeu de la prévision des ventes. Il existe tellement de maladresses de la part de directions soucieuses d'efficacité et tant de soupçons de la part de vendeurs suspectant leurs dirigeants d'exiger d'eux l'impossible… Nous admettons que nous nous trouvons face à des adultes…

La négociation entre les objectifs et les prévisions

Pour combler l'habituelle différence entre les chiffres souhaités par la direction de l'entreprise et ceux calculés par la force de vente, une intense négociation va s'engager. Elle porte sur les moyens à mettre en œuvre pour se rapprocher de l'hypothèse optimiste et sur l'exploitation de poches de portefeuille inexploitées.

De notre point de vue, et contrairement à ce que craignent les directions d'entreprise qui n'ont pas essayé d'interroger leur force de vente sur leurs prévisions de vente, la négociation qui lie les objectifs aux prévisions de vente et aux moyens à mettre en œuvre est très éducative des responsabilités.

De la même manière, la réflexion sur les poches de potentiel inexploitées conduit à se poser des questions judicieuses, telles que :

• où se trouve ce potentiel inexploité ?

• comment le conquérir ?

Le potentiel inexploité peut avoir deux origines :

• l'entreprise vend à ses clients une gamme trop courte ;

• l'implantation numérique est insuffisante.

Ce qui suggère deux solutions. On peut ainsi vendre plus de produits aux clients acquis. On débouche alors sur une directive commerciale du type : « Une ligne de plus par client ». L'autre solution consiste à conquérir des prospects.

La première solution est plus facile et préférable. En se développant chez les clients acquis, on conforte son chiffre d'affaires, on fait constater à son client que « nos courants d'échanges se développent », on contribue enfin à fermer la porte à la concurrence.

5 L'évaluation dynamique des clients

Le travail du chapitre 2 a consisté à estimer le potentiel de développement d'un client en chiffre d'affaires ou mieux, en volume de marge. Le regard ainsi porté sur le portefeuille de clientèle s'inscrit déjà dans une perspective de mouvement – d'où notre intitulé d'évaluation dynamique des clients.

Chaque client va faire l'objet d'une double évaluation :

• évaluation du présent (chiffre d'affaires ou marge brute actuelle) ;

• évaluation de l'avenir proche (chiffre d'affaires ou marge brute potentielle accessible ou éventuellement régression prévisible du chiffre d'affaires ou de la marge brute).

Le chiffre d'affaires réalisé avec certains clients peut connaître des fluctuations de forte amplitude d'une année à l'autre. Pour faciliter l'appréciation de la tendance des ventes, il est insuffisant de se limiter au seul chiffre d'affaires de l'année précédente. Il convient alors d'établir une moyenne ou une tendance des ventes (progrès ou déclin) fondée sur les deux ou trois années antérieures.

En ce qui concerne l'année en cours, le chiffre d'affaires réalisé avec partie ou totalité de la clientèle peut être tributaire de variations saisonnières. Pour reconstituer l'année entière, on aura recours à des coefficients pour chaque mois, calculés en fonction de l'expérience des années passées, que l'on appliquera au chiffre d'affaires connu pour reconstituer la totalité de l'année.

L'informatique facilite les calculs et permet une certaine sophistication. On aboutit à une collecte d'éléments chiffrés qui se présentent ainsi :

Clients	Localité	C.A.	P.A.	Total
Coop. agricole	St Jean	61.242	+ 18.000	79.242
Coop. agricole	Matha	59.310	- 6.000	53.310
Transp. Généraux	Saintes	58.752	+3.300	62.052
Sablières	Ste Même	44.628	+ 1.200	45.828

TABLEAU 16 – *Le classement dynamique des clients.*

L'évaluation totale va permettre un classement théorique de la valeur à venir de chaque client.

La nouvelle lecture de la valeur projetée de chaque client débouche sur la décision de doser les efforts commerciaux et notamment les fréquences de visites annuelles que chaque client mérite, selon le principe suivant : plus la somme du chiffre d'affaires actuel (ou de la marge brute) et du chiffre d'affaires potentiel accessible (ou de la marge brute potentielle) est importante, plus la fréquence des visites sera élevée. (Chaque règle comportant des exceptions ou des modulations, nous n'échapperons pas à cela et examinerons au chapitre 8 les adaptations qui s'imposent).

Ce principe s'oppose à celui qui consiste à visiter uniformément chaque client sans considération du résultat à en attendre « *parce qu'il se trouve sur ma tournée et que je ne perds pas de temps à lui rendre visite puisqu'il est sur ma route* ».

LA VALEUR EXEMPLAIRE D'UN CLIENT

Un client n'est pas seulement remarquable pour une entreprise à cause des chiffres d'affaires actuels et potentiels à court terme (potentiel accessible) qu'il représente. Il faut intégrer aussi sa valeur exemplaire. Celle-ci peut tenir à sa valeur financière, à sa valeur tactique, enfin à sa valeur stratégique.

Que ce client achète plus particulièrement des produits à forte valeur ajoutée ou à marge importante pour le fournisseur ou qu'il se signale par sa bonne santé financière et la régularité de ses règlements, il mérite une attention particulière que nous appelons valeur financière.

Un client peut, en outre, avoir par sa position une qualité d'entraînement pour tout ou partie d'une profession. Les commerciaux comprennent bien l'intérêt de la référence que constitue le fait de collaborer avec tel ou tel client, en raison de ses innovations, de la rigueur du choix de ses partenaires, ou de sa politique de communication avec le marché, dont bénéficieront directement ou indirectement ses fournisseurs. C'est l'effet de « vitrine », de « locomotive » ou de leadership. Cette référence sert d'appui pour aborder d'autres clients qui se trouvent dans la mouvance de celui-là.

Par l'expérience qu'il permet d'acquérir dans telle technologie « pointue », un client peut aussi se signaler pour sa valeur stratégique : le savoir-faire obtenu par cette collaboration élargit le champ des activités de ses fournisseurs.

Ces valeurs exemplaires d'ordre financier, d'ordre tactique ou d'ordre stratégique sont toujours difficiles à quantifier. Il peut pourtant se prononcer : nous proposons en général d'opérer par des coefficients de majoration.

Bien entendu, il existe des « valeurs exemplaires » négatives : être chez certains clients n'est pas apprécié par d'autres clients plus prometteurs. Il faut aussi tenir compte de cette réalité en appliquant des coefficients de minoration.

La valeur commerciale d'un client

En résumé, chaque client sera désormais évalué en fonction de trois paramètres : son volume d'affaires actuel ; son potentiel accessible ; son coefficient de leadership.

Ce principe étant admis, le portefeuille de clients et de prospects de l'entreprise, ainsi que de chaque secteur de vente, va être mesuré en intégrant ces trois paramètres. En pratique, on dresse un tableau en indiquant :

• le nom du client ;
• sa localisation ;
• son chiffre d'affaires actuel ;
• son potentiel accessible positif ou négatif ;
• son coefficient ou sa « valeur exemplaire » positive ou négative.

Voici un exemple de présentation de ces calculs :

Clients	Localité	CA actuel	Potentiel accessible	Valeur exemplaire	Valeur commerciale
N.M.	Lille	125 000	+ 5 000	_	130 000
S de V.	Hazebrouck	104 000	+12 000	+ 10 %	128 000
A.A.A.	Dunkerque	93 000	+ 7 000	– 20 %	80 000
C.N.T.	Valenciennes	83 000	+ 2 000	_	85 000
M.O.F.	Maubeuge	82 000	+10 000	+ 30 %	120 000
E.R.M.	Lille	81 000	– 5 000	-	76 000
Prospect J	Roubaix	-	+ 70 000	+ 10 %	77 000

TABLEAU 17 – *Calcul de la valeur commerciale.*

Le principe de l'intégration de la valeur future en chiffre d'affaires ou marge à court terme (chiffre d'affaires actuel + ou - potentiel accessible) et du coefficient de valeur exemplaire entraîne un bouleversement de l'ordre d'importance accordée classiquement à la clientèle et permet un regard lucide sur l'état actuel chiffré du portefeuille de clients.

Le regard est également dynamique, parce que l'on considère comme déjà réalisé ce qui n'est après tout que prévisionnel, c'est-à-dire le potentiel. La sagesse populaire veut que l'on ne vende pas la peau de l'ours avant de l'avoir tué. Mais l'action commerciale n'est-elle pas par essence orientée vers le futur, un futur qui demeure raisonnable et proche ?

Nous savons que toutes les prévisions sont presque toujours fausses. À tout prendre, nous préférons une horloge qui avance ou retarde d'un quart d'heure par jour, ce qui, on le conçoit, n'est guère précis, plutôt qu'aucune horloge pour avoir une idée approximative de l'heure qu'il est.

Le classement des clients selon leur valeur commerciale se veut un guide pour déterminer les priorités de l'action commerciale et par conséquent l'organisation des circuits de visites.

La prise en considération des possibilités d'augmentation du chiffre d'affaires ou de la marge brute dégagée chez chaque client et le jeu des coefficients de valeur exemplaire qui augmentent ou ignorent le résultat, modifient leur valeur commerciale. C'est cette valeur commerciale future qui est prise en compte pour l'organisation des circuits de visites.

C'est donc la valeur commerciale qui déterminera en définitive le nombre de visites annuelles que l'on accordera à chaque client.

Apportons quelques commentaires pratiques :

1 • L'expérience montre que le travail d'évaluation du chiffre d'affaires potentiel accessible ou de la marge brute potentielle accessible est en général limité aux principaux clients. Il est indispensable de vérifier si, parmi les clients du bas du tableau (après classement des valeurs commerciales par ordre décroissant) il ne se trouve pas des clients qui mériteraient de figurer en position plus élevée, en raison d'un potentiel accessible évalué de façon trop prudente.

2 • Il ne faut pas oublier de considérer non seulement le volume d'affaires direct développé avec chaque client, mais aussi le volume indirect, par exemple celui qui transite par les grossistes ou les distributeurs (réassorts à l'unité, achats de pièces détachées, commandes de petit volume non acceptées par votre entreprise, etc.).

COMMENT CONSIDÉRER LES AGENTS D'INFLUENCE ?

Certaines personnes n'achètent pas vos produits ou vos services, mais contribuent par leur position à leur achat, soit qu'elles le favorisent, soit qu'elles s'y opposent. Ce sont les prescripteurs, architectes, médecins, vétérinaires, ingénieurs conseils, bureaux d'études, etc. Faut-il faire figurer les prescripteurs dans le classement des clients ? Et si la réponse est affirmative, comment les évaluer ?

Bien qu'ils ne soient pas des acheteurs directs, il nous semble judicieux de valoriser leur pouvoir d'influence, d'autant plus que l'action commerciale (information, documentation, visites) s'étend à ces agents d'influences ou prescripteurs.

Pour évaluer leur poids en termes d'influence, on se posera la question suivante : à quelle valeur d'achat de nos produits ou services contribuent-ils par leurs prises de position ?

Leur pouvoir de prescription sera apprécié empiriquement. Nous recommandons d'aller jusqu'à l'évaluer en termes monétaires. On peut aussi corroborer cette estimation en s'interrogeant sur les conséquences qu'entraînerait leur disparition subite. Leur valeur commerciale coefficientée représentera cette valorisation.

En d'autres termes, les prescripteurs se trouveront placés sur cette sorte d'échelle de valeur d'attention à réserver à chacun des clients, au même niveau que celui qui réalise un chiffre comparable d'achats.

Le prescripteur négatif

Comment prendre en considération le prescripteur dont le pouvoir d'influence est négatif ? Il peut s'agir par exemple d'un de vos concurrents ou d'un prescripteur qui répand des informations négatives sur votre entreprise.

Il convient de mesurer d'abord son poids d'influence. Selon le cas, si celui-ci est appréciable, il faut rendre visite à ce prescripteur et lui accorder une valeur d'attention comparable à celle que l'on réserve à un client ou à un prescripteur de même poids positif.

Les « grappes de clientèle »

Dans certains cas, on peut avoir intérêt à prendre en compte des ensembles relativement homogènes constitués :

- par un grossiste et ses propres clients[1] ;

- par un ou plusieurs prescripteurs et vos clients de l'aire géographique d'influence de ces prescripteurs.

On constitue ainsi des « grappes de clientèle ».

---

1. L'organisation des circuits de visites quand l'entreprise commercialise ses produits par l'intermédiaire d'un réseau de distributeurs est examinée dans l'annexe 3 du chapitre 9.

Exemple de calcul de la valeur commerciale d'un client

1 – Chiffre d'affaires de l'année en cours

2 – (+/–) potentiel accessible

- Il est déterminé par la prise en considération des trois facteurs suivants :
- Collection des produits de l'entreprise par rapport à la stratégie d'assortiment du client et par rapport à sa clientèle
- Position, chez ce client, des concurrents de l'entreprise ; points forts et points faibles des produits de l'entreprise par rapport à ceux des clients :
- Qualité des relations du représentant ;
- Gammes de produits comparées (largeur, profondeur) ;
- Livraisons, souplesse de réponse à une demande exceptionnelle ;
- Actions de communication et de promotion (selon les expériences passées) ;
- Expansion/régression de cette catégorie de produits chez ce client, en fonction de son dynamisme, de sa concurrence propre, de la conjoncture, des événements politiques et économiques, des facteurs climatiques.

3 – Coefficient de valeur financière

- Les facteurs pris en compte sont :
- Marge brute dégagée chez ce client (en fonction des familles de produits qu'il achète) ;
- Régularité de règlement, risque financier (le point zéro étant évalué au niveau d'un règlement normal).

4 – Coefficient de valeur tactique

- Le facteur considéré ici est la valeur d'entraînement de ce client auprès de ses confrères (aspect de « vitrine », de « locomotive », de leadership).

5 – Coefficient de valeur stratégique

- Les indications des données d'appréciation sont fournies par la direction du marketing.

6 – On tempérera éventuellement le résultat brut obtenu, en fonction des opinions recueillies auprès du client sur l'effet provoqué par l'augmentation envisagée de la part de marché de l'entreprise chez ce client (acceptation ou freinage de la perspective d'augmentation).

TABLEAU 18 – *Un exemple de calcul de la valeur commerciale d'un client.*

６ Avoir défini ses objectifs

LES OBJECTIFS

Stratégie claire de l'entreprise, politique commerciale comprise dans sa lettre et dans son esprit, gamme de produits intelligibles, marchés et clientèles repérés et analysés, place dans l'entreprise et liaisons avec la hiérarchie et les services sans ambiguïtés le vendeur peut maintenant entrer en action. Il risque cependant de se disperser dans une action inefficace parce que désordonnée ; à moins que ne lui soient précisés les objectifs qu'il doit atteindre.

On limite bien souvent l'acception du terme « objectif » à l'atteinte d'un résultat chiffré. Cette acception limitée occulte la notion d'objectif qualitatif, celui-ci se distinguant alors de l'objectif quantitatif.

Nous définissons un objectif quantitatif comme un nombre que l'on se propose d'atteindre. Ce nombre n'exprime pas seulement un chiffre d'affaires, mais également un taux de marge ou des volumes d'activités (nombre de visites, cadences de visites journalières, kilomètres parcourus, par exemple) ou de performances (ratio de commandes par visites, nombre d'articles différents commandés). C'est donc une définition plus large que celle de nombre d'auteurs que nous exposons ici.

Nous considérons comme objectif qualitatif tout résultat à obtenir dont la mesure, si elle est évaluable objectivement, n'est pas usuellement chiffrable : ce peut être d'améliorer un climat de relations commerciales, ou bien de faire admettre à un partenaire d'adopter désormais tel comportement, ou encore d'améliorer l'image de marque de l'entreprise par une politique de services.

Qu'il soit quantitatif ou qualitatif, un objectif n'a de chance d'être atteint que s'il a été défini comme un but à atteindre. Mais si nous insistons sur cette notion d'objectif, c'est parce que la présence d'objectifs marque l'existence d'une volonté d'obtenir un certain résultat d'une part, et clarifie l'action à entreprendre et l'agencement des moyens et les méthodes pour atteindre le but fixé d'autre part. L'objectif est le stimulant de l'action commerciale.

D'ailleurs en psychologie sportive on sait très bien que le but défini (barre à franchir, vitesse à atteindre, temps à ne pas dépasser) mobilise l'attention et l'énergie du champion, qui cherche alors à se dépasser pour atteindre le résultat assigné comme objectif.

PÉDAGOGIE DE L'OBJECTIF

Se doter d'un objectif, c'est se donner le pouvoir de l'atteindre. Il n'est pas abusif de parler de « pédagogie de l'objectif ». Pour être motivant, le but assigné doit être précis. On est loin d'une instruction vague du type : « *Faites pour le mieux.* »

Si l'objectif est difficile à atteindre, mais pas inatteignable, il aura un meilleur effet mobilisateur qu'un but paraissant aisé à atteindre. Qui sait d'ailleurs si un commercial à qui l'on demande de dépasser ses limites ne considérera pas cette ambition comme flatteuse ? La satisfaction éprouvée à la lecture des résultats obtenus sera d'autant plus intense que l'objectif assigné était réputé difficile. Une réussite facile ne donne pas le même sentiment d'accomplissement qu'un résultat conquis à la force du poignet.

Encore faut-il que le commercial accepte l'objectif qui lui est fixé, ce qui implique que le commercial participe à l'élaboration de l'objectif. Imposer un objectif d'en-haut est toujours mal perçu par celui qui subit ce qu'il considère comme une directive qui ne tient pas compte de lui.

LE CARREFOUR DES OBJECTIFS

Un vendeur est confronté en permanence à une multitude d'objectifs dont certains peuvent être contradictoires et entre lesquels il doit créer une harmonie.

L'entreprise lui assigne les objectifs de sa politique commerciale. Lui-même sur le terrain doit composer entre les objectifs d'activités et les objectifs de résultats, les seconds ayant naturellement la préséance sur les premiers. Si les objectifs qualitatifs et quantitatifs ne sont pas trop en opposition, il faut choisir entre les objectifs à court terme et ceux à long terme. On n'oubliera pas pour faire bonne mesure, les objectifs personnels – en général à moyen terme – que s'assigne le vendeur ambitieux.

Pour éviter tout télescopage, une hiérarchie des objectifs s'impose, qui ne peut être laissée à la seule initiative du vendeur, mais dont la gestion doit être contrôlée par le chef des ventes. En d'autres termes, dans le cadre de son action professionnelle, le vendeur accordera la préséance aux objectifs assignés par la société à ses objectifs personnels, ceux de la société faisant l'objet par le vendeur d'une modulation en fonction des réalités rencontrées sur son territoire de vente.

Cette liberté relative dans la modulation des objectifs est le corollaire du sentiment de responsabilité. Un certain degré d'autonomie renforce la prise de responsabilité de la part de celui qui se sent maître de son secteur.

Il ne suffit pas de définir des objectifs. Il faut aussi informer régulièrement le commercial sur ses résultats pour qu'il puisse les confronter à ses objectifs. L'oublier, c'est faire perdre de vue à l'intéressé qu'il y a un ou des buts à atteindre et c'est en définitive se priver d'évaluer la performance. Sans information, le résultat est difficile à évaluer et donc on ne dispose d'aucun repère pour guider les efforts et l'action[1].

---

1. Reportez-vous au chapitre 13.

7 Gérer son emploi du temps

Le temps est un moyen. Aucune œuvre ne s'accomplit sans l'intervention de ce facteur. Et ce moyen nous est rigoureusement compté. Le temps est gratuit pour les uns, *ce à quoi* les autres répliquent avec Benjamin Franklin : « *Time is money* », le temps vaut de l'argent.

En fait, la question de l'emploi que l'on fait de son temps se pose-t-elle ? À beaucoup, non. Ce chapitre tente d'établir les conditions d'emploi optimum de son temps.

LA MÉTHODE D'ENREGISTREMENT DES TÂCHES ACCOMPLIES

Comment employons-nous notre temps, et notamment notre temps professionnel ? Quelle est la part de notre emploi du temps réellement efficace ? Cela mérite réponse. Mais comment apprécier l'emploi effectif que l'on fait de son temps ? Plusieurs méthodes sont à notre disposition.

L'auto-analyse continue

L'auto-analyse continue est une méthode d'enregistrement qui a le double mérite de l'économie et de fournir des renseignements complets sur l'emploi du temps. En réalité, une telle méthode est assez utopique dans la mesure où l'on imagine mal l'homme d'action qu'est un vendeur s'astreindre longtemps à l'observation et à la notation de la totalité de ses activités. De plus, quelle sera l'objectivité du « reportage » ?

L'observation discontinue par sondages

Le principe de l'observation discontinue par sondages évite une bonne partie des inconvénients de l'observation continue par un témoin extérieur : le coût en est allégé ; le contrôle des activités devient psychologiquement supportable. Cet observateur extérieur garantit l'impartialité de l'observation. Un inconvénient, d'ordre technique, apparaît : quand placer les moments de l'enregistrement pour atteindre une bonne représentatitivé des échantillons d'observation prélevés et permettre l'exploitation des résultats ?

Un double procédé

Il semble qu'en définitive, l'un des meilleurs procédés d'enregistrement des activités reprenne le principe de l'auto-analyse jointe à l'observation discontinue. Il peut s'agir par exemple d'inviter les vendeurs – en groupe si possible, en raison de l'effet d'entraînement du travail à plusieurs – à enregistrer chaque soir la reconstitution de leur journée.

Cette méthode comporte des risques d'erreurs : information obliquée, oublis involontaires. Mais l'approximation obtenue est suffisante pour permettre sur une longue période un constat véridique de l'emploi de son temps. On ne recherche pas après tout une vérité scientifique, illusoire d'ailleurs en matière de comportements humains.

Sur le plan pratique, il est demandé de descendre jusqu'au niveau du quart d'heure, ce qui donne une observation à 3 % près, tout à fait satisfaisante.

QUELQUES DÉFINITIONS

Avant de classer le matériau collecté par l'observation, qui servira de fondement à nos réflexions, il importe de préciser la définition des termes que nous allons employer.

La *fonction* du poste de travail explique à quoi sert le poste dans la structure et quelle contribution son titulaire apporte à l'entreprise à laquelle il appartient.

Les *activités* d'un poste de travail désignent les grandes catégories de tâches que le titulaire du poste doit accomplir.

Une *mission* est une tâche ou une série de tâches, de caractère temporaire, confiée au titulaire d'un poste de travail et qui ne fait pas normalement partie de son *guide d'activités* (appelé plus improprement par d'autres « définition de fonction »).

Par exemple : Jean-Luc Martin est délégué commercial de la société Le Chauffage Solaire pour la région Rhône-Alpes. C'est son poste de travail. La fonction qui lui est attribuée est d'assurer la commercialisation des produits du Chauffage Solaire dans cette région. À ce titre, il apporte un chiffre d'affaires et une rentabilité à la société (c'est sa contribution). M. Martin s'est vu confier deux missions : rechercher et recommander un autre système de distribution que la vente directe dans sa région ; former pendant deux semaines un nouveau délégué commercial avant son installation en Normandie.

LE TRAVAIL DE CLASSEMENT DES TÂCHES ACCOMPLIES

Pendant combien de temps faut-il tenir cette sorte de journal des travaux accomplis dans le cadre de nos activités de fonction et dans celui de nos missions ? L'idéal serait de le faire pendant une année. Face à l'aspect gigantesque – et peu exploitable – d'une telle collecte, il nous paraît suffisant d'enregistrer un mois de travail normal et de reconstituer de mémoire les temps nécessités par certaines activités ou missions tels qu'une convention nationale des ventes, un séminaire de formation, la présence sur le stand de l'entreprise lors de telle ou telle exposition, etc.

Jusqu'à quel degré de finesse faut-il saisir les tâches accomplies ? Si les mailles du filet sont trop lâches, certains poissons de taille appréciable passeront au travers. Mais si elles sont trop serrées, on recueillera jusqu'aux algues et aux boues sans intérêt pour notre pêche. La réponse n'est pas simple : une tâche qui nécessite dix minutes par jour, mais que l'on doit accomplir tous les jours ouvrables de l'année représente en fin d'année trente-sept heures, soit environ une semaine. Mais une heure passée à telle mission une fois tous les trois ans ne mérite pas qu'on s'y arrête. Nous considérons comme réaliste de saisir l'information au quart d'heure près dans le cadre d'une journée normale.

Ayant effectué le recensement complet des tâches accomplies, en prenant en compte l'exercice dans la fonction et hors fonction, il s'agit maintenant de rendre intelligible cette masse d'informations chiffrées. On va donc regrouper les tâches par activités et par *missions*.

LES ACTIVITÉS

On peut considérer comme activités pour un représentant :
* les temps de visite à la clientèle (attentes et entretiens proprement dits) ;
* les temps de déplacement (depuis le départ du domicile jusqu'au retour au domicile ou à l'hôtel, le soir) ;
* les temps passés au téléphone ;
* les visites de chantiers ;
* les temps de démonstration ;
* les visites d'après-vente ou de résolution de litiges ;
* les temps de réunion ;
* les temps consacrés à l'administration commerciale (comptes rendus de visite, mise à jour des fiches de client, tenue du tableau de bord, correspondances diverses, établissement des feuilles de frais, etc.).

Pour certains métiers, l'établissement d'un devis ou d'une proposition commerciale constitue une activité spécifique qui ne doit pas entrer dans l'administration commerciale.

LES MISSIONS

Par leur caractère occasionnel, exceptionnel, voire hors fonction, les missions, ne peuvent pas faire l'objet d'un inventaire. On citera par exemple :
* la présence du délégué commercial sur un stand de foire d'exposition ;
* la formation sur le terrain d'un nouveau vendeur ;
* l'intervention personnelle du représentant auprès de certains clients à la suite d'un impayé ;
* la réalisation d'une enquête auprès de certains clients et prescripteurs ;
* le conseil apporté sur sa demande au directeur commercial ou au président de la société sur la conduite à tenir face à une certaine situation, etc.

La distinction entre les missions et les activités présente le double avantage de stimuler la réflexion sur ce qui est réellement demandé au collaborateur de vente et d'apprécier mieux si ce qu'il accomplit correspond bien à la contribution que l'on attend de lui.

LE CONSTAT

Une fois ce travail de classement accompli, quelles constatations est-on amené à faire ? Si l'on s'en tient aux termes légaux, notre temps de travail serait de trente-cinq heures par semaine, ou si l'on préfère à raison de deux cent dix jours de travail effectif par an, environ mille six cents heures par an.

Nous avons personnellement travaillé sur plus de cinq cents cas de vendeurs, notre statistique établit habituellement les temps de travail effectif extrêmes entre deux mille heures et deux mille cinq cents heures par an, temps de déplacement compris il est vrai, mais compte non tenu cependant des temps de repas. L'image que certains peuvent avoir du caractère enviable du travail du vendeur doit tenir compte de cette réalité. En entrant plus dans les détails, nous allons apprécier par grandes masses – activités et missions – le regroupement de nos travaux et observer comment nous distribuons notre temps.

Les directives commerciales se rendent-elles compte qu'un vendeur passe en moyenne le tiers de son temps en déplacement ? Que le temps de rencontres et de discussions effectives avec le client se situe le plus souvent entre 10 et 20 % du temps de travail ? Gérer son temps, objet de ce chapitre, n'est donc pas inutile !

EMPLOI DU TEMPS ET GUIDE D'ACTIVITÉS

La confrontation de la répartition du temps entre les activités et les missions et les descriptions de poste de travail avec définition des activités à accomplir va faire prendre conscience de distorsions importantes.

D'abord, on est chargé de rencontrer des clients, mais on leur consacre un faible pourcentage du temps de travail. On est censé aller à l'extérieur et les réunions, comptes rendus et travaux administratifs divers nous privent de 15 à 20 % de notre temps.

À ce premier niveau de réflexion, une prise de conscience s'effectue sur l'essentiel et le secondaire. On travaille beaucoup et l'indispensable a du mal à être accompli ; on est noyé sous des tâches diverses, dont on sait qu'elles ne font pas partie de nos activités et dont on n'est même pas certain qu'elles pourraient être une *mission*.

Et puis se pose ce fameux problème des urgences qui transforme les hommes en pompiers chargés d'éteindre les incendies chez les clients, alors que ce qui est important est presque négligé ! L'urgence s'organise au même titre que les visites régulières aux clients : nous reverrons ce point un peu plus loin.

Confronter l'emploi actuel de son temps à la description de poste permet aussi de constater que dans la distribution des rôles, on effectue le travail de tel collègue, de tel supérieur hiérarchique ou de tel autre service. Dès lors, on peut prendre appui sur la description de poste pour accepter ou refuser tel travail proposé.

Cette confrontation va enfin déboucher sur des hypothèses de solutions : compte tenu des contributions que l'on attend de notre fonction, certaines activités doivent être minorées, d'autres développées.

Dès lors, on commence à moins subir sa fonction, à mieux la dominer, le court terme est cantonné à la place qu'il mérite et les préoccupations de moyen terme trouvent un espace de temps pour s'exprimer. Toutefois, on peut aborder ce désir de réforme de l'emploi de son temps d'une façon plus systématique.

ÉLIMINER LES TÂCHES INUTILES

L'élimination des tâches inutiles suppose un choix, qui n'est pas évident. D'une part, il faut avoir un certain courage pour tailler dans ces travaux inutiles. Les uns sont plaisants : certains clients n'ont pas un réel intérêt, mais le goût de leur pineau et la saveur de leurs histoires font partie des agréments de la vie. À certains travaux s'attache un certain prestige qui rehausse, selon vous, votre fonction et l'on est sensible au décorum de certaines réceptions où l'on sait bien pourtant que les clients rencontrés sont maintenant retirés des affaires et n'ont plus aucun pouvoir ; mais l'on fait partie de ce cercle... Les repas d'affaires eux-mêmes, sans vouloir ruiner les hôteliers, ont-ils toujours la nécessité que l'on croit ?

Dans ce débroussaillage un peu iconoclaste que suppose l'élimination des tâches inutiles, il faut prendre garde de ne pas écarter au nom de l'efficacité immédiate ce qui conditionne le moyen terme. Certaines lectures professionnelles, en nourrissant votre esprit, vous permettent peut-être d'alimenter votre créativité et d'être invité par vos supérieurs à participer à certaines missions, excellent tremplin pour votre avenir.

De même, le temps que vous consacrez à un collègue ou à un client qui vous consulte sans que cette consultation soit directement utile, enrichit votre capacité de réflexion. Il faut seulement savoir garder une juste proportion de votre temps à consacrer aux autres et aux centres d'intérêt extérieurs.

SIMPLIFIER LE TRAVAIL

Tout ne peut pas être éliminé. Mais certains travaux peuvent être simplifiés. L'informatique, à cet égard, a singulièrement diminué le temps consacré aux comptes rendus et mises à jour des informations.

On sait que le processus de simplification des tâches se fonde sur la recherche de l'utilité fonctionnelle de la tâche que l'on accomplit, suivie de la décomposition de la tâche en phases, et comme dans l'analyse de la valeur, le remplacement ou l'agrégation des phases par d'autres phases apporte le même résultat.

Il importe pour ce travail de faire un effort de lucidité, que Descartes formulait déjà dans les deux premiers préceptes de son *Discours de la Méthode* :

* « *ne jamais recevoir aucune chose pour vraie que je ne la connusse évidemment pour telle* » ;

* « *diviser chacune des difficultés en autant de parcelles qu'il se pourrait et qu'il serait requis pour les mieux résoudre.* »

TEMPS DE TRAVAIL ET TEMPS DE LOISIRS

Dans l'approche que nous avons faite de la gestion du temps, nous avons jusqu'à présent constaté l'écart existant entre ce qui est souhaitable pour accomplir notre fonction et ce qui se passe en réalité et nous avons envisagé quelques mesures pratiques. Peut-on maîtriser son temps de façon radicale, est-il possible de diriger, de maîtriser l'écoulement du temps ? Est-il notamment pensable d'éviter les pertes de temps occasionnées par des personnes sur lesquelles nous n'avons aucune prise ? Est-il réaliste de croire que l'on puisse gérer efficacement son temps face aux surprises de l'imprévu ? La question peut même se poser ainsi – et on ne doit pas être surpris de traiter ce problème de la sorte : face à un temps qui n'est pas extensible, face au respect d'un nécessaire temps de loisir consacré à notre famille, à nos amis, à nos activités en vue du bien public, etc., à nous-même, et en tenant compte en même temps de nos légitimes ambitions professionnelles, de notre désir de progresser dans notre métier et d'hono-rer notre contrat, quelle part de notre temps estimons-nous légitime de consacrer à notre travail d'une part, à notre vie privée d'autre part ? Au tra-vers de la question des temps que l'on veut consacrer au travail et aux loi-sirs, c'est toute la philosophie de vie de l'individu que l'on interroge.

Limitons-nous ici à la gestion du temps de travail.

PENSER, AGIR, ADMINISTRER

Quelles que soient les activités que l'on pratique pour assumer ses fonc-tions, toutes nécessitent un temps pour réfléchir, un temps pour agir, enfin un temps pour rendre compte et administrer. Les proportions varient bien entendu, selon les fonctions et selon les activités. La planification qui suit intègre nécessairement la pensée, l'action et l'administration.

Nous voici au pied de notre futur édifice : notre temps à venir est libre et ouvert. Qu'allons-nous en faire ? Comment allons-nous nous y prendre pour que le projet adhère en souplesse à la réalité et ne soit pas perturbé par le sort ?

MÉTHODE DE GESTION PRÉVISIONNELLE DE L'EMPLOI DU TEMPS

Nous proposons un processus comportant neuf étapes. La première con-siste à relire la définition de fonction ou le guide d'activités ainsi que les objectifs qui nous sont assignés.

Au cours de la deuxième étape, comme nous l'avons décrit dans ce chapi-tre, nous recensons la totalité des tâches que nous accomplissons, dans le cadre de nos activités et de nos missions et nous les regroupons par

ensembles. Nous mesurons le temps consacré à chacun de ces ensembles.
Nous dégageons des pourcentages.

Nous obtenons par exemple :

Activités et missions	Répartition actuelle
Entretiens de vente	15 %
Déplacements	28 %
Rédaction de propositions commerciales et suivi téléphonique	10 %
Information professionnelle (mission)	2 %
Service aux clients, SAV, imprévus	27 %
Gestion, fonctionnement interne	18 %
Prospection	0 %
	100 %

La troisième étape se consacre à l'affectation de pourcentages de temps
idéaux, donc théoriques, à chacune des activités et des missions. En reprenant l'exemple précédent, cela peut donner :

Activités et missions	Répartition actuelle	Répartition souhaitée	Écart
Entretiens de vente	15 %	20 %	+ 5 %
Déplacements	28 %	25 %	− 3 %
Rédaction de propositions commerciales et suivi téléphonique	10 %	12 %	+ 2 %
Information professionnelle (mission)	2 %	5 %	+ 3 %
Service aux clients, SAV, imprévus	27 %	20 %	− 7 %
Gestion, fonctionnement interne, réunions	18 %	15 %	− 3 %
Prospection	0 %	3 %	+ 3 %
	100 %	**100 %**	**0 %**

La mise en regard de la répartition actuelle et de la répartition souhaitée
fait apparaître des écarts en plus ou en moins qui vont constituer de véritables objectifs de gestion du temps professionnel.

La quatrième étape va permettre de définir le temps professionnel dont on
dispose pour atteindre ces objectifs professionnels.

LES 200 JOURS DE TRAVAIL ANNUEL

Trois ans sur quatre, l'année compte 365 jours. L'ensemble des samedis, des dimanches et des jours fériés représente 115 jours. Selon que l'on bénéficie de cinq ou de six semaines de congés payés, augmentés des temps de « réduction du temps de travail » (RTT) il faut encore déduire trente à trente-cinq jours. Le temps affectable au travail se situe autour de 210 jours par an.

Cependant ces 210 jours de travail ne sont pas exactement disponibles pour exercer les activités et les missions qui vous sont imparties. En effet il faut prévoir votre présence aux réunions générales de la société (convention annuelle des ventes), aux foires expositions qui concernent votre métier, aux semaines de perfectionnement. À ces différentes participations on affectera huit à dix jours. Il est prudent également d'envisager que l'on puisse être souffrant quelques jours ou rendu indisponible par quelque événement familial (naissance, mariage, décès d'un proche). Ainsi, nos 210 jours de travail se réduisent-ils à deux cents jours environ pour assumer vos activités et vos missions.

Nous entrons alors dans la cinquième étape de notre processus d'affectation du temps à nos objectifs. Et nous allons affecter arbitrairement les pourcentages de répartition souhaitée pour nos activités et nos missions à ces deux cents jours. Nous aurons au moins la certitude que, sur le papier, nos volontés s'inscriront dans un dessein temporel. Voici ce que donne par exemple cette affectation :

Activités et missions	Répartition actuelle	Jours affectés
Total à répartir	100 %	200 jours
Entretiens de vente	20 %	40 jours
Déplacements	25 %	50 jours
Rédaction de propositions commerciales et suivi téléphonique	12 %	24 jours
Missions et formations professionnelles	5 %	10 jours
Service aux clients, SAV, imprévus	20 %	40 jours
Gestion, fonctionnement interne	15 %	30 jours
Prospection	3 %	6 jours

Dans le présent calcul, les reliquats de fractions de journée et les temps épargnés sur les imprévus sont reportés sur l'activité de prospection estimée insuffisante par la direction commerciale.

COMMENT CANALISER LES URGENCES ?

L'urgence, l'imprévu, sont en principe de parfaits désorganisateurs des plans ; à moins toutefois que l'on ait prévu l'imprévu, en d'autres termes, à moins qu'on l'ait intégré dans la répartition des activités. Pour cela, il suffit d'une part de répartir régulièrement les « temps pour l'imprévu » dans son calendrier et d'autre part de prévoir une alternative si l'imprévu ne se produit pas au moment où il est… prévu. En général, dans les activités d'un vendeur, l'alternative à l'urgence imprévue peut être constituée par la prospection. Ainsi, on gérera ensemble les activités de « prospection » et de « service au client, SAV, imprévu ». Par conséquent, toutes les autres activités ne subissent pas les effets désorganisateurs d'un événement imprévu.

LE POTENTIEL DE VISITES

La sixième étape voit la conversion des masses de temps affectés aux entretiens de vente, aux déplacements et à la prospection en nombre de visites. On connaît par expérience la durée moyenne d'un entretien de vente ou d'un entretien de prospection. Ce peut être par exemple environ trois quarts d'heure pour entretien de vente et une demi-heure pour une visite de prospection. Le potentiel de visite théoriquement dégagé par le plan d'occupation du temps serait donc, en comptant que chaque journée ne devrait pas dépasser huit heures de travail :

Entretien de vente : $\dfrac{40 \text{ jours} \times 8 \text{ heures}}{3/4 \text{ d'heure}}$

soit environ 430 entretiens par an.

Visites de prospection : $\dfrac{6 \text{ jours} \times 8 \text{ heures}}{1/2 \text{ heure}}$

soit environ cent entretiens par an.

Nous verrons dans le prochain chapitre consacré aux tournées comment répartir ces potentiels de visite entre les clients en fonction de leur importance actuelle et à venir et de leur nombre.

À titre d'illustration, ce potentiel de visite peut se ventiler ainsi :

2 clients nécessitent	18 visites par an, soit au total	36 visites
36 clients nécessitent	8 à 10 visites par an, soit au total	324 visites
9 clients nécessitent	3 à 7 visites par an, soit au total	45 visites
3 clients nécessitent	1 à 2 visites par an, soit au total	5 visites
50 clients		410 visites

Ce schéma fonctionne aussi rigoureusement avec un plus grand nombre de clients et des visites plus courtes. Il ne permet toutefois pas d'inventer miraculeusement du temps pour voir plus de clients, plus longuement ! Ici tout est affaire de raisonnement préalable et de sélection en fonction d'objectifs. Nous reprendrons cet aspect dans le chapitre 8.

LA MISE SUR CALENDRIER

Il s'agit à présent de faire coïncider les affectations de temps au calendrier. Comme précédemment, nous procédons arbitrairement dans un premier temps, pour négocier ensuite cette affectation arbitraire aux impératifs du calendrier, sans porter atteinte aux objectifs fondamentaux que nous nous sommes définis.

La mise sur calendrier constitue notre septième étape. On ne s'étonnera pas, compte tenu de notre point de vue sur un juste équilibre entre le travail et les loisirs, que pour une bonne hygiène de vie l'on situe d'abord sur le calendrier les périodes de vacances et les obligations professionnelles programmées longtemps d'avance.

Dans une seconde phase, on placera les masses de temps nécessitées par nos activités et missions, en les répartissant aussi également que possible, mois par mois. Les activités aléatoires (urgences, SAV, services divers aux clients, etc.) seront de la même manière réparties à peu près également tout au long du calendrier.

DISPOSITIONS PRATIQUES

Construire un calendrier selon le processus indiqué n'est pas une opération qui va résoudre tous les problèmes de maîtrise du temps. Pour ce faire, ce calendrier doit être défendu avec énergie. Trois dispositions pratiques nous aident dans ce but : le report, le regroupement et la programmation.

Le report consiste à différer ce qui n'est pas urgent, pas opportun et qui peut attendre. À cet égard, le fameux adage « Il n'y a pas de question urgente, il n'y a que des gens pressés » trouve ici son application. Ce ne peut pas être une règle systématique, mais ce principe aide à trier entre l'urgent et le moins pressé. Reporter ne signifie pas différer dans un avenir vague. Reporter, c'est inscrire l'action que l'on ne prend pas en charge immédiatement avec une date certaine. Psychologiquement, le délai précisé par une date est bien mieux supporté.

Regrouper des tâches – nous avons déjà évoqué cette mesure – c'est faire au même moment plusieurs tâches et non pas les placer en séquences successives. C'est l'un des principes utilisés dans la méthode PERT.

Enfin programmer une opération, c'est en disposer les différentes phases dans le temps, organiser dans le temps l'enchaînement des phases qui en permettent l'accomplissement. Au minimum, toute action envisagée doit prévoir :

- un temps de préparation qui tiendra compte des différents délais de réaction ;
- une date de départ de l'action qui commande – en compte à rebours – le délai de préparation et, lui succédant, le délai de réalisation ;
- la programmation de la suite à donner, après la fin de la réalisation.

Ceci donne, graphiquement, la représentation suivante :

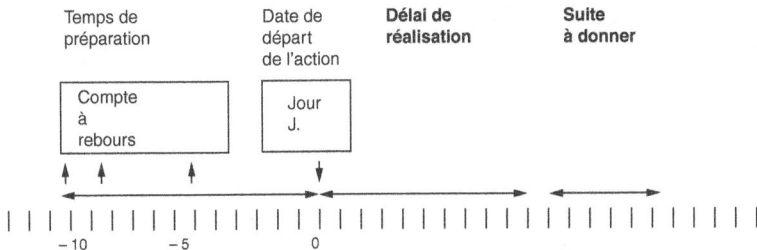

FIGURE 19 – *Programmation des opérations.*

Si le report, le regroupement et la programmation sont des aides techniques à la protection du temps, la meilleure défense que nous connaissions, par expérience personnelle, consiste à avoir une claire conscience de ses objectifs, de son programme d'activités et de la marchandise rare qu'est le temps pour les accomplir.

DE LA PLANIFICATION ANNUELLE AU PROGRAMME QUOTIDIEN

Nous en sommes restés, dans le déroulement de notre processus, à l'étape de la distribution mensuelle des travaux. Il s'agit à présent de construire son programme hebdomadaire, puis son programme quotidien. C'est l'objectif des étapes suivantes.

La huitième étape est consacrée à la construction du programme hebdomadaire. Ce dernier est bâti soit une fois par semaine, par exemple le vendredi ou le samedi de la semaine précédente, soit encore, ce qui est une variante, avec la projection des grandes lignes de la semaine qui suivra celle immédiatement à venir, soit une fois par mois, dans le cadre de l'élaboration des circuits de visites (voir chapitre suivant).

Un exemple, emprunté à l'emploi du temps d'un attaché technico-commercial, décrira clairement notre conception d'un emploi du temps hebdomadaire – comme nous le constaterons, la semaine de cinq jours est décalée du lundi en milieu de journée au samedi en milieu de journée.

	8 h	12 h	14 h	18 h	20 h
Lundi		Non attribué			Contacts artisans
Mardi	Imprévus [1]	Contacts artisans	Visites chantiers éloignés		
Mercredi	Administration et téléphone	Contacts artisans	Visites chantiers [2]		Contacts artisans
Jeudi		Contacts artisans	Visites chantiers [2]		Contacts artisans
Vendredi	Imprévus [1]	Visites chantiers éloignés			
Samedi	Information Tenue des plannings				
Dimanche					

1. Si l'imprévu ne se produit pas, rangement de dossier, études.
2. Alternative : réception de fournisseurs.

FIGURE 20 – *Exemple d'emploi du temps.*

La neuvième et dernière étape est celle de l'établissement du programme journalier. La solution la plus simple nous semble être de dresser la liste des tâches à accomplir. Au cas où l'évaluation en temps ne permettrait pas l'accomplissement de tous les travaux dans la journée, on reportera ce qui peut l'être, ou on déléguera à une autre personne, à la fois disponible et compétente, ce qui peut être confié à un collaborateur de notre société (secrétaire, collègue, commercial sédentaire ou parfois chef des ventes). On cherchera à regrouper les travaux de même nature ainsi que les travaux exécutables au même moment ou au même endroit. Enfin, on définit un horaire en tenant compte :

• des urgences ;

• des temps privilégiés pour certains travaux (par exemple on sait que l'on a le plus de chance de trouver un correspondant au téléphone entre 8 heures et 11 h 30 en province et 9 h 30 et 12 h 30 en région parisienne) ;

• de la disposition psychologique qui fait qu'il vaut mieux commencer par les travaux les plus faciles (ils vous « donnent des ailes ») et de poursuivre par les travaux plus difficiles.

Nous sommes en revanche très partisans de l'emploi de ces agendas électroniques de très faible encombrement, qui permettent de surveiller d'un seul coup d'œil son emploi du temps et ses disponibilités. Pour remédier à l'exiguïté de l'espace, on peut avoir recours à des signes conventionnels, comme l'illustre la figure ci-dessous :

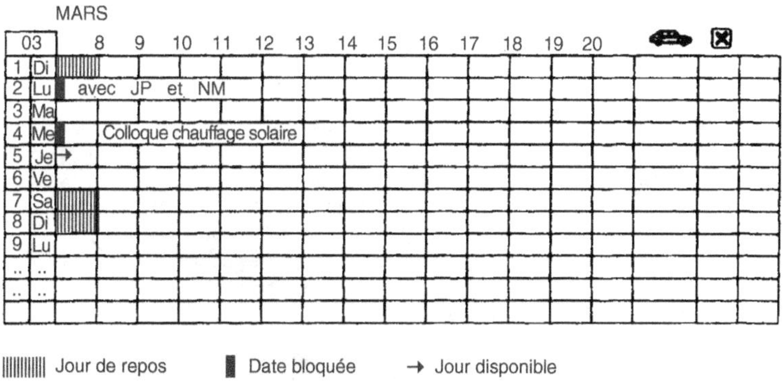

FIGURE 21 – *Agenda et signes conventionnels.*

Une date « bloquée » correspond soit à un engagement ferme conclu à l'avance, soit à une date qui a été difficile à définir en raison du calendrier chargé des autres participants à la réunion.

Les signes disponibles, et la liste n'est pas limitative, peuvent être par exemple : ❑ ▲ ○ + × //,s etc.

La littérature pictographique est abondante.

LES « CHRONOPHAGES » DU COMMERCIAL

On désigne ainsi les tâches et les manières de faire qui consomment un temps important sans aucun profit ni actuel, ni potentiel. Ces chronophages sont de deux sortes.

Ainsi, les chronophages personnels désignent ceux dont le commercial est directement responsable. Quelques-uns de ces chronophages s'expliquent par le plaisir qu'on éprouve en leur compagnie : repas d'affaires, client sans envergure, ni potentiel accessible mais si aimable et sympathique, perfectionnisme, par exemple.

Quant aux chronophages extérieurs, ils correspondent aux sollicitations des autres, soit à l'intérieur, soit à l'extérieur de l'entreprise.

Chronophages personnels	Chronophages extérieurs
• Plusieurs activités simultanées	• Les rendez-vous personnels ou pour les enfants (médecin, directeur d'école, etc ...)
• Décisions trop hâtives	
• Hésitation et indécision, remise au lendemain	• Les interruptions familiales (femme, enfants : sympathiques, mais perturbateurs)
• Retard ou réticence à traiter les difficultés	
• Parlotes et rencontres	
Sur la route	*Sur la route*
• Improvisation des visites (pas de préparation)	• Ne pas savoir dire non, aceptations inconsidérées
• Itinéraires en zig-zag (aller d'un point du secteur à l'autre extrémité puis revenir en arrière, etc ...)	• Entretiens trop longs
	• Attentes chez les clients (voir ci-dessous)
• Mauvaises prévisions	• Les repas d'affaires
• Mauvaise estimation des durées des entretiens	• Les démarches personnelles pendant le temps de travail
• Clients absents, rendez-vous non convenus	
• Clients bavards dont on ne sait pas se dégager	
Vis-à-vis de l'équipe	*Vis-à-vis de l'équipe*
• Manque d'information ou mauvaise transmission	• Les réunions imprévues
	• Absence de travail d'équipe

Chronophages personnels	Chronophages extérieurs
• Communication insuffisante ou surabondante • Délégation nulle ou insuffisante • Confusion dans les responsablilités • Réunions que l'on anime mal préparées ou improvisées	• Les conflits • Doubles emplois (travaux identiques accomplis parallèlement par deux personnes différentes)

FIGURE 22 – *Chronophages.*

Qu'on ne déduise pas de cette liste que nous préconisons un travail austère d'où toute distraction est exclue. Associer le plaisir au travail participe d'une philosophie que nous partageons. Et si certains lecteurs sont heurtés de voir épinglées certaines de leurs pratiques, qu'ils le prennent avec bonne humeur. Nous avons voulu plutôt aider à une prise de conscience lucide des dérapages de tous les jours. Chacun chassera les chronophages qui lui paraissent menacer le plus l'atteinte de ses objectifs professionnels.

LA QUESTION DES ATTENTES EXCESSIVES CHEZ LES CLIENTS

Par tactique ou par jeu, certains clients font attendre les délégués commerciaux. Ceci a pour première signification que l'entretien qui s'annonce n'intéresse pas beaucoup le client ; à moins qu'il n'ait pas beaucoup de considération pour son visiteur. De plus, au cours des entretiens, d'autres clients accordent la priorité aux appels téléphoniques qui interrompent la négociation.

Que ces procédés soient discourtois, chacun en conviendra. Mais ces interruptions et ces attentes sont autant de pertes de temps que le commercial, gestionnaire rigoureux de son emploi du temps, n'acceptera pas. Aussi bien pour se faire respecter que pour rester aussi précis que possible aux rendez-vous ultérieurs, le commercial doit réagir.

Ainsi, si l'attente avant l'entretien se prolonge au-delà de dix minutes, il s'adressera à la secrétaire du client pour lui rappeler son rendez-vous. Ou il est reçu sur le champ, ce qui arrive dans la plupart des cas ou si l'attente doit se prolonger, il invoquera les rendez-vous suivants pour convenir d'un autre moment aussi rapproché que possible.

Par ailleurs, si l'entretien de vente est interrompu par des sollicitations extérieures, le commercial mettra courtoisement fin à sa visite, provoquant ainsi, la plupart du temps, une mobilisation de l'attention de son vis-à-vis. En tout état de cause, si l'entretien n'intéresse pas le client, il n'est pas utile d'investir davantage de temps : la durée n'entraîne pas la conviction.

RÉFLEXION SUR LA MAÎTRISE DU TEMPS

Pourquoi avons-nous développé ces techniques de gestion du temps ? Trois idées nous semblent fondamentales : il s'agit d'abord de parvenir à dégager du temps, non pas en vue d'un surmenage, mais au contraire pour concentrer son temps sur ce qui correspond aux objectifs professionnels fondamentaux. Nous pensons aussi qu'il est utile de disposer d'un guide qui constitue une norme d'activité, qui permet à celui qui l'adopte de disposer de repères pour s'évaluer. Nous croyons surtout que ce travail de mise en ordre prévisionnel de son temps est le plus sûr garant, par la réflexion qu'il nécessite, d'un équilibre voulu entre la vie professionnelle et la vie privée[1].

Un tel programme est-il exactement suivi ? Il en va comme des prévisions : on se trompe, mais on arrive à repérer où l'on a commis des erreurs d'estimation et l'on parvient ainsi, peu à peu, à limiter les écarts.

---

1. Pour aller plus loin, consultez *Gestion du temps: Manager son travail, manager sa vie*, Chiron éditeur, 2006.

8 Bâtir le programme personnel d'action du commercial

POTENTIEL DE VISITES ET COÛT DES VISITES

Pour passer de l'inventaire des clients à l'organisation des visites, il faut déterminer le potentiel de visites ainsi que le coût d'une visite.

D'une part, chaque visite doit être considérée comme un investissement commercial. D'autre part, le nombre de visites que l'on peut consacrer pendant une année à l'ensemble des clients à visiter est limité par le temps disponible.

ÉVALUATION DU POTENTIEL ANNUEL DE VISITES

Notre méthode se fonde sur un calcul du nombre de visites qu'un commercial peut assurer pendant une année. Mais on peut envisager le même calcul sur une période de temps plus restreinte, semestre, trimestre, etc., en fonction des usages ou des contraintes propres à certains métiers.

L'expérience montre qu'un commercial ne consacre pas la totalité de son temps aux entretiens de vente chez ses clients.

Outre le temps passé en déplacements, tout représentant doit assumer des tâches diverses :

- assister aux réunions commerciales ;
- téléphoner pour prendre rendez-vous, apporter une réponse attendue par un client, le relancer, etc. ;
- établir des devis ou des propositions ;
- classer le courrier, les doubles de commande concernant chaque client ;
- lire et classer les notes d'information internes de la société ;
- saisir les informations sur son terminal portable ;
- participer à des foires, des expositions, des congrès commerciaux ;
- participer à des séminaires de formation, etc.

Tout ceci prend du temps. Et nous ne tenons pas compte des heures passées à rédiger les comptes rendus, à actualiser la fiche de suivi du client, à comptabiliser les frais de déplacement, tâches qui doivent être accomplies, pour les unes sitôt la visite achevée et pour les autres à la fin de la journée de travail ou pendant les inévitables temps morts compris entre deux visites.

En définitive, on peut s'estimer satisfait quand le quart du temps disponible est investi en entretiens de vente, car ce pourcentage se situe bien souvent entre 15 et 20 % du temps total de travail du représentant.

Ce n'est pas ici le lieu de s'indigner d'une aussi faible efficacité, ni d'indiquer quelles mesures doivent être prises et comment les prendre (comment organiser les tâches et éliminer celles qui sont inutiles, comment déléguer ce qui peut être fait par d'autres et spécialement par le secrétariat commercial). Il convient cependant de considérer que le temps passé à réfléchir à sa tactique d'exploitation du secteur et à préparer ses visites permet d'augmenter la productivité du temps consacré aux négociations avec la clientèle.

COMMENT CALCULER LE POTENTIEL ANNUEL DE VISITES ?

Il faut d'abord s'interroger sur la durée moyenne d'une visite et sur le nombre de visites assurées chaque jour, en tenant compte, bien entendu, des temps de déplacement. Puis on détermine le nombre de jours disponibles pour la vente en défalquant du total les temps de réunions, de présence aux foires-expositions, etc.

On sait qu'une année comporte deux cent dix jours ouvrables, une fois déduits les congés, les ponts et jours de fêtes placés en cours de semaine.

Si par exemple les tâches hors visites représentent quarante jours et si le nombre moyen réel de visites est de sept par jour, le potentiel annuel de visite sera :

$(210 - 40) \times 7 = 1\ 190$ visites par an

Ces visites ne sont pas toutes consacrées au travail de vente en clientèle. Il faut en réserver une partie aux urgences diverses (réclamation de la clientèle, récupération de chèques impayés) et à la prospection. Il peut rester en définitive environ 1 100 à 1 150 visites de réelle négociation.

CALCUL DU COÛT D'UNE VISITE

Seules les visites de négociation et de vente produisent le chiffre d'affaires et la marge indispensable à toute entreprise. (Nous ne négligerons pas ici les chiffres réalisés par relation téléphonique et par vente au comptoir, par exemple chez les grossistes, mais c'est bien en allant au-devant de la clientèle que l'on amorce et génère l'essentiel du chiffre d'affaires, même si aucune commande n'est prise au cours de l'entretien de vente.)

On peut comparer une visite à la dotation en plaques qu'un joueur de casino a dû acquérir pour participer aux jeux qui se déroulent dans la salle où il a pénétré. En quelque sorte, on considère que la seule activité rentable d'un commercial est constituée par ses visites à la clientèle et que chaque année, il reçoit une dotation en visites à accomplir. Ces visites sont la contrepartie productive de son coût de fonctionnement (les autres activités sont considérées ici comme non productives et rattachées aux activités productives).

Comment se calcule le coût d'une visite ? Ce sera le résultat du total des coûts annuels de fonctionnement d'un vendeur divisé par le nombre de visites accomplies pendant l'année.

Les coûts de fonctionnement d'un vendeur comprennent :

• son salaire annuel, quel que soit le mode de rémunération ;

• les charges sociales attachées à son salaire ;

• ses frais de route et de vie (amortissement et entretien de son véhicule, carburant, hôtels, restaurants) ;

• la quote-part du coût (salaire, charges et frais) de son encadrement commercial ;

• la quote-part du coût (salaire, charges et frais) du secrétariat commercial.

La prise en compte, pour la part qui lui revient, du coût de l'encadrement commercial et du secrétariat commercial repose sur le principe que la hiérarchie et le secrétariat ne doivent leur légitimité qu'à l'aide qu'ils apportent au vendeur pour réussir son action commerciale et atteindre ses objectifs. Il est donc normal dès lors que la quote-part du temps qu'ils consacrent à chaque commercial soit fictivement financée par ce dernier.

Selon que les visites commerciales sont brèves et nombreuses (par exemple sept visites d'une demi-heure par jour, quatre jours par semaine, soit environ

1 200 visites par an) ou de plus longue durée (par exemple cinq à six visites de deux heures par semaine, c'est-à-dire 250 visites par an), on se doute que les coûts de la visite peuvent être assez différents, d'autant que les rémunérations individuelles et les coûts de l'encadrement peuvent être assez inégaux.

Il faut aussi mentionner la possibilité de durées variables des entretiens commerciaux. Quand celles-ci peuvent aller de vingt minutes à trois heures, il faut prendre le plus petit commun dénominateur, ici, vingt minutes, comme unité de visite et considérer qu'un entretien d'une heure est équivalent à trois unités de visite et un entretien de trois heures à neuf unités de visite.

Les coûts d'une visite peuvent donc, selon les métiers et leurs usages, être de l'ordre de 50 euros aussi bien que de 300 euros.

Deux exemples de calcul

Premier cas

Un jeune vendeur est rémunéré 24 000 € annuellement. Les charges sociales sont de 12 000 €. Il effectue 40 000 km par an professionnellement, indemnisés à 40 centimes du km, soit 16 000 € avec quatre repas du midi à 15 € pendant quarante semaines par an, soit 2 400 € et deux soirées étapes par semaine à 80 €, pendant quarante semaines, soit 6 400 € et 700 € de parking, 1 000 € de péages et 300 € de téléphone. Le coût annuel de ce collaborateur est de 62 800 €.

Chaque secrétaire commerciale est rémunérée 1 500 € par mois. Avec les charges sociales et les coûts de fonctionnement (matériel, consommable, surface de bureau occupé) le coût annuel est de l'ordre de 36 000 €, à répartir entre huit vendeurs, soit 4 500 € par an.

Le directeur commercial (salaire annuel 60 000 €) et les deux chefs de vente (salaire annuel 35 000 €) se partagent l'animation de seize commerciaux de la force de vente.

La part du temps consacrée par le directeur commercial à la force de vente n'excède pas 25 %, les deux chefs de vente étant totalement à la disposition des vendeurs. La charge par vendeur du directeur commercial sera de [128 000 € (salaire + charges + frais) × 25 %, le tout divisé par 16] 2 000 €. Celle des chefs de vente sera de (140 000 € deux salaires + charges + frais divisés par 16) 8 750 € par vendeur.

Le coût de fonctionnement d'un vendeur est ainsi de 78 000 € environ. Chaque année, le vendeur effectuant 1 200 visites, le coût de la visite est de 78 000 € divisé par 1 200 = 65 €.

Second cas
Un ingénieur commercial expérimenté est rémunéré 40 000 € par an. Les charges sociales s'élèvent à 20 000 €. Le budget annuel pour les déplacements en avion, en train et en voiture représente 12 000 €. Les frais d'hôtels et de repas (peu fréquents), selon justificatifs sont couverts par un budget annuel de 2 200 € ; les frais divers sont estimés à 800 €. La secrétaire commerciale seconde six ingénieurs commerciaux, dont la quote-part prise en charge par chacun est de 5 000 €.
L'encadrement est pratiquement inexistant pour ces ingénieurs commerciaux, très autonomes, et représente un poids de l'ordre de 1 500 € par tête.
Le coût de fonctionnement annuel de l'ingénieur commercial est de 81 500 €, ce qui établit le coût d'une des 250 visites annuelles à 326 €.

LES CONSÉQUENCES DU COÛT D'UNE VISITE

Dès lors qu'il prend la décision d'investir, tout gestionnaire avisé, attend de son investissement un revenu (ou une économie de fonctionnement qui améliorera son revenu) supérieur de manière à améliorer la profitabilité de l'unité dont il a la responsabilité.

Ainsi, doit-il en aller des commerciaux. Si, pour reprendre la comparaison du coût d'une visite à celle d'une plaque de jeu dans un casino, l'on est conscient du coût de cette plaque, on cherchera par son déplacement sur l'une des cases du tapis vert à obtenir le meilleur résultat. À ceci près qu'en matière commerciale, la part du risque est infiniment plus réduite, spécialement si l'on raisonne sur l'orientation de son action commerciale.

On définira le coût d'une visite comme la part du chiffre d'affaires consacrée au fonctionnement de la force de vente.

Si par exemple dans une entreprise industrielle, le budget de fonctionnement de la force de vente rapporté au chiffre d'affaires de l'entreprise s'établit à 4 %, le coût de la visite représente aussi 4 % et doit générer en moyenne un chiffre d'affaire vingt-cinq fois plus élevé pour que le coût de la visite soit remboursé par le chiffre d'affaires dégagé.

Si nous considérons une autre entreprise où le coût de la visite ressort à 60 euros et où, par ailleurs, les frais de commercialisation admis (hors publicité et promotion des ventes) sont de 2,5 % calculés sur le chiffre d'affaires hors taxes, il faudra pour « rembourser » le coût des visites que chacune en moyenne produise un chiffre d'affaires calculé d'après l'équation :

$$X = 60 \text{ €} \times 100 \div 2,5 = 2\ 400 \text{ €}$$

Le calcul ci-dessus détermine alors le coût d'une unité de visite et l'on saura que certaines négociations nécessitent deux à trois unités de visite. Le coût de la visite sera alors multiplié par deux ou trois, tout comme le chiffre d'affaires à en attendre.

La négociation avec certains clients importants aux structures de décision complexes (décideurs, prescripteurs, utilisateurs, services multiples), nécessite des entretiens avec plusieurs interlocuteurs au sein de la même société (acheteurs, chef du magasin, chef du service d'entretien par exemple). Ces clients importants « consomment » plusieurs unités de visite. On peut espérer que le résultat en chiffre d'affaires, sinon en marge, justifie une présence commerciale aussi dense.

En d'autres termes, si l'on est soucieux d'augmenter la rentabilité de son action, on considérera que le coût de la visite est l'indicateur de rentabilité, seuil que l'on cherchera à dépasser.

Le plus intéressant dans cette appréciation chiffrée du coût de la visite, c'est son aspect éducateur en raison des réflexions utiles qu'un tel calcul ne manque pas de susciter. Au cours de ces réflexions, il peut apparaître que les visites à tel client ne sont pas exactement rentables, mais que l'intérêt stratégique du client impose qu'on lui consacre un nombre de visites et un temps supérieur à la moyenne. En outre, certains clients dégagent une plus forte rentabilité qui compense le défaut de rentabilité des précédents. On constate enfin que certains clients ne « méritent » pas autant de visites, sauf à attendre d'eux un net redressement de leur chiffre d'affaires.

En soi, le coût d'une visite ne dépasse pas en intérêt un simple calcul de prix de revient. Les conséquences de ce coût seules méritent notre attention. Si l'on passe en revue le portefeuille de clients, client par client, on va constater que :

- quelques clients sont rentables ;
- nombre de clients se situent autour d'un seuil de rentabilité ;
- quelques clients ne génèrent pas un chiffre d'affaires suffisant par rapport au temps qui leur est consacré.

QUE FAIRE DES CLIENTS NON RENTABLES ?
LES RENTABILISER !

L'intertitre ci-dessus ressemble à une plaisanterie absurde. Il n'en est rien. Examinons le cas d'un des clients déclaré non rentable parce que sa production de chiffre d'affaires est insuffisante pour couvrir les frais de visites du vendeur. L'attaché commercial peut envisager plusieurs hypothèses :

- a) Augmenter le chiffre d'affaires, notamment si le potentiel accessible du client est suffisant ;
- b) Diminuer le nombre de visites, si le chiffre d'affaires ne peut être augmenté substantiellement ;
- c) Alterner visites physiques et contacts téléphoniques, ces derniers étant au moins huit à dix fois moins coûteux que les visites avec déplacement ;
- d) Faire venir le client dans le cadre de réunions de clients ;
- e) Transférer le client à un revendeur plus proche et équipé pour traiter les petites commandes.

Dans chacun des cas, prenant conscience du coût de son temps, donc de ses visites, le commercial réfléchit à son action et devient un peu plus stratège. Il en vient à considérer que pour mériter ses visites, chaque client se doit de lui offrir une contrepartie en chiffre d'affaires – et mieux, en marge.

L'ÉTAGEMENT DE LA CLIENTÈLE PAR « FORCES »

Après avoir évalué la clientèle en intégrant la vision du futur, objet du chapitre 3, nous procédons ensuite à un classement des clients par valeur commerciale décroissante.

L'observation des classements généraux des coureurs du Tour de France ou des équipes de football fait clairement apparaître, en cours de compétition, quels sportifs ou quelles équipes ont une bonne chance de gagner l'épreuve, quels sont les challengers éventuels, puis les coureurs ou les équipes du milieu du tableau, enfin ceux qui sont menacés d'être classés derniers et relégués.

Nous allons de même considérer plusieurs groupes de clients dans le classement par valeur commerciale que nous qualifions en nous inspirant de l'échelle des vents établie par Beaufort :

• les clients très importants, de « Force 4 » (on peut même envisager une « Force 5 » pour les clients exceptionnellement importants) ;
• les clients importants, de « Force 3 » ;
• les clients moyens, de « Force 2 » ;
• les petits clients, de « Force 1 ».

Cette désignation, qui se veut pédagogique, permet de distinguer – et nous le répétons, même si aujourd'hui leur chiffre d'affaires ne les fait pas considérer ainsi – quel degré de priorité chaque commercial devra accorder à chaque client, en fonction de son appartenance aux catégories dites Forces 4, 3, 2 ou 1.

REPÉRAGE DU CLIENT SUR LA FICHE

L'appartenance de chaque client, prospect ou agent d'influence (prescripteur) à tel ou tel groupe de clientèle (Force) est signalée sur la fiche de client – qu'elle soit tenue manuellement, éditée d'après l'informatique ou visible sur écran – par une pastille de couleur (noir, rouge, vert, brun, orange) ou un pictogramme. Sur la pastille sera mentionnée la catégorie : C (client), P (prospect), AI (Agent d'influence ou prescripteur). Le choix des couleurs est expliqué plus loin (voir page 122).

En cas de changement de Force (passage à la Force supérieure ou inférieure) la modification sera opérée par le programme informatique ou bien si la tenue de la fiche est manuelle on recouvrira la pastille par celle dont la couleur correspond à la nouvelle Force.

La fiche de prospect est créée après une à deux visites, si les premiers contacts sont prometteurs.

DU CLASSEMENT PAR « FORCE » À L'ACTION COMMERCIALE

Le travail qui précède est le préalable à l'organisation de l'efficacité de la force de vente, c'est-à-dire la condition qui prélude à sa productivité.

En fonction de la clarification apportée par le regroupement de sa clientèle par Forces 4, 3, 2, ou 1, chaque commercial et donc l'ensemble de la force de vente va pouvoir utiliser plus judicieusement son temps disponible.

Ceci retentira ultérieurement sur les programmes de visites et sur l'organisation des circuits de visite.

Dans l'immédiat, l'étagement de la clientèle par Forces rend particulièrement concret l'un des axes de la politique commerciale de l'entreprise. Peut-être faut-il justifier encore davantage le principe de l'étagement en Forces de la clientèle, c'est-à-dire rendre sensible chacun aux filons que représentent ces segments de clientèle. Nous aurons ici recours à l'image de la mine d'or.

SYMBOLE DE LA MINE D'OR

Imaginons un instant que vous présidiez aux destinées d'une société d'exploitation d'une mine d'or.

Cette société a acquis, avec ses fonds propres, une mine d'or, dont les filons de teneurs différentes affleurent le sol. Pour exploiter cette mine, la société a eu recours à des emprunts bancaires. Les gestionnaires soucieux d'assurer les échéances vont chercher quel filon ils doivent mettre en exploitation en priorité pour rembourser les emprunts et éviter une trop lourde charge d'intérêts financiers. On suppose que l'or ne fait l'objet d'aucune spéculation particulière, la conjoncture internationale étant provisoirement exempte de toute guerre ou crise économique, par exemple.

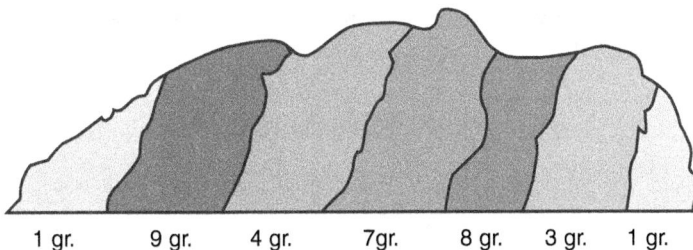

| 1 gr. | 9 gr. | 4 gr. | 7gr. | 8 gr. | 3 gr. | 1 gr. |

FIGURE 23 – *La mine d'or.*

Les gestionnaires vont engager les matériels d'extraction sur les filons les plus riches (9 gr, 8 gr, 7 gr), les autres étant mis en exploitation quand les charges fixes (remboursement de l'emprunt) seront devenues faibles.

Selon le même principe, l'engagement de l'énergie et du temps des commerciaux sera d'abord consacré à l'exploitation des filons les plus riches, c'est-à-dire les segments de clientèle que nous avons appelés de Forces 4 et 3, ou mieux, seront proportionnés aux rendements attendus en fonction des directives de la politique commerciale de l'entreprise.

Nous sommes donc ici à l'opposé de l'idée qui veut que tout client, quelle que soit son importance, soit travaillé et visité indistinctement, quelle que soit sa valeur commerciale. Cette attitude peut encore être étayée si l'on considère les coûts de fonctionnement d'un commercial sur le terrain et sur les rendements que son entreprise est en droit d'attendre de lui.

Un portefeuille de clientèle s'exploite, en somme, comme une mine d'or. Sans négliger aucun filon, vous doserez la présence commerciale, donc le nombre de visites, en fonction des revenus à en attendre (chiffre d'affaires et marge brute). Cette disposition est logique, si l'on veut que le coût d'une visite soit rentabilisé, comme nous l'avons souligné dans les pages qui précèdent.

MODULATION DE LA RÈGLE QUI PRÉCÈDE

Normalement donc, plus le client ou le prospect est important en « valeur commerciale » (ou en appartenance à un groupe de Force 5, 4, 3), plus il « mérite » de visites. Pour que notre méthode ne soit pas qualifiée de trop rigide, et pour tenir compte de quelques faits d'expérience, on peut alléger le nombre de visites si l'on estime que la densité envisagée initialement n'est pas nécessaire pour « tenir » ce client.

L'important, nous l'aurons suffisamment souligné, c'est de ne pas engager temps, argent et énergie pour des clients sans avenir pour votre société.

CHOIX DES FRÉQUENCES DE VISITES

Il va à présent falloir déterminer pour chaque client une fréquence de visites proportionnelle à son chiffre d'affaires projeté ou à sa marge brute espérée. Mais en appliquant trop strictement un tel principe, on risque de compliquer la gestion de la clientèle. Aussi, pour simplifier, nous allons constituer des sous-ensembles de clientèle par tranches de chiffre d'affaires ou de volume de marge. De plus, toujours pour rendre plus aisée la gestion de ces dispositions, les rythmes de visites attribués à chaque sous-ensemble de clients seront établis en tenant compte du rythme du temps.

Selon les métiers et les nécessités de la vente on prendra :

- une base mensuelle, soit quatre semaines, avec des rythmes de passage de huit (deux fois par semaine), de quatre (une fois par semaine), de deux (une semaine sur deux), d'un (une fois par mois) ;

- une base trimestrielle, soit douze semaines, avec des cadences de visites de douze, six, trois, deux[1] ;

- une base annuelle, établie sur dix mois de travail effectif, avec des cadences de visites de quarante, vingt, dix, cinq, deux à trois.

Il est recommandé de ne pas multiplier les catégories de rythmes de visites : quatre nous semble l'optimum, cinq le maximum.

La décision d'affecter aux clients, en fonction de leur valeur commerciale, un certain nombre de visites par an, peut se comprendre également ainsi. Si le coût de la visite est de 150 euros environ, et que le budget de fonctionnement de la force de vente représente 5 % du chiffre d'affaires, chaque visite doit produire vingt fois son coût au minimum.

Ainsi ne méritent les cadences de visites que ceux dont le chiffre d'affaires annuel est par exemple :

12 visites   CA > 36 000 €

6 visites   CA > 18 000 €

4 visites   CA > 12 000 €

3 visites   CA > 9 000 €

Chez certains clients, en général importants, le représentant doit visiter tous les membres du réseau de prise de décision (décideur proprement dit, acheteur, financier, utilisateur déterminant, prescripteur). Si tous les membres du réseau de prise de décision sont localisés au même endroit, les visites pourront être groupées et l'on aura affaire à des visites de durées à peine supérieures aux visites effectuées chez un seul interlocuteur.

---

1. Remarquons au passage que le système duodécimal cher à l'antiquité latine et qui a pour base le nombre 12, permet une plus grande souplesse de decoupage (12, 6, 4, 3, 2) que le système décimal qui se limite aux rythmes 5 et 2.

La question devient plus difficile si les membres du réseau de décision sont dispersés en des lieux parfois distants de plusieurs dizaines de kilomètres.

Une autre question se posera à propos des rythmes de visites aux différents membres du réseau. Certains devront être visités à un rythme élevé (par exemple une fois par mois), d'autres à un rythme moins soutenu (par exemple une fois par trimestre ou par semestre, voire une fois par an).

Si les interlocuteurs sont localisés en un même lieu, ils ne figurent pas spécialement sur la carte. Ils seront rattachés à celui des interlocuteurs visité le plus souvent. Mais s'ils sont dispersés géographiquement, ils figurent sur la carte avec la couleur correspondant non pas à l'importance réelle du client (par exemple Force 4), mais avec celle correspondant au rythme de visites nécessaire (par exemple le vert ou le violet).

ATTRIBUTION D'UNE FRÉQUENCE DE VISITES AUX CLIENTS

L'attribution de la cadence ne peut se décider en ignorant superbement le potentiel des clients, donc le temps dont on dispose pour les visiter. Comme il est probable que la première hypothèse de découpage sera inférieure ou supérieure à la capacité réelle de visite, il faudra procéder par tâtonnements.

FIXATION DES DÉMARCATIONS ENTRE GROUPES DE CLIENTS

Au cours du chapitre 5, nous avons dressé l'inventaire « valorisé » du portefeuille de clients. il s'agit à présent d'organiser cet inventaire en classant les clients par valeur décroissante (avec un ordinateur de bureau, ce travail est effectué instantanément). Comme nous l'avons déjà signalé, l'observation de cette liste fait apparaître des groupes naturels, séparés par des « sauts » successifs de valeur – comme dans une course, les participants après quelques tours s'échelonnent en pelotons, auxquels se rattachent les éléments dispersés.

MÉTHODE D'ÉQUILIBRAGE EN FONCTION DU TEMPS DISPONIBLE

En appliquant à chaque « groupe naturel » de clients une fréquence de visites et en multipliant le nombre de clients par le nombre de visites envisagé, on va parvenir à une première estimation. Il est probable que le nombre de visites obtenu sera inférieur ou supérieur à la capacité réelle de visites (potentiel de visites). Il faudra donc ajuster.

Cet ajustement se fait sur un petit tableau ainsi conçu (on prendra soin d'y écrire au crayon car les premières hypothèses chiffrées devront être recalculées plusieurs fois) :

Fréquence de visites	souhaitable		possible
	Nombre de clients	Nombre de visites	
12	2	24	
6	27	162	
4	50	200	
2	61	122	
Prospection 1	(20)		
Totaux	140	508	
Potentiel de visites		440	

FIGURE 24A – *Tableau d'équilibrage : 1re étape*

Cet exemple, fondé sur une répartition annuelle des visites, est destiné à illustrer le mode d'emploi du tableau d'équilibrage.

Dans une première ébauche (figure 24a, colonnes de gauche), la répartition de la clientèle en quatre groupes nécessitant respectivement douze, six, quatre et deux visites par an, entraîne un total de visites supérieur (508) au potentiel de visites disponible (440). Il faut donc envisager une autre répartition des clients ou diminuer le nombre de visites.

Peut-on diminuer le nombre de visites à faire aux vingt-neuf (27 + 2) clients les plus importants ? Certainement pas. Ce sont nos clients « 20 × 80 » (loi de Pareto : 20 % des clients assurent 80 % du chiffre d'affaires).

Doit-on réduire le nombre de visites aux clients visités deux fois par an ? Une seule visite serait insuffisante pour contenir l'entrée de la concurrence chez les clients.

En revanche, on prendra un moindre risque en faisant glisser une partie des clients visités quatre fois, dans le groupe des clients visités deux fois, d'autant que ne sont concernés que les clients qui sont à la fin du groupe des « quatre visites ».

On procède alors à une deuxième tentative en utilisant les colonnes de droite (figure 24b).

Fréquence de visites	souhaitable		possible	
	Nombre de clients	Nombre de visites	Nombre de clients	Nombre de visites
12	2	24	2	24
6	27	162	27	162
4	50	200	25	100
2	61	122	86	172
Prospection 1	(20)			
Totaux	140	508	140	458
Potentiel de visites		440		440

FIGURE 24B – *Tableau d'équilibrage : 2ᵉ étape.*

Nous nous trouvons encore en présence d'un léger excédent de visites par rapport au potentiel de visites (458 contre 440). Ceci ne serait pas trop préoccupant si ne s'y ajoutait l'impossibilité de dégager du temps pour la prospection. Une nouvelle répartition doit donc être étudiée.

Nous allons prendre le risque de faire passer les deux derniers clients du groupe des six visites au groupe des quatre visites par an, soit une visite tous les trois mois au lieu d'une visite tous les deux mois. Le délégué commercial assurera un contact téléphonique plus fréquent avec chacun, pour compenser sa moindre présence. En même temps, les trente derniers clients du groupe des quatre visites vont passer à deux visites, avec également un développement des appels téléphoniques.

Ces mesures nous permettront de visiter deux fois par an les vingt prospects, dont la plupart semblent promis à devenir, si on les conquiert, des clients « 20 × 80 ».

Le découpage définitif des visites devient alors (figure 24c, colonnes de droite) :

Fréquence de visites	souhaitable		possible	
	Nombre de clients	Nombre de visites	Nombre de clients	Nombre de visites
12	2	24	2	24
6	27	162	18	108
4	50	200	20	80
2	61	122	100	200
Prospection 1	(20)		(20)	40
Totaux	160	508	160	452
Potentiel de visites		440		440

FIGURE 24C – *Tableau d'équilibrage : ultime étape.*

Le travail sur tableau d'équilibrage est plus long à expliquer qu'à réaliser, si toutefois on a conduit une bonne réflexion sur chacun des clients du portefeuille.

REGROUPEMENT DES CLIENTS PAR « FORCES »

Nous sommes maintenant certains que la totalité des clients pourra être visitée selon un rythme de visites défini volontairement et qui tient compte du « rendement » attendu de votre présence en clientèle.

Quand nous faisons ce même travail en entreprise, nous proposons que chacun des groupes de clients (par exemple ici, ceux qui sont visités respectivement douze, six, quatre et deux fois par an) soit désigné par une appellation qui s'inspire de l'échelle de Beaufort.

Les petits clients sont dits de Force 1, les clients déjà plus intéressants de Force 2, les clients moyens de Force 3, et les clients importants et très importants de Forces 4 et 5. Cinq groupes sont à nos yeux un maximum. Chaque fois que cela suffira, nous recommandons plutôt quatre groupes, soit Force 1 à Force 4.

PLANIFICATION DES VISITES SUR LE CALENDRIER

Il est désormais simple de fixer le calendrier de principe des visites chez les clients. Cette opération s'effectue sur un tableau de cinquante-deux semaines, selon le schéma de la figure 26, ci-après (voir également figure 27).

Les clients de Force 5, si on a retenu l'idée d'un cinquième groupe, visités vingt-quatre fois par an, seront par exemple tous visités en deux semaines et six fois en un trimestre.

Les clients de Force 4, visités douze fois par an, seront par exemple tous visités en quatre semaines et trois fois en un semestre.

Les clients de Force 3, visités six fois par an, seront tous visités en huit semaines. Ils seront visités pour certains deux fois en un trimestre, pour d'autres une seule fois. Ils seront tous visités trois fois par semestre.

Les clients de Force 2, visités quatre fois par an, seront tous visités une fois par trimestre.

Enfin les clients de Force 1, visités deux fois par an, seront tous visités une fois par semestre, ou approximativement la moitié d'entre eux seront visités en un trimestre.

Pour ces deux dernières catégories de clients (Force 2 et 1 dans cet exemple), si une action de contact doit être opérée, par exemple sur trois à quatre semaines, il faudra compter sur le relais des appels téléphoniques, des e-mails ou du publipostage, envoyé éventuellement par télécopie.

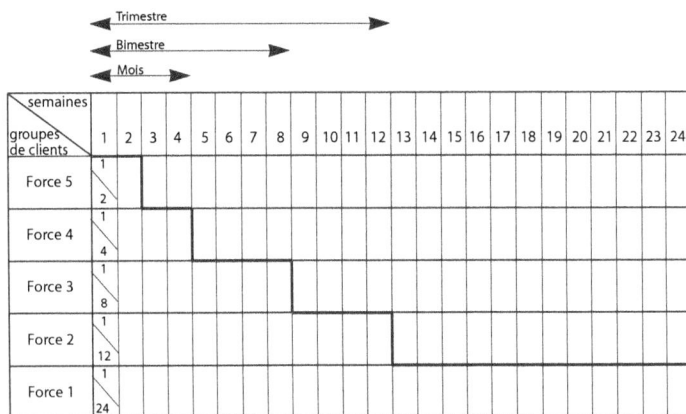

FIGURE 25 – *Proportion des clients visités, selon leur « Force »
en fonction du temps (semaine, mois, bimestre, trimestre)*

En une semaine, la moitié des clients de Force 5 seront visités, le quart des clients de Force 4, le huitième des clients de Force 3, le douzième des clients de Force 2 et le vingt-quatrième des clients de Force 1, pour autant qu'ils soient également répartis sur le territoire, ce qui est peu probable. L'exemple présenté ici a une valeur théorique pour illustrer le principe de cadencement des visites selon les valeurs commerciales ou la Force différente des clients.

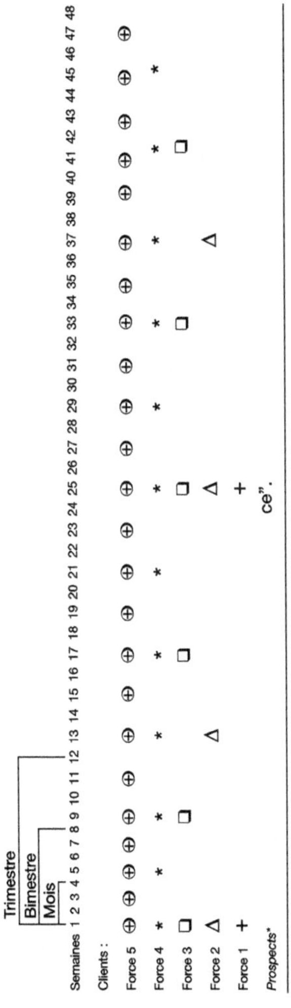

Calendrier des visites selon la catégorie de Force des clients

Pour la clarté de ce tableau, nous n'avons fait figurer, par un pictogramme, qu'un seul client pour chaque groupe de "Force".
Pour une vue plus complète, se reporter à la figure 27.

(*) On suppose que le potentiel accessible de ces prospects n'est pas encore déterminé ; sinon ces prospects figureraient, selon les principes exposés ci-dessus, dans l'un des groupes de "Force".

FIGURE 26 – *Calendrier des visites selon la catégorie de Force des clients.*

Construction des circuits de visites de la clientèle

REPÉRER LES CLIENTS SUR LA CARTE

Place maintenant à la géographie. Les préliminaires indispensables des huit premiers chapitres de cet ouvrage ne font pas oublier qu'organiser les circuits de visites est aussi une question à traiter dans l'espace. Plusieurs questions se posent immédiatement :

- où sont localisés nos clients ?
- comment visualiser leur importance et la fréquence des visites dès lors que l'on a décidé de ne pas les visiter de façon uniforme ?

Tout ceci va apparaître sur la carte.

Les préparatifs du travail sur carte

Munissez-vous de :

- la carte détaillée de votre secteur (échelle en fonction du nombre de clients et de l'étendue du secteur). On évitera de dépasser un mètre sur un mètre, pour pouvoir travailler aisément sur la carte[1] ;
- feuilles de papier-calque suffisamment grandes pour recouvrir la ou les cartes de votre secteur ;
- votre fichier de clientèle ;
- feuilles de travaux des chapitres précédents ;

---

1. Quand le commercial couvre un nombre important de départements (six à huit et plus), les cartes Michelin, IGN ou autres de dimension classique ont alors une taille excessive pour permettre un travail à plat sur une table. On prend alors une carte du type Michelin-France que l'on agrandit de façon à ce que le secteur du commercial tienne approximativement sur un format de 1 m × 1 m.

- crayons de couleurs distinctes, même à la lumière électrique, noir, rouge, vert, violet, orange (une couleur par catégorie de fréquence retenue) ;
- pinces à dessin, pour tenir solidement fixées ensemble la carte géographique et la feuille de calque ;
- si possible une planche de bois ou une table plate de dimension suffisante pour que tout votre secteur soit sous vos yeux ;
- une règle à section carrée de grande dimension (un mètre par exemple).

Notez que quand vous juxtaposez deux ou trois cartes pour couvrir tout un secteur, veillez à ce qu'elles soient de même échelle. Cette question se pose particulièrement quand le secteur commercial inclut Paris, la région parisienne et quelques départements provinciaux.

Pour repérer les petites localités sur la carte, on se munira de l'album *Maxiroute*, édité par IGN-Europe 1-Hachette, qui contient un index renvoyant à la position de la localité sur la carte par un système de coordonnées. Il sera facile ensuite de pointer la localité en question sur le calque superposé à la grande carte.

Inutile de prévoir des petits clous à tête de couleur ni des pelotes de laine de différentes couleurs. Ce genre de matériel a la détestable habitude de ne pas tenir en place et de manquer de souplesse pour découper des sous-secteurs, comme nous le verrons plus loin.

Le repérage des clients et des fréquences de visites sur la carte

Une fois le matériel en place, situez l'implantation géographique de vos clients en traçant sur le calque un bâtonnet ou un signe de votre choix de la couleur suivante :

Clients à visiter à la fréquence 24	Noir	ou clients de Force 5
Clients à visiter à la fréquence 12	Rouge	ou clients de Force 4
Clients à visiter à la fréquence 6	Vert	ou clients de Force 3
Clients à visiter à la fréquence 4	Violet	ou clients de Force 2
Clients à visiter à la fréquence 2	Orange	ou clients de Force 1

Vous avez ainsi obtenu une visualisation immédiate de la clientèle et de son importance.

Les prospects repérés, mais non encore visités ni travaillés seront provisoirement indiqués en orange (ou Force 1).

Si après deux visites, ils ne paraissent pas disposer d'un potentiel accessible les hissant en Force 3 ou Force 4, ces prospects – sauf disponibilité de temps du commercial – seront abandonnés.

Les prospects repérés, dès qu'on disposera de l'information permettant d'évaluer leur potentiel accessible, figureront alors sur la carte avec la lettre P de la couleur correspondant à leur Force.

Au total, le délégué commercial devra assurer environ quarante-cinq visites par mois, les visites de prospection non comprises.

Cette première étape du travail sur carte fait apparaître la répartition équilibrée ou concentrée sur certaines zones de votre clientèle – ce que, bien entendu, vous saviez déjà. Nul doute cependant que cela suscite déjà quelques réflexions nouvelles. Les « bastions » de clientèle apparaissent clairement. Ils serviront de base à la construction des sous-secteurs.

Une première réflexion peut conduire à une remise en question de la découpe du territoire attribué au délégué commercial. Il s'agit moins d'observer les limites des départements que de rendre aussi commode que possible le travail de ce délégué commercial. On envisagera alors un redécoupage des territoires des délégués voisins, ce qu'on pourrait appeler : « rectifications de frontières ».

Une seconde réflexion, plus fondamentale, va se porter sur les zones fortes et faibles. Sont-elles en accord avec la répartition des potentiels pour l'entreprise ou bien les zones les plus visitées ne correspondent-elles pas à la proximité du domicile ou de certains centres d'intérêt extraprofessionnels du délégué commercial ?

ACCORDER LE TEMPS ET LA GÉOGRAPHIE

Il s'agit à présent d'organiser les visites en conciliant la situation géographique et le rythme du temps (trimestre, mois, semaine, jour). Ici encore, nous allons procéder méthodiquement. Nous devons atteindre un double objectif :

- équilibrer la charge de travail de chaque semaine et de chaque journée ;
- éviter de parcourir trop de kilomètres.

L'observation de la localisation des clients et des prospects ainsi que la présence des pictogrammes de couleurs noire et rouge (clients importants à haute fréquence de visite) suggère immédiatement que certaines parties du territoire couvert par la clientèle du représentant vont demander une plus forte fréquentation que d'autres.

Selon le temps nécessaire pour visiter la totalité de la clientèle (trois, quatre, six, huit, dix, douze semaines), on procède à une découpe approximative du territoire du représentant, en constituant des sortes de « grappes » de clients, à affecter à chacune des semaines de visites.

Ici se pose une question. Faut-il constituer ces « grappes » de clients en fonction de leur nombre ou du nombre de visites que chacun requiert ? À l'évidence, c'est le nombre de visites qui détermine la charge de travail du représentant. Pour effectuer ce travail, nous allons utiliser les instruments du temps (un calendrier) et ceux de la géographie (la carte avec le calque de situation des clients). Pour faciliter les comptages, nous utilisons une règle à section carrée qui permet d'isoler chacune des grappes à constituer.

Pour illustrer notre démarche, nous avons choisi le cas, assez fréquent, où l'ensemble de la clientèle est visité au cours d'un cycle de trois mois et où les clients les plus importants exigent quatre et deux visites par mois. Parfois, ces clients sont concentrés dans les villes principales du secteur ou alentour. Mais dans certaines activités (cimenteries, coopératives agricoles par exemple) ils peuvent être très disséminés.

Découpage du territoire en sous-secteurs

C'est à partir de la localisation des clients importants que nous allons répartir la clientèle par « grappes », en découpant le territoire de vente en deux secteurs, puis en quatre sous-secteurs. Nous verrons plus loin qu'il est possible d'envisager un plus grand nombre de sous-secteurs.

Ce travail s'effectuant par tâtonnement, le crayon effaçable est impérativement recommandé. Pour tracer les sous-secteurs et leurs limites, on tire des traits provisoires et on compte le nombre de clients avec un coefficient d'importance en partant des plus petits clients. Si par exemple on a choisi des cadences 24, 12, 6, 3 à l'année, le client de cadence 3 représente le coefficient 1, celui de cadence 6 le coefficient 2, celui de cadence 12 le coefficient 4 et celui de cadence 24 le coefficient 8.

Pour ce découpage, on tient compte :

- de la nécessité d'équilibrer le nombre de visites à effectuer chaque semaine ;
- de la nécessité d'organiser les visites à partir des clients de cadence 12 (une visite par semaine pendant le trimestre) et de cadence 6 (une visite une semaine sur deux) ;
- des difficultés d'accès qui peuvent entraîner la diminution du nombre de visites dans un sous-secteur éloigné en raison de la longueur du déplacement (clients rétrogradés pour cette considération à une cadence de visite immédiatement inférieure à celle qu'ils auraient eue si les conditions d'accès étaient normales) ;
- des séparations naturelles que forment une forêt, un fleuve, une ligne de collines, un accident de terrain ;
- des axes de circulation que sont les routes, plus que les autoroutes en raison du nombre limité de leurs sorties ;
- de l'objectif de votre visite des principaux clients du territoire en quatre semaines, c'est-à-dire approximativement une couverture de la totalité du territoire en un mois (le cas des grands territoires est examiné un peu plus loin) ; le découpage du territoire en quatre quarts permet d'éviter de parcourir trop de kilomètres.

On constate ainsi que la répartition des visites par sous-secteurs ne se fait pas en vertu d'une simple règle arithmétique. On tient compte, bien évidemment, des temps de déplacement et du lieu du domicile du commercial pour alléger ou charger en visites tel ou tel sous-secteur. Il ne reste plus qu'à inscrire sur le calendrier les noms des clients visités, repérés sur le calque.

Pour faciliter cette distribution, il est conseillé, en première approche, d'essayer de répartir aussi également que possible chaque client, par semaine, en fonction de sa cadence de visites. Nous verrons l'utilisation de ce tableau dans l'annexe 4 de ce chapitre.

Nos visites à la clientèle, une fois les ajustements effectués pour équilibrer la charge de travail de chaque semaine, sont donc réparties par « grappes » hebdomadaires. Il est évident que les clients importants (fréquences 12 et 6) vont servir d'ancrage à ce procédé d'agglutination. Les autres clients, eux, n'apparaîtront dans une grappe hebdomadaire qu'en fonction de leur fréquence de visites.

Nombre de clients	Fréquence des visites	Semaines									
		1	2	3	4	5	6	7	8	9	
2	12	Martin Dubois	Martin Dubois	Martin Dubois	Martin Dubois	Martin Dubois	Martin Dubois	Martin Dubois	etc.	etc.	etc.
27	6	Arson Charlet Berthet Clarin SECOB A.P.T. etc.	Bossut Pinaud etc.	Arson Charlet Berthet Clarin SECOB A.P.T. etc.	Bossut Pinaud etc.	Arson Charlet Berthet Clarin SECOB A.P.T. etc.	Bossut Pinaud etc.	Arson Charlet Berthet Clarin SECOB A.P.T. etc.	Bossut Pinaud etc.	Arson Charlet Berthet Clarin SECOB A.P.T. etc.	
25	3	AB CD EF FG HI etc.		AB CD EF FG HI etc.		AB CD EF FG HI etc.		AB CD EF FG HI etc.		AB CD EF FG HI etc.	
86	2										
Prospects											
Total des visites / semaine											

FIGURE 27 – *Calendrier nominatif des visites.*

Ceci se traduira, quand le représentant accomplira son circuit de visites, par un passage éventuel devant les petits ou moyens clients sans s'y arrêter si ce jour-là ou cette semaine-là ils ne sont pas inscrits au programme. Cette particularité étonne beaucoup les représentants chevronnés qui protestent en général en affirmant : « *Cela ne coûte rien, je passais devant ce client.* » Ils oublient simplement que pendant ce temps passé chez ce client non prévu au programme, ils n'ont pas été chez un prospect de plus fort potentiel accessible ou chez un autre client dont on peut espérer davantage.

Les ailes de moulin inversées et les urgences

Nous avons vu précédemment que les circuits de visites sur un territoire de dimension normale (n'excédant pas quatre départements) s'organisaient sur un fractionnement du territoire de vente en quatre sous-secteurs. Chacun d'eux accueille un ou plusieurs circuits de visites différents.

Par exemple, dans le cas d'un cycle de visites de la totalité de la clientèle en un trimestre, le sous-secteur A accueillera les circuits de visites des première, cinquième et neuvième semaines.

Ne pas parcourir en permanence tout son territoire de vente, comme nous le recommandons, permet des gains de temps et des économies de frais de déplacement. Encore faut-il pouvoir répondre aux demandes de visite urgente ou pouvoir se déplacer rapidement vers une « affaire chaude » (négociation de contrats ou vente de biens d'équipement).

Notre méthode s'intitule « les ailes de moulin inversées ». De quoi s'agit-il ? Ce principe consiste à se porter, semaine après semaine, dans l'une des quatre zones du territoire, non pas en tournant (nous avons renoncé à l'appellation et au principe des « tournées »), mais en allant chaque semaine à l'opposé du sous-secteur où l'on a opéré la semaine précédente.

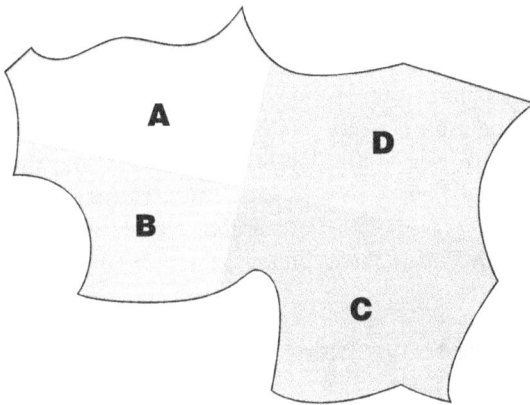

FIGURE 28 – *Les ailes de moulin inversées.*

Sur la figure 28, il ne s'agit pas d'aller en sous-secteur A, la première semaine, puis en B la deuxième semaine, mais au contraire d'aller pendant la première semaine dans le sous-secteur A, puis la deuxième en C, la suivante en B et la quatrième en D.

La véritable maîtrise de son temps et de ses déplacements ne se conçoit que si l'on discipline les demandes de visites des clients ou les dépannages, toujours considérés comme « urgents » (nous avons abordé cet aspect dans le chapitre 7). Il ne convient pas, pour autant, d'adopter une rigidité, qui contreviendrait aux bonnes relations commerciales.

L'urgence ayant été circonscrite, il faut intégrer les visites nées de l'urgence dans le programme de circuits de visites. Si une urgence survient sur le sous-secteur C, alors qu'on parcourt le sous-secteur A, on peut négocier avec son client et lui promettre que, dès le début de la semaine suivante, on pourra assurer une visite. Le délai compris entre la demande du client et la visite n'excède pas alors trois à quatre jours ouvrables, ce qui est acceptable.

Si, alors qu'on est sur ce même sous-secteur A, l'urgence survient en B ou en D, où l'on se rendra deux ou trois semaines après, alors on décide, pendant qu'on se trouve sur la frange du sous-secteur A proche de B ou de D, de se dérouter légèrement pour assurer la visite d'urgence.

Enfin si l'urgence survient sur le sous-secteur où l'on se trouve, il est évident que s'y rendre ne bouleversera pas le circuit de visites, ni ne nécessitera un trop long déplacement.

Voici un autre exemple d'application du principe des ailes de moulin inversées. Il s'applique à un cas réel concernant Paris, les Hauts-de-Seine et les Yvelines. Ici, le territoire confié au représentant est découpé en strates horizontales, déployées en « éventail » et numérotées de façon alternée (figure 31 cahier couleurs-II). Cette découpe horizontale se retrouve fréquemment pour les départements bretons et pour les départements alsaciens.

Les zones de recouvrement et les points de rayonnement

En réalité, le territoire de vente ne peut pas être tout à fait découpé en quatre parts contiguës, comme il est représenté figure 30 (cahier couleurs-I). En effet, il faut intégrer dans la découpe en sous-secteurs le passage nécessaire chez les clients que l'on doit visiter toutes les semaines et une semaine sur deux (clients de fréquences 12 et 6 dans notre exemple de cycle trimestriel).

Pour cela, on réalise une superposition partielle des sous-secteurs, ce qui occasionne en général, dans la pratique, une légère redistribution des clients par circuits de visites.

Dans le cas présenté ici sur la figure 32 (cahier couleurs–III), le sous-secteur C sera étendu et englobera quelques clients proches de la Ville L, de manière à alléger le sous-secteur B. En poursuivant l'exemple précédent, chaque semaine le représentant doit passer dans les villes G où se trouvent ses deux clients de fréquence 12, et une semaine sur deux, il doit aller dans les villes G, H, R, M et N.

Le découpage du territoire de vente en quatre sous-secteurs prend alors l'aspect illustré par la figure 32. On observera à cet égard que ces incursions faciliteront les déplacements nécessités par les urgences éventuelles, ou la négociation d'affaires « chaudes ».

On remarquera également que, pour assurer un rythme de visite régulier, les zones de recouvrement couplent deux sous-secteurs visités les semaines paires et deux sous-secteurs visités les semaines impaires ; ainsi on évite de visiter un même client deux semaines consécutives et de le négliger pendant près de trois semaines ensuite.

La présence d'un client très important dans les villes G et R en font des points de rayonnement, à partir desquels se construiront chacun des circuits de visites hebdomadaires, ces deux villes étant des points de passage obligés.

TRACER LES CIRCUITS DE VISITES

En reprenant la carte et son calque sur lesquels sont indiquées les implantations des clients, le représentant va maintenant tracer son circuit de visites, semaine par semaine. En raison de la superposition des circuits chez certains clients, il sera bon d'adopter des tracés faisant appel aux ressources graphiques : trait continu, pointillés, série de tirets, etc.

Le circuit de visites de chaque jour, à l'intérieur du sous-secteur couvert en une semaine (voir plus haut), est tracé à partir :

• des clients de fréquence 4 ou 2, auxquels on attribue un jour de la semaine, et dans la mesure du possible la même heure du jour ;

• des exigences de jours de visite de certains clients.

On s'efforce de s'imposer, chaque fois que cela est compatible avec le lieu de domicile du représentant, ou la présence de l'agence commerciale dont il dépend, le circuit de visites hebdomadaire en pétales de marguerite, à partir d'un point central.

Il ne paraît pas inutile de rappeler qu'on tiendra compte des axes de circulation naturels. Mais quand le terrain est accidenté (montagnes, rivières) ou quand le territoire est traversé par une autoroute, il faut penser aux courbes d'isodistance : faire quinze kilomètres par un itinéraire peut prendre la moitié du temps de l'itinéraire direct de dix kilomètres.

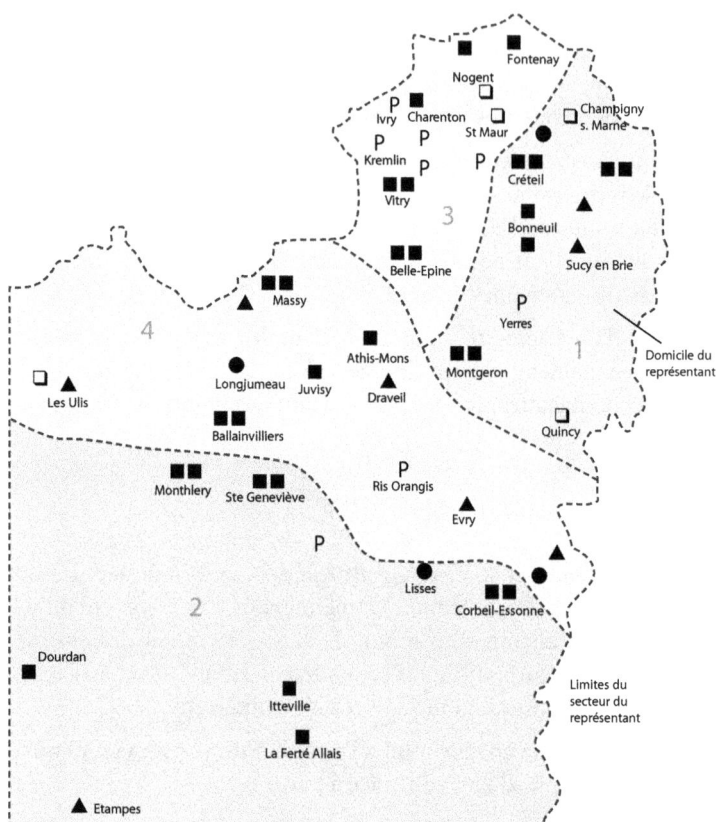

Légende : Client de force 4 = ❏, de force 3 = ■,
de force 2 = ▲ , de force 1 = ●

La répartition des clients en fonction de leur force est équilibrée.
Les clients de Force 4 ont le Coefficient 8, Force 3 coefficient 4,
Force 2 coefficient 2, Force 1 et prospects coefficient 1.
Chaque sous-secteur aura reçu, à l'issue d'un cycle de visites
sous-secteur 1 : 43 visites ; sous-secteur 2 : 40 visites ;
sous-secteur 3 : 45 visites ; sous-secteur 4 : 45 visites.

FIGURE 34 – *Secteur monodépartemental de l'Essonne.*

Les pétales opposés

Si on peut, pour tenir compte des urgences sur le sous-secteur ou hors du secteur, on adoptera le principe des « pétales opposés », analogue à celui des ailes de moulin inversées pour l'attribution des circuits de chaque jour de la semaine.

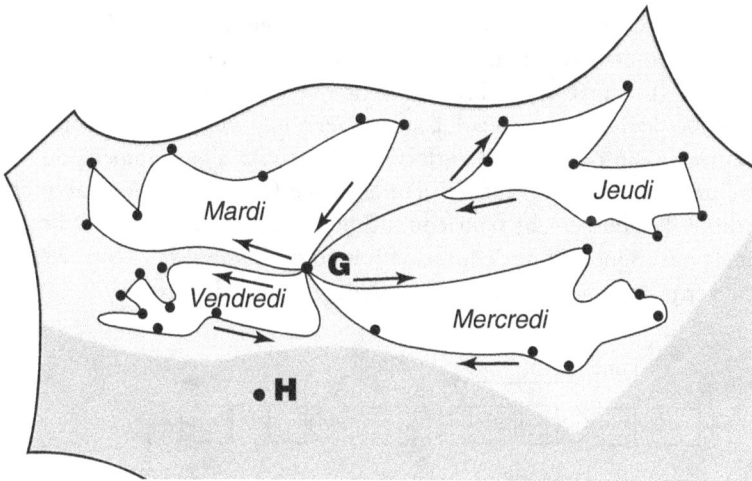

FIGURE 38 – Les « pétales opposés ».

Pour pouvoir repasser le même jour chez un client éventuellement absent, on s'efforcera de dessiner le circuit de façon à pouvoir revenir en fin d'après-midi (après s'être assuré au téléphone que le client pourra vous recevoir), sans faire un détour important.

Hygiène de vie du commercial

Il ne faut pas non plus négliger le désir d'un nombre de plus en plus important de commerciaux de mener une vie familiale acceptable.

Les commerciaux qui acceptent de partir toute la semaine, pendant toute l'année, pour vivre d'hôtel en hôtel ne sont pas légion. Nombreux sont ceux qui demandent légitimement à rentrer chez eux une à deux fois en milieu de semaine. Le circuit de visites intégrera cette nécessité.

Graphique du programme hebdomadaire d'activités

Les représentations graphiques ont ceci d'intéressant qu'elles rendent beaucoup plus évidentes les contraintes, les durées des activités et leurs éventuels chevauchements. Aussi est-il judicieux de disposer sous la forme d'un graphique les activités et les visites programmées ou en réserve (en cas de rendez-vous reporté par exemple).

En voici un exemple. La disposition adoptée est celle du « jeu de Monopoly ». Le losange indique un repas. Le carré ou le rectangle désigne une visite (un carré symbolise une heure). Le trait continu représente les trajets. Les activités en réserve, à substituer à un rendez-vous reporté, sont indiquées à l'intérieur de la surface, leur exercice à un moment ou à un autre de la semaine n'ayant pas d'importance (ce peut être un rapport de synthèse, l'établissement d'un compte rendu d'activités ou de la note de frais, la mise à jour d'une documentation ou de dossiers de clients, etc.). La barre verticale indique l'espace entre deux journées de travail.

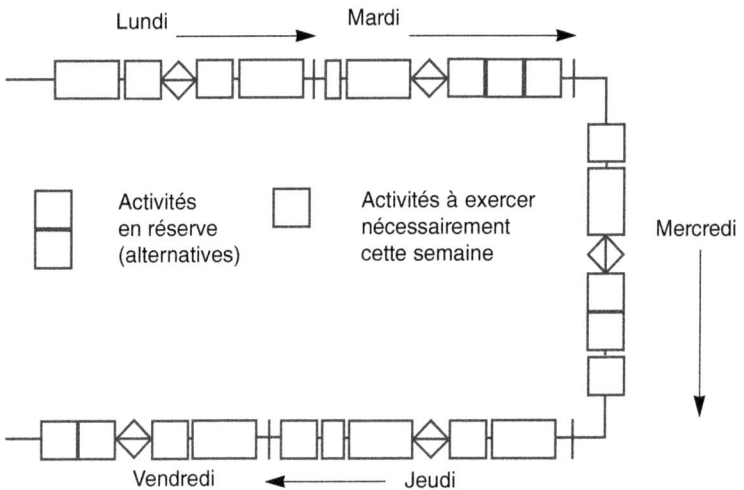

FIGURE 39 – *Programme d'activités hebdomadaires.*

Annexe 1

Cas géographiques particuliers

LES GRANDS TERRITOIRES DE VENTE

Certaines sociétés, pour des raisons diverses (petit nombre de clients répartis sur l'ensemble du territoire, moyens commerciaux insuffisants, etc.) confient à deux, trois ou quatre représentants le soin de couvrir l'ensemble du territoire français. Ces représentants doivent ainsi organiser leurs circuits de visites sur dix, vingt ou trente départements et connaissent des temps de déplacement assez considérables (certains parcourent plus de 80 000 kilomètres par an).

CAS DU SECTEUR DE LA FRANCE ENTIÈRE

Le découpage en quatre sous-secteurs n'est probablement pas de mise. Mais on envisagera des appuis sur des « grappes de concentration de clientèle » que l'on gérera en géométrie variable.

Dans le cas de gestions d'affaires ou de vente de biens d'équipement, ce sont, comme il sera indiqué annexe 2, les affaires « brûlantes » et importantes qui serviront de trame de base pour la construction des circuits de visites.

TERRITOIRE DE VENTE AVEC ZONES RICHES ET ZONES PAUVRES

Nous avons raisonné jusqu'à présent comme si les territoires de vente bénéficiaient d'une répartition à peu près homogène des clients et des chiffres d'affaires. Cela n'est évidemment pas toujours le cas. Si un territoire de vente est composé d'une zone pauvre et d'une zone riche, on peut pondérer la place que mérite la zone pauvre par rapport à l'ensemble du territoire. D'ailleurs, il existe des forces de vente où un représentant couvre un ou deux départements, tandis que d'autres doivent assurer la présence commerciale de l'entreprise sur quinze à vingt départements.

Comment, dans ce cas organiser les circuits de visites ?

Prenons un territoire de vente comportant cinq départements riches et un département pauvre en potentiel de chiffre d'affaires. Sur cette zone, les sous-secteurs A, B, C et D génèrent un chiffre d'affaires et recèlent des potentiels sensiblement équivalents. Il n'en va pas de même du sous-secteur E, moins développé pour ce qui concerne l'accueil aux produits de l'entreprise. Le programme des visites sera régulier pour les sous-secteurs A, B, C et D. Les visites au sous-secteur E n'auront lieu qu'une fois par trimestre.

Les numéros figurant sous les lettres correspondent aux numéros des semaines d'un trimestre. La répartition des circuits de visites hebdomadaires se fait selon le principe des « ailes de moulin inversées ».

On traitera les cinq départements selon les principes exposés précédemment et on isolera les départements moins prometteurs qui ne seront visités par exemple qu'après le déroulement de deux ou trois circuits de vente mensuels. On réserve alors une semaine à ces départements, tous les deux ou trois mois, et tous les clients y sont visités une fois sur deux (voir figure 37, cahier couleurs-VIII). En quelque sorte, on aligne la fréquence 3 et 2 dans un cadre trimestriel pour les départements riches.

RÉGIONS ENNEIGÉES

Le même traitement est également conseillé pour les zones éloignées ou difficiles d'accès à certaines périodes de l'année (neige, congère, barrières de dégel).

ZONES MONO-SAISONNIÈRES D'ÉTÉ OU D'HIVER

Pour ces régions qui connaissent deux mois environ de haute activité, suivis de huit à dix mois d'inactivité presque totale (avec souvent la fermeture des établissements commerciaux et hôteliers), il est courant d'organiser un circuit spécial de vente, souvent renforcé par l'appui de représentants que l'on fait venir d'autres points du territoire. Le représentant concerné travaille comme indiqué ci-dessus. Il interrompt ses circuits de visites momentanément et les reprend là où il les avait interrompus une fois assurée la couverture commerciale de cette zone.

Le principe du décrochement d'une partie du territoire donne à notre méthode une très grande souplesse d'application.

On peut également envisager des « semaines » de durées inégales (par exemple, l'une de quatre jours, l'autre de six jours, qui seront alors à cheval sur deux semaines de calendrier civil).

GRANDES VILLES

La grande ville est découpée en sous-secteurs, appuyés sur les clients principaux, selon un principe analogue à celui des circuits sur un grand espace.

Les sous-secteurs sont répartis, selon les jours de la semaine, en « ailes de moulin inversées » pour éviter de traverser toute l'agglomération en cas d'urgence (il faut penser aux difficultés de circulation des zones urbaines).

PARIS ET SES BANLIEUES

L'une des découpes les plus usuelles en ce qui concerne Paris, mais, bien entendu les solutions par les entreprises sont multiples, attribue à chaque représentant un territoire reposant sur quelques arrondissements « intramuros » et les banlieues adjacentes, l'espace parisien étant découpé en « tranches de camembert ».

Dans la mesure où l'on y circule mieux le matin, il est préférable d'organiser son programme de visites en consacrant la matinée aux clients des arrondissements du centre, pour se rendre ensuite en périphérie ou en banlieue, quand la circulation et le stationnement au centre de Paris deviennent plus problématiques.

COMMENT DÉFRICHER UN TERRITOIRE VIERGE ?

Il existe des territoires qui sont à considérer comme de véritables territoires vierges pour deux raisons :

- ils n'ont pas été travaillés ou ont été abandonnés depuis de nombreuses années avant que l'on songe à leur reconquête ;
- l'équipement ou le produit présenté s'adresse à une clientèle connue par d'autres fabricants, mais ignorée de l'entreprise (par exemple dans le cas d'un nouveau produit de l'entreprise).

Les entreprises exportatrices qui abordent un pays nouveau connaissent bien ce cas de figure. Dans une telle situation, le repérage des prospects sur la carte ne pourra être effectué qu'après la réalisation des trois premières étapes de la prospection :

1) travail de recherche sur des annuaires ou auprès d'organismes susceptibles de fournir des informations et des listes d'adresses ;

2) visites, dont les premières sont principalement destinées à recueillir des informations pour pré-pondérer l'importance des prospects.

On notera à cet égard que les premiers prospects abordés, si le délégué commercial adopte un profil bas « d'apprenti qui a tout à apprendre des gens d'expérience », peuvent décrire et situer avec une certaine exactitude les caractéristiques de leurs différents confrères.

3) Concentration ultérieure des visites chez les prospects estimés importants.

Annexe 2

Circuits de visites et négociation de biens d'équipement ou d'affaires

Peut-on organiser méthodiquement les circuits de visites quand on a une activité de négociation de biens d'équipement durables ou d'affaires ?

Les apparences semblent s'opposer à une telle organisation, dans la mesure où le client est moins significatif que l'affaire en cours. En réalité, notre méthode s'adapte parfaitement à cette situation, moyennant la prise en considération des caractéristiques fondamentales de ces négociations.

GÉNÉRATEURS D'AFFAIRES ET AFFAIRES

Dans un tel contexte – sur lequel nous avons travaillé aussi bien avec des sociétés d'ingénierie, des fabricants de chaudières ou des compagnies d'assurances pour des produits destinés aux entreprises – il faut observer que c'est moins le client qu'il faut prendre en considération que l'affaire en cours et spécialement l'affaire « chaude ».

Chaque client, ancien ou prospect, devient un générateur d'affaires qui, dans la gestion des activités, se place en seconde position par rapport à l'affaire « chaude ».

En quelque sorte, ces générateurs d'affaires sont considérés comme s'ils étaient de petits clients : s'ils ne sont pas visités une certaine semaine, il n'y a pas d'inconvénient à les visiter la semaine suivante, du moins tant qu'aucune affaire n'est engagée.

CYCLE D'ACHAT D'UN BIEN D'ÉQUIPEMENT

La négociation d'affaires, si l'on considère le cycle de l'une d'elles, passe par une succession d'étapes dont l'intensité commerciale, le nombre et le rythme de visites s'accélèrent au fur et à mesure que l'on approche du dénouement.

Au début, le fournisseur doit se faire connaître comme « fournisseur à envisager » au moment de la consultation. Puis il faut suivre le développement des décisions relatives au financement, essayer de savoir quels concurrents sont susceptibles d'entrer dans la compétition, puis étudier le cahier des charges (que l'on aura essayé d'orienter dans un sens plus favorable), répondre à la consultation des fournisseurs, enfin soutenir sa proposition jusqu'à ce que la décision soit prise, ainsi que le représente la figure 40.

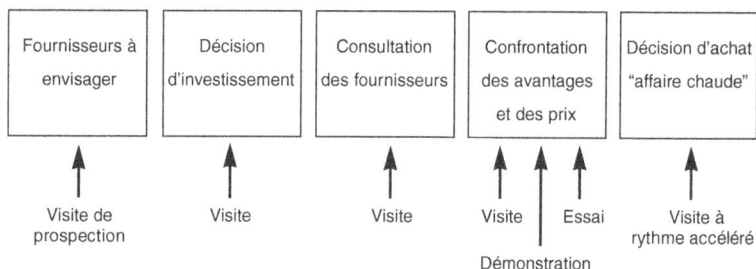

Fournisseurs à envisager	Décision d'investissement	Consultation des fournisseurs	Confrontation des avantages et des prix	Décision d'achat "affaire chaude"
↑	↑	↑	↑ ↑	↑
Visite de prospection	Visite	Visite	Visite │ Essai	Visite à rythme accéléré
			Démonstration	

FIGURE 40 – *Cycle d'achat d'un bien d'équipement.*

À chacune des visites, l'ingénieur d'affaires constate que ses chances d'obtenir la commande se renforcent, restent égales ou s'amenuisent, notamment en raison de l'action de la concurrence. Et, au moment de la décision, soit son entreprise emporte l'affaire, soit c'est un concurrent.

Dans sa méthode de travail et la construction de ses circuits de visites, l'ingénieur d'affaires va agir d'abord avec constance et régularité, puis quand l'affaire prend corps, il accélérera le rythme des visites jusqu'à rencontrer les différents interlocuteurs qui prendront collégialement la décision, plusieurs fois dans la même semaine, à l'approche du dénouement. On parle alors, à juste titre, d'affaire « chaude ».

Parmi ces multiples visites se situent celles qui ont pour objet une démonstration de matériel ou des essais commentés, chez le client ou chez le constructeur. La vente de biens d'équipement a aussi cette particularité que, si l'on a perdu la bataille de la commande, dans de nombreux cas, le client manqué peut générer ultérieurement une autre affaire et redevenir un prospect.

LES PROSPECTS GÉNÈRENT LES AFFAIRES

Nous ne prenons ici en compte que les prospects « travaillés », c'est-à-dire ceux chez lesquels l'ingénieur d'affaires en est à la phase des premières conversations. Il a donc dépassé les stades du prospect « recensé » (figurant sur une liste), « repéré » (on a vérifié l'exactitude et l'intérêt des informations le concernant) ou « contacté » (on a pris rendez-vous avec lui). Un client chez lequel une affaire a été réalisée précédemment est bien entendu aussi et d'abord un générateur d'affaires.

Nous considérons qu'une affaire commence dès que les premiers courriers sont adressés, soit par le client ou le prospect, soit par le fournisseur (il n'est pas tenu compte des simples lettres de confirmation de visite). Un même client ou prospect peut générer une ou plusieurs affaires dans le domaine de compétence de l'entreprise.

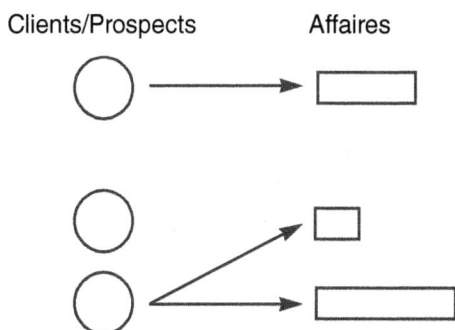

FIGURE 41 – *Les prospects génèrent les affaires.*

UN ANCIEN CLIENT EST AUSSI UN PROSPECT

Certaines ventes de bien d'équipement s'accompagnent de prestations telles que l'abonnement à un entretien régulier, la fourniture de pièces détachées ou de consommables (par exemple réactifs pour un automate d'analyse biochimique).

Ce genre de client va être l'objet d'une évaluation complexe. Il faut considérer les affaires traitées dans le passé et la satisfaction qu'elles ont entraînée et qui sera peut-être à l'origine de la vente d'un autre équipement. S'y ajoute le chiffre d'affaires des pièces détachées, des consommables et des abonnements à des services rémunérés. Et enfin l'on prendra en compte les affaires en cours de négociation (avec leur pronostic de résultat) et les affaires futures. Sans oublier le coefficient de « valeur exemplaire ».

L'EXPLOITATION DE SON TERRITOIRE PAR L'INGÉNIEUR D'AFFAIRES

Le principe d'exploitation du territoire qui lui est attribué ne fait pas exception au principe d'exploitation de la « mine d'or » exposé précédemment. On remarquera spécialement que les territoires attribués aux ingénieurs d'affaires sont souvent assez vastes et recouvrent fréquemment le territoire attribué à leurs collègues, dans la mesure où chacun suit les affaires de sa compétence.

Cette situation indique qu'un même générateur d'affaires peut être visité au même moment par deux ingénieurs de la même société pour des affaires parfaitement distinctes.

La collecte des renseignements, dès qu'un équipement commence à être envisagé chez un prospect, nécessite, de la part de chaque ingénieur d'affaires, une écoute non seulement de ce qui est de leur ressort, mais aussi de leurs collègues, afin de pouvoir alerter immédiatement ces derniers.

COMMENT ÉTABLIR LA HIÉRARCHIE D'IMPORTANCE DES VISITES ?

Les activités de visites de l'ingénieur d'affaires concernent soit des affaires en cours de négociation, à l'une ou l'autre des étapes indiquées ci-dessus ; soit des visites à d'anciens clients et à des prospects qui n'ont pas encore engagé le processus d'une affaire, pour obtenir d'être consulté quand un investissement sera projeté.

Dans ce foisonnement de contacts, il faut établir des priorités. Si l'on se consacre exclusivement aux affaires en cours, on ne prépare pas l'avenir : l'absence de prospection va rapidement faire oublier l'entreprise et tarir la source des affaires. En revanche, trop prospecter risque de faire négliger les affaires en cours. Les objectifs immédiats de chiffre d'affaires et de marge risquent de ne pas être atteints.

Il faut donc trouver un étalon qui permette de mesurer l'intérêt des visites d'affaires en cours, aussi bien que celles destinées à déclencher les affaires futures.

LE SYSTÈME D'ANTICIPATION DES RÉSULTATS COMMERCIAUX

Cet étalon commun existe. Nous l'appelons le SARC (Système d'Anticipation des Résultats Commerciaux). Il consiste, aussi bien pour les affaires en cours que futures, à évaluer, même grossièrement, le montant de l'investissement ou de la partie de l'investissement qui pourrait être confié à l'entreprise (ici le conditionnel est particulièrement de mise), l'échéance envisagée pour la livraison de l'équipement ou du système et le pronostic de résultat, c'est-à-dire de la chance pour l'entreprise d'obtenir la commande.

Nous rappelons brièvement que le principe du pronostic de résultat et du SARC présente au moins trois avantages :

1) Il met l'ingénieur d'affaires dans l'obligation de sonder chaque prospect et chaque interlocuteur dans une affaire en cours de négociation sur l'état actuel de son opinion vis-à-vis de votre entreprise, de ses produits ou de la proposition en cours.

2) Il rend plus aisée l'élimination des contacts peu prometteurs ou encore la décision d'espacer les visites si le moment de l'aboutissement est lointain.

3) Il fait apparaître très clairement la dégradation des positions de l'entreprise sur une affaire, ce qui permet de déclencher beaucoup plus tôt l'action de correction, si tant est qu'elle soit envisageable.

LES AFFAIRES ET LES PROSPECTS SONT CLASSÉS ENSEMBLE

Les visites aux générateurs d'affaires et celles qui sont nécessaires au suivi des affaires en cours ayant trouvé un mode d'évaluation commun, c'est-à-dire :

Montant × pronostic de résultat = valeur de l'affaire

Chaque ingénieur commercial va pouvoir gérer, en un fichier unique, les unes et les autres visites.

La proximité ou l'éloignement de l'échéance de la livraison de l'équipement ou du système n'interfère pas sur la « valeur de l'affaire » et l'intérêt à lui porter. En revanche, la proximité ou l'éloignement de l'échéance auront une incidence sur le rythme des visites.

On peut aussi pondérer par un coefficient multiplicateur, les clients ou prospects « phares », comme nous l'avons fait précédemment.

De la même façon, le potentiel accessible aura été pris en compte dans le « montant ». On notera que ce potentiel accessible varie en fonction de l'évolution technologique du fournisseur et notamment selon le degré d'exclusivité qu'il assure par son avance vis-à-vis de ses concurrents.

CALCUL DU POTENTIEL DE VISITES

Le calcul du potentiel de visites, celui du coût d'une visite et de son seuil de rentabilité, ainsi que du nombre de visites « méritées » par une affaire ou un générateur d'affaires, seront conformes au processus décrit dans le chapitre 8. On respectera donc le principe selon lequel plus le client, le prospect ou l'affaire sont placés haut dans le classement, plus on leur consacre de temps.

Ajoutons toutefois que ces clients peuvent être utilisateurs de produits de consommation dont l'entreprise fabriquant les biens d'équipement assure également la commercialisation.

Chaque client sera alors apprécié en fonction du double potentiel accessible de commande de biens d'équipements et de produits de consommation. Ici l'unité de compte (notion exposée dans le chapitre 2) prend tout son intérêt. L'affectation de chaque « affaire » à une catégorie de « Force » se fera conformément à la méthode exposée chapitre 5.

SI L'ON MANQUE DE TEMPS...

Pour éviter la dispersion que pourrait engendrer un trop grand nombre d'affaires ou de générateurs d'affaires, l'ingénieur commercial se consacrera en haut du tableau : il classera le « gros gibier » et aussi le « moyen gibier », ce dernier pouvant être moins sollicité par la concurrence.

D'autres mesures accompagneront cette tactique :

- effectuer des visites plus efficaces afin de diminuer le nombre de visites pour décrocher l'accord ;
- pour les petites affaires, substituer les appels téléphoniques à certaines visites, notamment celles qui nécessitent des déplacements importants ;
- rendre les « visites téléphoniques » plus productives par l'envoi préalable d'informations techniques qui joueront le rôle de prétexte d'appel ou de stimulation de la décision ;
- rompre plus vite si on est dans une impasse pour porter ses efforts et son temps sur des prospects ou des affaires plus prometteurs ;
- éliminer progressivement les générateurs de petites affaires au profit de prospects de potentiel moyen ou important (on lâche, certes, la proie pour l'ombre, mais il s'agit d'une petite proie et d'une grande ombre…).

ORGANISATION HEBDOMADAIRE DES CIRCUITS DE VISITES

Il est évident que les affaires « chaudes » placent leur suivi au premier plan de l'actualité et de l'organisation des circuits de visites. Le circuit de visites sera organisé à partir des affaires « chaudes », donc en pratique repensé chaque semaine.

Toutefois, comme il faut aussi assurer une prospection régulière, en se servant du tableau présenté en figure 43 (dans l'annexe 4 ci-après) on pourra s'assurer que chaque client, à une ou deux semaines près, est visité au rythme que mérite sa catégorie de potentiel ou sa « Force ». En conséquence, le chargé d'affaires organisera son programme de visites en commençant par les affaires de montant important et d'échéance proche, puis complétera par les générateurs de Force 4.

Il est également envisageable, quand le représentant part toute la semaine sur une partie de son territoire de vente, que l'alerte sur une affaire chaude soit reçue par le siège ou la direction régionale et répercutée vers le représentant au point de contact quotidien convenu.

Si le représentant doit rendre visite « toute affaire cessante » au client qui génère cette affaire chaude, et si cela fait réellement partie des nécessités de son métier (voir nos considérations sur les « urgences » dans le chapitre 7), il est indispensable que l'emploi du temps de ce représentant prévoit chaque jour la ou les heures nécessaires pour prendre en charge l'affaire « chaude ».

Naturellement, l'affaire « chaude » ne surgit pas avec régularité. Aussi, si ce temps disponible pour ce type d'affaire n'est pas utilisé placera-t-il en alternative une autre occupation, soit dans le cas présent, des visites de prospection.

Annexe 3

Cas particuliers commerciaux

CIRCUITS DE VISITES EN GRANDE DISTRIBUTION

La vente des produits dans les grandes surfaces (hypermarchés, supermarchés, supérettes) conduit à distinguer : les clients auprès desquels les commandes sont prises en direct ; les clients dont les commandes sont prises par la centrale d'achats et où le rôle du représentant consiste principalement à conforter la relation avec le chef de rayon, la gondolière et le manutentionnaire chargé de la mise en rayon, pour activer les ventes, avec ou sans l'appui de merchandiseurs.

En termes d'efficacité, il faut assurer une présence plus importante chez les clients qui commandent directement à l'entreprise, que chez ceux qui dépendent d'une centrale pour leurs approvisionnements.

La notion de valeur commerciale (chiffre d'affaires + potentiel accessible) conserve ici toute son importance. Cependant, compte tenu de l'effet différé des visites aux clients sous dépendance d'une centrale d'achats, nous vous proposons de les déclasser, c'est-à-dire de les faire passer dans la catégorie de valeur commerciale ou de « Force » immédiatement inférieure, et ainsi de les visiter à un rythme plus lent.

PLANIFICATION DES ACTIVITÉS SAISONNIÈRES

Les métiers qui connaissent des alternances d'activité de vente intensive et de semi-inaction sont assez nombreux. Nous citerons par exemple les métiers de vente des produits à l'agriculture (semences, produits phytosanitaires) et à l'élevage (produits vétérinaires), des articles de mode (textiles, vêtements, chaussures, etc.).

En général, le départ de chaque campagne de vente est soudain. Il est parfois fixé d'avance (après le dernier jour d'un salon) ou subi (épidémie).

Dans tous les cas, il importe, pour les délégués commerciaux, de se concentrer au début sur l'essentiel, puis de visiter la clientèle moyenne et petite, par couches concentriques.

Ainsi les clients de Force 5 ou 4 seront visités les premiers, puis les clients de Force 3 et enfin ceux de Forces 2 et 1. La prospection, qui ne deviendra véritablement opérante que lors de la « saison » suivante, est réservée aux périodes de sous-activité.

Se greffent à ce schéma, pour les métiers de la mode, les réassorts de la saison en cours, qui succèdent en général à la vente de la collection de la saison suivante.

Pour illustrer ce type d'organisation, nous avons pris le cas bien connu de la vente d'articles de prêt-à-porter. Sur le schéma, nous n'avons fait figurer que les vingt semaines qui suivent la clôture du SEHM (Salon de la Mode en Prêt-à-Porter).

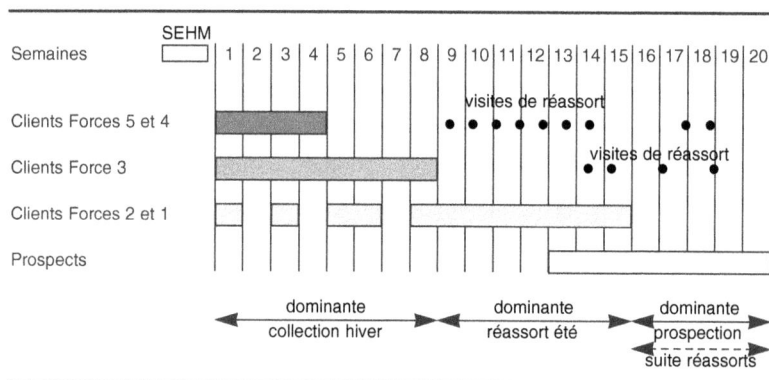

FIGURE 42 – Planification des activités saisonnières.

Tous les clients de Forces 5 et 4 sont visités en quatre semaines. Tous les clients de Force 3 sont visités en huit semaines. Les clients de Forces 2 et 1 sont visités au cours des semaines 1 à 8 en fonction de leur proximité des clients de Forces 5, 4 et 3, puis intégralement entre les semaines 9 et 15, en prenant appui sur les visites de réassort. Les semaines 16 à 20 servent à quelques contacts de réassort tardif et à la prospection.

Vente promotionnelle, opportunité de vente immédiate

Une entreprise peut avoir soudainement une opportunité à exploiter. Ce peut être le cas, après un référencement obtenu dans une centrale d'achats, d'une visite immédiate de prise de commande de tous ou des principaux points de vente affiliés ou rattachés à la centrale d'achats.

Que doit faire le représentant ?

Naturellement, si le circuit de visites s'y prête, il intégrera ces visites dans le programme des jours qui suivent immédiatement la réception de la directive, en utilisant les plages de temps réservées aux urgences.

On peut aussi créer pendant quelques jours une interruption dans le déroulement des visites et reprendre le circuit normal au point où il avait été interrompu. On institue alors une pause temporaire. Le principe du rythme des visites n'est ainsi pratiquement pas remis en question.

Quant à la clientèle, s'il s'agit d'un simple décalage d'une semaine dans les visites. Il y a donc de fortes chances pour qu'elle ne s'en aperçoive pas.

Le principe de l'action d'urgence placée pendant une interruption volontaire du circuit de visites peut également être utilisé en cas d'importantes opérations de promotion des ventes pour redresser d'urgence un chiffre d'affaires ou procurer rapidement de la trésorerie à l'entreprise, ou encore pour assurer la mise en place rapide d'un nouveau produit.

Dans notre esprit, il s'agit là d'exceptions qui ne doivent pas devenir des habitudes. Le propre du chiffre d'affaires et de la marge est porté par l'action régulière du représentant. Les actions « coup-de-poing » ont leur utilité pour la réussite de la stratégie commerciale, mais il ne saurait être question qu'elles handicapent la santé financière de l'entreprise.

Prospection et circuits de visites

D'une manière générale, sauf accent particulier mis par la direction commerciale sur sa nécessité impérative, la prospection est le parent pauvre des activités d'un représentant présent depuis quelques années sur son territoire de vente. Or la clientèle naît, se développe, décline et meurt. Et il faut substituer aux moribonds et aux morts de nouveaux clients. Cette nécessité étant admise, se pose la question du temps disponible, toujours insuffisant, pour prospecter.

À ce sujet, deux écoles existent. Il y a les tenants du jour réservé (une fois par semaine, une fois par mois) à la prospection. Ceux-ci estiment que l'activité de prospection exige une préparation et un tonus particuliers et qu'il vaut mieux mobiliser son énergie pendant une journée spéciale.

Et pour les tenants de la prospection intégrée dans le circuit de visites, la clientèle à prospecter est visitée plus économiquement si le circuit de visites passe devant ou à proximité de l'implantation du prospect.

Nous nous garderons bien de trancher en faveur de telle ou telle école, chacune présentant autant d'avantages que d'inconvénients, tout en marquant une légère préférence pour l'inclusion des visites de prospection dans le circuit normal parcouru par le représentant.

Mais les visites de prospection sont coûteuses. Et quand on visite des affaires peu ou pas connues, on a souvent la surprise de constater que l'acheteur ne travaille pas à l'adresse indiquée, que les achats sont traités par une centrale, que la décision se prend ailleurs, etc. Aussi est-il recommandé de faire précéder la visite par des appels téléphoniques, plus rapides à émettre et moins coûteux qu'une visite. Avec une secrétaire commerciale bien formée, on collecte de précieuses informations et on évite des déplacements inutiles.

COMMERCIALISATION PAR UN RÉSEAU DE DISTRIBUTEURS (GROSSISTES)

Certains fabricants, et non des moindres, ont choisi dans le domaine des produits et des biens d'équipement destinés à l'industrie, de faire assurer leur commercialisation par un réseau de distributeurs. En général les aires d'action de ces distributeurs :

- se chevauchent entre elles, ce qui se traduit par des visites concurrentes chez les mêmes clients pour offrir le même produit du fabricant (mais pas toujours au même prix) ;

- ne coïncident pas avec les limites du territoire attribué à chaque commercial du fabricant.

Les commerciaux du fabricant, même s'ils ont la responsabilité de quelques clients directs, sont à l'égard des forces de vente des distributeurs de véritables animateurs des ventes, sans pouvoir hiérarchique, bien entendu.

Ceci étant, il faut être clair. Dès lors que la commercialisation est confiée à des distributeurs, il est indispensable d'en faire des moteurs et non de les laisser se cantonner au rôle de simples dépositaires passifs attendant la demande de la clientèle.

Sur le plan pratique, cela se traduira :

* par la sélection des distributeurs aptes à soutenir activement la marque et les produits du fabricant ;
* par des accords clairs entre le fabricant et chaque distributeur, comportant des engagements non seulement quantitatifs (quota de vente), mais également qualitatifs (actions commerciales à engager, respect de la politique tarifaire, par exemple) ;
* dans le cadre de ces accords, par une présence constante des commerciaux du fabricant auprès des étages de décision et d'application des actions commerciales (patron de l'entreprise de distribution ou directeur commercial, chef de produit, chef des ventes, représentants).

Dès lors que l'action du fabricant sur le plan commercial est indirecte, quelle sera la tactique du commercial sur le secteur de vente qui lui est attribué ?

CALENDRIER DES VISITES DES DISTRIBUTEURS

Il se doit d'être à la fois neutre et actif vis-à-vis de chaque distributeur.

* Neutre : il ne peut favoriser l'un au détriment de l'autre.
* Actif : il est le garant du développement des ventes.

Concrètement, le commercial du fabricant pourrait se trouver dans la situation d'avoir à accompagner des représentants de distributeurs différents chez un même client utilisateur, dans la mesure où son rôle ne consiste pas à vendre à la place du représentant du distributeur, mais au contraire à :

* lui apprendre à vendre les produits du fabricant ;
* promouvoir la marque et les produits du fabricant.

Il évitera cette situation en organisant le programme des visites avec le représentant du distributeur.

Un client visité avec un des distributeurs ne sera pas visité en accompagnement d'un autre distributeur.

La pression des multiples fournisseurs d'un distributeur est forte pour obtenir une présence importante auprès des forces de vente de ce distributeur. Pour être à peu près assuré de prendre rang dans le dispositif d'animation, il est recommandé d'établir un calendrier de principe des accompagnements. Ceci étant, ce calendrier, déterminé longtemps à l'avance est un facteur de rigidité : il est peu probable que l'on accompagne tel représentant le jour où il aura particulièrement besoin du commercial du fabricant en raison d'une affaire à conclure ou à engager. Il convient donc d'obtenir une certaine latitude de glissement en fonction des opportunités (et notamment pour les ventes de biens d'équipement).

ORGANISATION DES DÉCOUPES TERRITORIALES

L'organisation des découpes territoriales intégrera à la fois les potentiels des différentes localités et ceux de vente des différents distributeurs (en se fondant à la fois sur l'expérience et sur les engagements annuels quantitatifs), afin de proportionner son temps de présence en fonction des rendements espérés (principe d'exploitation de la mine d'or).

Afin d'éviter de se rendre dans le même sous-secteur plusieurs jours de suite pour le compte de distributeurs différents, le principe des pétales opposés jouera à la fois sur le plan géographique, celui des distributeurs, et celui des différents représentants chez un même distributeur.

Ce dernier aspect complique singulièrement le travail d'organisation des circuits de visites, mais ne le rend pas pour autant impossible.

VISITES ACCOMPAGNÉES

Lors des accompagnements du représentant du distributeur en clientèle, qu'il s'agisse d'appui-vente[1] ou d'accompagnement-formation[2], le commercial du fabricant, tout en laissant une certaine latitude au représentant, cadrera le choix des clients et l'organisation des circuits de visite conformément aux méthodes expliquées dans le présent livre.

---

1. Lire à ce sujet *Le livre du chef des ventes*, chapitre 20, et *Manager les vendeurs*, chapitre 12, *op. cit.*
2. Voir *Manager les vendeurs*, chapitre 10, *op. cit.*

Annexe 4

Les obstacles à l'organisation des circuits de visites et leur solution

OBSTACLES DUS AUX CLIENTS

Client absent

Vous avez listé, pour les semaines à venir, les clients que vous allez visiter. Mais certains d'entre eux, pour différentes raisons (absence, vacances, indisponibilité) ne peuvent pas être visités lors du circuit de visite de cette semaine-là.

Pour être sûr que ces clients non visités ne seront pas « oubliés », vous cerclerez ou soulignerez au marqueur fluorescent, ou cocherez sur votre écran d'ordinateur les noms des clients visités.

Les clients ou prospects non visités apparaissent ainsi par différence. Quand on ne peut pas revenir le même jour ou un autre jour de la semaine, ce client ou prospect sera intégré dans le circuit de visites de la plus proche semaine consacrée à ce sous-secteur.

Grâce à un logiciel informatique, un système d'alerte signale en général le client dont la visite programmée n'a pas été effectuée.

Le tableau de suivi des visites facilite la gestion des contacts clientèle :

Client	Force	Fréquence	1	2	3	4	5	6	7	8	9	10	11	12	13	14
Martin	2	3			ø				0	+			ø			
Dubois	3	6	ø		ø		0			ø		ø	+	0	+	
Durand	4	12	ø	ø	0	0	ø	ø	ø	ø	ø	0	ø	ø		
Lafeuille	2	3			ø		+	0				ø				
Rémy	1	2				0	+				ø					

0 à voir ø vu

FIGURE 43 – *Pour ne pas oublier les clients non visités.*

Ce tableau indique immédiatement si les visites réalisées sont ou non conformes au programme de visites. En rappelant la fréquence de visites du client, il permet de déterminer l'inconvénient relatif qu'il y aurait à ne voir ce client que la semaine suivante ou même deux semaines après (petit client) ou dans la semaine (client important).

Pour diminuer le nombre d'absences, plusieurs dispositions doivent être mises en place :

• rendez-vous téléphonique ;

• avis de passage ;

• fiche correctement remplie (le client vous a peut-être dit qu'il n'était jamais là le mardi).

Rappelons qu'une visite à un client absent ne compte pas comme une visite.

Client fermé

Jours et mois de fermeture doivent figurer sur la fiche de client. En raison d'une fermeture connue à l'avance (cela peut être aussi la fermeture du service achats, alors que l'entreprise continue à fabriquer), mieux vaut prévoir une visite avant ou après, au besoin en décalant légèrement la visite théoriquement programmée.

Jours de visites imposés

Les jours et les heures de visites provoquent l'afflux des représentants des différents fournisseurs. Il en résulte une attente plus ou moins longue avant l'entretien de vente.

Le premier principe consiste à négocier « l'exception ».

La faculté d'obtenir satisfaction dépend autant de la taille de l'entreprise du fournisseur que de la qualité de la relation du vendeur et de son client.

Sinon, on intégrera cette obligation dans les contraintes. Si cette imposition handicape le circuit le plus logique, le client sera visité selon le principe des urgences (voir le chapitre 9).

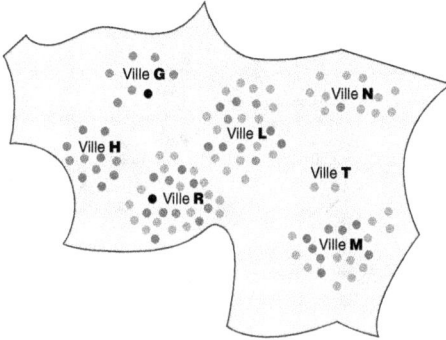

Groupe de « Force »	Fréquence annuelle des visites	Couleur
5	24	●
4	12	●
3	6	●
2	4	●
1	2	●

FIGURE 29
Repérage des clients sur une carte

- Clients de cadence 24 (2 clients, visités une semaine sur deux, soit 4 visites par mois)
- Clients de cadence 12 (9 clients, visités une fois par mois, soit 9 visites par mois)
- Clients de cadence 6 (12 clients, visités une fois tous les deux mois, soit 6 visites par mois)*
- Clients de cadence 4 (34 clients, visités une fois par trimestre, soit 9 visites par mois)*
- Clients de cadence 2 (95 clients, visités une fois par semestre, soit 16 visites par mois)*

(*) En supposant, ce qui n'est pas souvent le cas, une répartition géographique assez régulière.

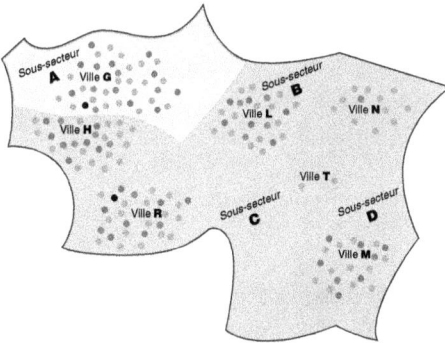

- Clients de cadence mensuelle 12
- Clients de cadence mensuelle 6
- Clients de cadence mensuelle 4
- Clients de cadence mensuelle 3
- Clients de cadence mensuelle 2

Semaine	Sous-secteur visité	Nombre hebdomadaire de visites
1	A	24
2	C	19
3	B	26
4	D	18

FIGURE 30
Application des ailes de moulin inversées

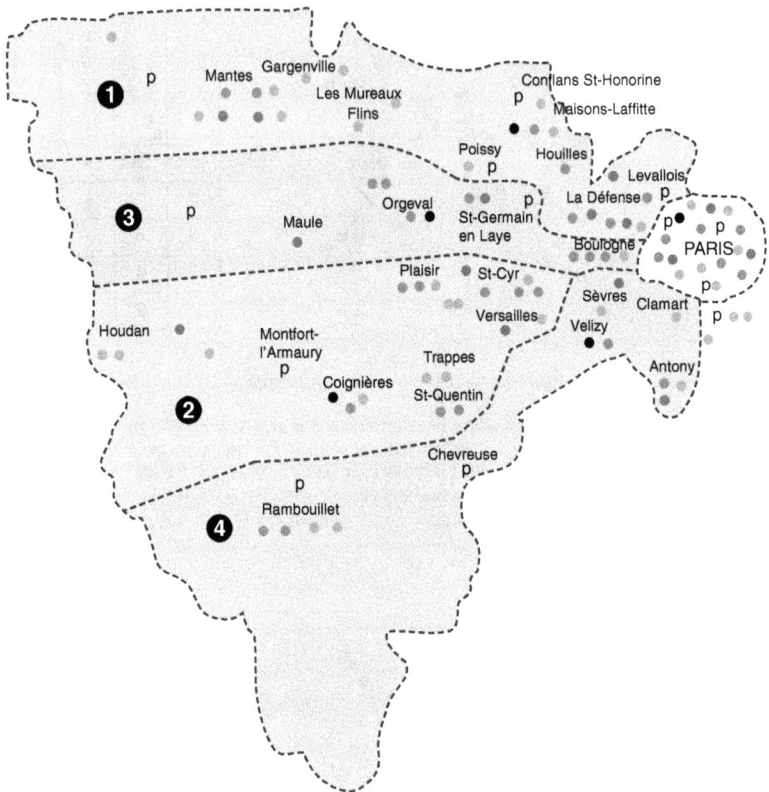

FIGURE 31
Variante des ailes de moulin : dispositif en éventail

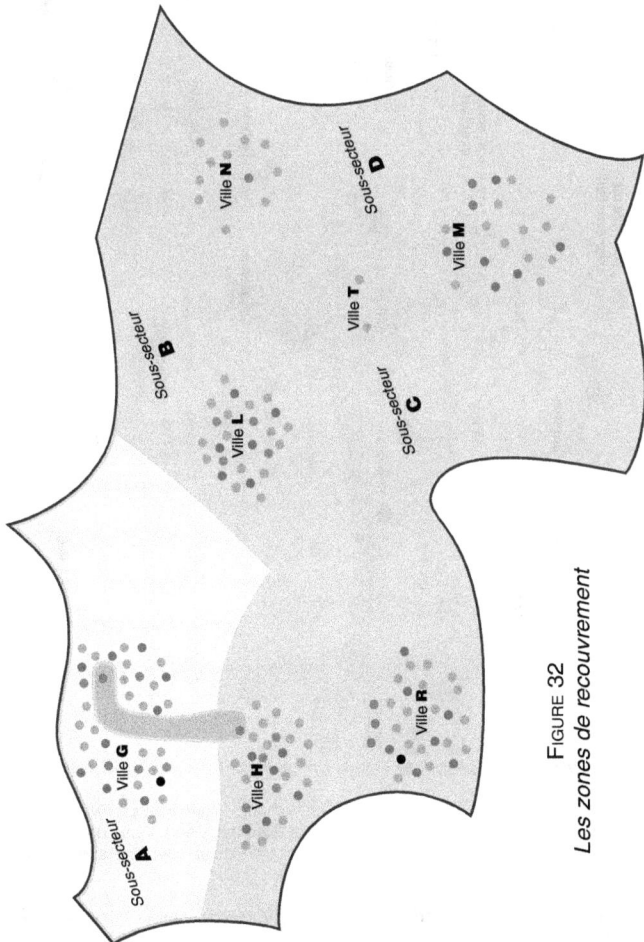

Zone de recouvrement des sous-secteurs A et B (semaines 1 et 3).

Zone de recouvrement des sous-secteurs C et B (semaines 2 et 4).

Villes G et R : points de passage obligés de chaque circuit hebdomadaire.

FIGURE 32
Les zones de recouvrement

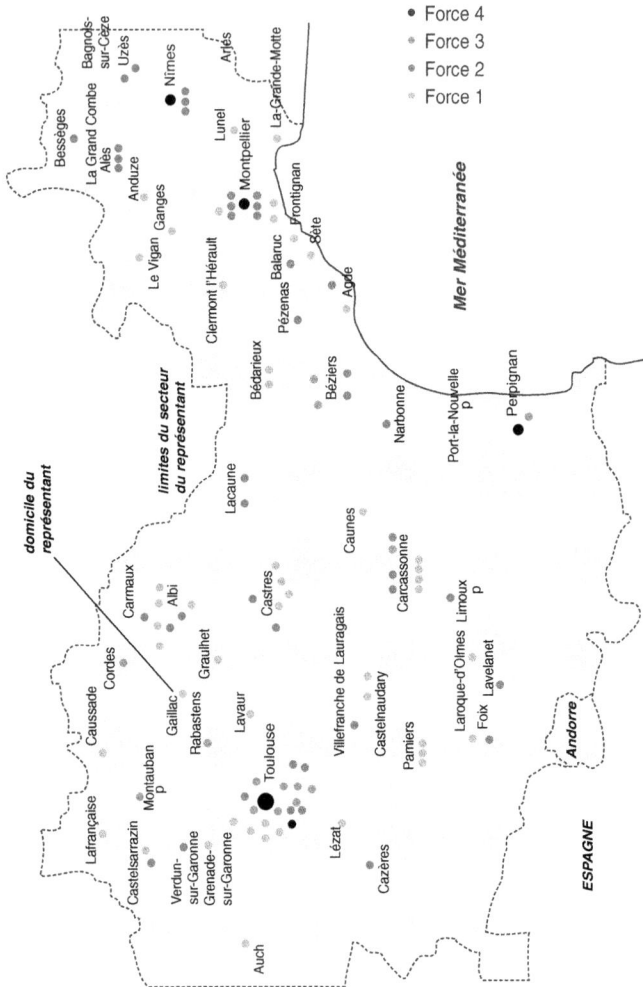

FIGURE 33a
Exemple d'un secteur de vente comportant neuf départements

Exemple d'un secteur de vente comportant neuf départements (Gard, Hérault, Pyrénées-Orientales, Aude, Tarn, Ariège, Haute Garonne, Tarn et Garonne, Gers). Vente de matériel haut de gamme de bricolage et de motoculture de plaisance aux grandes et moyennes surfaces de bricolage. Ici quatre groupes de Force auront été retenus. De plus, un seul client, à Toulouse, est qualifié de Force 4.

Observation : si le cœur du secteur, autour de Toulouse, proche du domicile du représentant (Gaillac), est bien exploité, on observe une implantation plus faible à l'est du secteur (Pyrénées-Orientales, Hérault, Gard). Il est en effet surprenant que ni Montpellier, ni Nîmes n'aient de clients de Force 3.

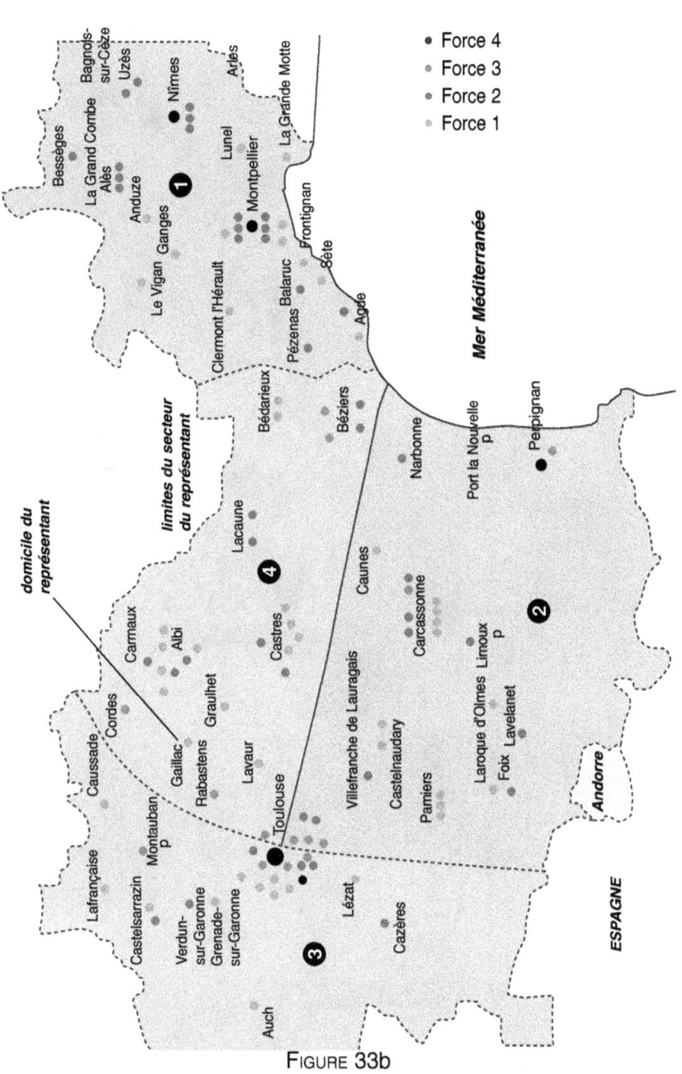

FIGURE 33b

Exemple de découpe en quatre sous-secteurs

Pour le découpage du secteur en quatre sous-secteurs, afin d'équilibrer autant que possible la charge de visites de chaque sous-secteur, on a affecté les clients de coefficients correspondant au nombre de visites qu'ils recevront pendant un cycle de visites.

Si l'on affecte au client de Force 4 le coefficient 8 (huit fois plus de visites qu'un client de Force 1), aux clients de Force 3 le coefficient 4, aux clients de Force 2 le coefficient 2, aux clients de Force 1 et aux prospects le coefficient 1, chaque sous-secteur recevra : sous-secteur 1 : 48 visites, sous-secteur 2 : 54 visites, sous-secteur 3 : 48 visites, sous-secteur 4 : 52 visites.

Toulouse est une « zone de recouvrement » des sous-secteurs 2, 3 et 4. Le client de Force 4 est visité de façon approfondie en semaine 3, et chaque semaine de façon plus rapide. En semaine 1, ce client est visité soit au début de la semaine, soit en fin de semaine (proximité du domicile du représentant).

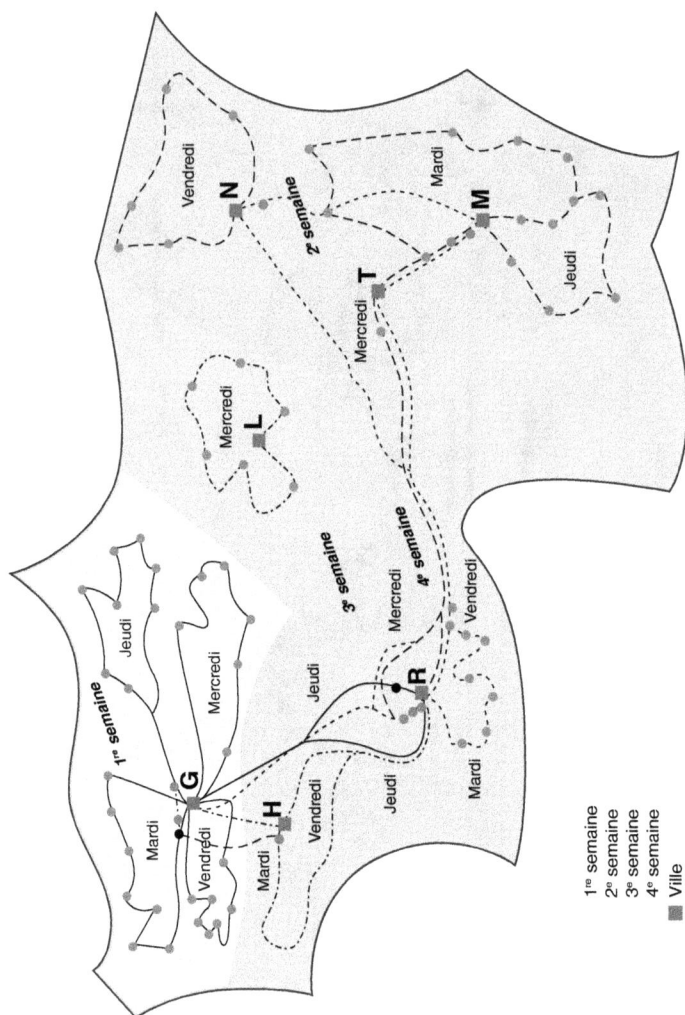

FIGURE 35
Tracé des circuits de visites de quatre semaines consécutives

Pour la clarté de cette figure, nous n'avons représenté que les 2 clients à visiter chaque semaine ● et les 9 clients à visiter une semaine sur deux ●. Les clients de moindre importance sont représentés par ● . En pratique, les tracés sont plus clairs grâce à la dimension des cartes et à l'utilisation de la couleur.

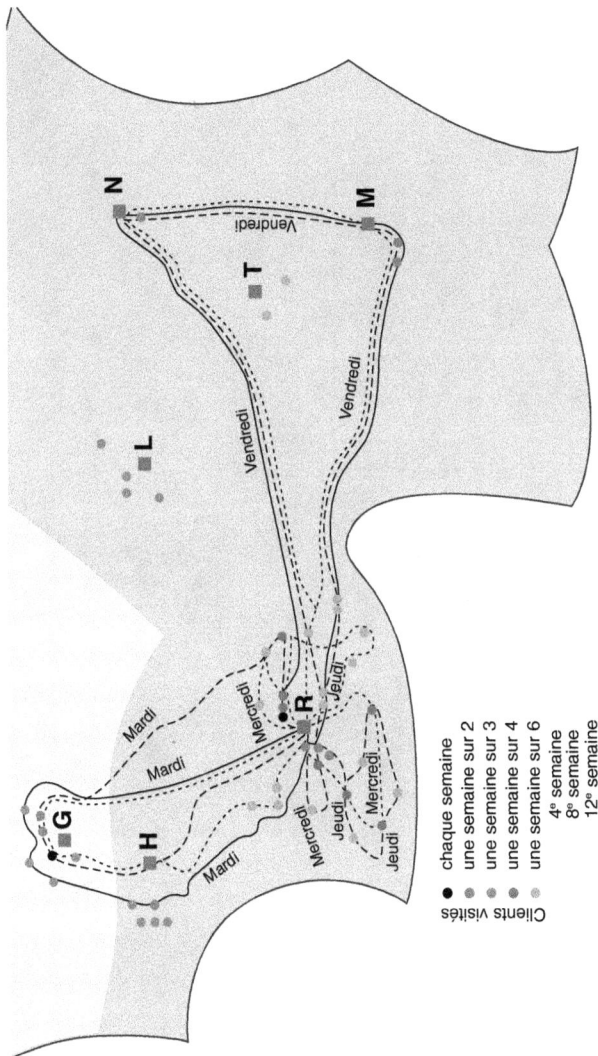

FIGURE 36

*Superposition des circuits de visites d'un des sous-secteurs pendant
les 3 semaines qui le concernent (cycle trimestriel)*

Les visites hebdomadaires aux clients ● et bimensuelles aux clients
● opérées à partir des autres sous-secteurs ne sont pas représentées.

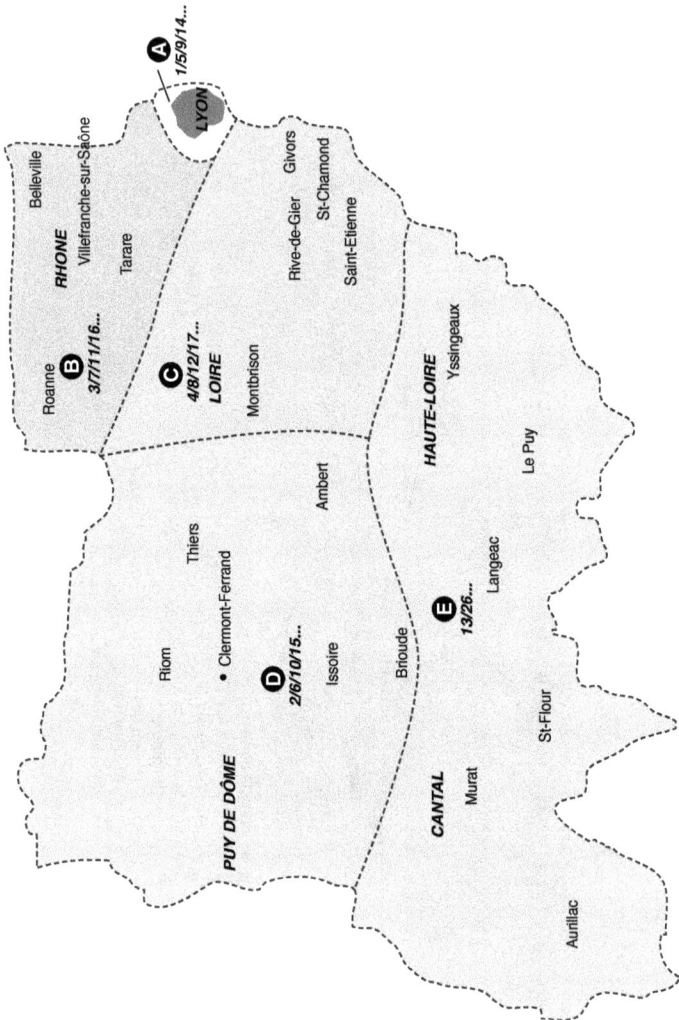

FIGURE 37
Organisation des visites sur un territoire avec zones riches et pauvres

Jours de foire ou de marché

Ces jours-là, votre client n'est généralement pas disponible pour recevoir les représentants. De plus, la circulation est rendue alors plus difficile. Par conséquent, notez les jours de marché sur la fiche du client pour les éviter absolument.

Heures de visite de certaines professions

Chez les artisans : visite à domicile ou au café, très tôt ou tard le soir.

Dans l'immobilier : visite des particuliers à leur domicile tard en fin d'après-midi et le soir.

Si le métier de vendeur passe par de telles contraintes horaires, la direction commerciale doit accepter des temps libres. En général, on distribue les activités de préparation et d'exploitation des ventes aux moments « creux » de la journée.

Avis de passage ou prise de rendez-vous par téléphone

L'avis de passage présente de nombreux avantages :

- il prévient le client de votre visite ;
- il lui permet de répondre s'il n'est pas là (tous n'ont pas la courtoisie d'agir ainsi !) ;
- il permet au client de préparer sa commande ;
- il bloque (en principe) la concurrence ;
- il évite d'avoir à prendre rendez-vous ;
- il est utile pour annoncer un nouveau produit, un changement de délégué.

Mais il comporte aussi des inconvénients :

- on prévient la concurrence (il y a toujours des clients qui « trahissent » votre cause – cela joue dans les deux sens) ;
- on ne sait pas si le client acceptera ou sera là.

L'avis de passage peut être modernisé :

- check-list des points à préparer[1] ;

---

1. Proposer un « ordre du jour » au client est une pratique qui se répand.

* coupon-réponse ;

* annonce de nouveaux produits, relance de produits.

Enfin, concernant la prise de rendez-vous par téléphone, outre que dans certains métiers il ne saurait y avoir de visites sans prise de rendez-vous préalable, ce moyen maximise la chance de voir ses clients et permet de ressentir, notamment par le ton et la voix de l'interlocuteur, une modification sensible de son point de vue, éventuellement.

Par ailleurs, le téléphone permet de négocier un changement d'heure ou de jour de rendez-vous si l'on a été retardé pour une raison quelconque.

Visite plus longue que prévue, attente chez le client

Résultat : on risque d'arriver en retard chez le client suivant, voire de devoir annuler un des rendez-vous.

Il est bon de prévoir des programmes pas trop tendus ou bien de placer des activités optionnelles (telles que les visites de prospection) que l'on n'assurera pas si l'on a pris du retard. En général aussi, les négociations longues ou les clients chez lesquels on attend sont repérés d'avance. On en tient compte dans la construction du circuit de visites.

En ce qui concerne le client chez qui l'on attend, s'agit-il du médiocre stratagème d'un acheteur qui cherche à placer son fournisseur en état d'infériorité ? Dans ce cas, on doit s'en expliquer avec le client ou prendre des dispositions d'abandon ou d'espacement des visites. S'agit-il d'un client mal organisé ? On peut alors se demander si on n'a pas intérêt à lui rendre visite tôt le matin (avant les autres représentants) ou tard le soir (après les autres vendeurs et quand le client est pressé de rentrer chez lui).

Changement d'adresse du client

Si le client reste sur le territoire du représentant, il est intégré à un autre circuit de visite.

Mais s'il sort du territoire du représentant, cela entraîne soit une nouvelle découpe du territoire, soit la présentation du représentant concerné par l'ancien représentant (jeu d'équipe).

OBSTACLES DUS AU TYPE DE COMMERCIALISATION

Certaines ventes de produits portent en elles-mêmes des risques de désorganisation des circuits de visites : produits dont la clientèle se déplace vers la mer ou la montagne à certaines périodes de l'année, ventes saisonnières, urgences dues à un incident de fonctionnement, nécessité de démontrer ou d'essayer le matériel.

Les produits de vente saisonnière

Un produit dont la clientèle se déplace d'un territoire à l'autre ou dont la vente est saisonnière (maillots de bain, vêtements et équipements de ski, articles de pêche ou de chasse, etc.) nécessite la conception de circuits de visites selon les principes énoncés ci-dessus, un autre type d'activité commerciale – par exemple, la prospection – se situant pendant les intersaisons.

On recommandera, dans le cas des ventes dont la clientèle se déplace, par exemple à l'occasion des vacances, que les représentants des secteurs bénéficiaires de l'afflux de clientèle soient appuyés par leurs camarades des secteurs désertés. Dans ce cas, des circuits de visites spéciaux seront mis au point, toujours en se fondant sur les principes d'organisation précédemment présentés.

Les urgences

Que penser des urgences ? Elles désorganisent la meilleure des organisations, surviennent au plus mauvais moment et surchargent le représentant.

Et pourtant, il n'est pas question d'« oublier » la demande pressante d'un client ni d'omettre d'aller voir pourquoi il réclame au sujet d'un matériel qu'on vient de lui fournir.

Mais il y a urgence et urgence. Et à y regarder de près, certaines urgences n'en sont pas. Face à l'urgence et pour préserver au maximum l'organisation de travail et l'hygiène de vie du représentant, il est indispensable que la secrétaire qui reçoit la demande de passage « urgent » du représentant, apprenne donc à demander au client :

• en quoi consiste l'urgence ;

• sous quel délai elle peut être traitée ;

- et à vendre l'idée que le représentant passera « spécialement » tel jour de telle semaine (c'est-à-dire quand il sera à proximité) pour traiter l'« urgence ».

Et s'il y a réellement urgence (incident grave ou affaire à saisir) à ce moment, et à ce moment seulement, on préviendra le représentant pour qu'il intervienne immédiatement.

L'urgence est imprévue. Mais l'imprévu se prévoit. Nous voulons dire que l'expérience permet de mesurer le temps pris par les imprévus et d'intégrer ce temps dans les prévisions.

OBSTACLES DUS AU COMMERCIAL

Refus de changer ses habitudes

Le vendeur expérimenté considère souvent que sa manière de faire est préférable aux méthodes venues de l'extérieur. C'est parfois exact, mais il faut tout de même maintenir le principe d'une méthode pour toute la force de vente sans exception, d'autant que notre méthode ne s'oppose pas à la pratique d'un représentant organisé, mais vient l'enrichir.

Il est souvent habile de faire appliquer cette nouvelle organisation des circuits de visites par des représentants plus jeunes, donc plus ouverts (mais nous connaissons des jeunes gens de 60 ans), et de s'appuyer sur leur réussite pour imposer la généralisation de l'expérience.

Allergie à l'organisation

Certains commerciaux ont un excellent contact en clientèle et sont pleins de bonne volonté, mais souffrent d'allergie envers l'organisation. Si leur qualité de vendeur supplée ce défaut, on fermera les yeux. Si leurs résultats sont insuffisants, il faut bien en arriver aux décisions autoritaires.

Absence, maladie, panne de voiture

Voilà autant d'obstacles qui désorganisent les circuits de visites. Les solutions sont relativement simples.

Si l'indisposition responsable de l'absence intervient brusquement, la clientèle est prévenue par téléphone (ce qui suppose que le programme des clients à visiter soit déposé au secrétariat commercial). On s'inquiétera de prendre la commande en attente lors de l'appel téléphonique.

Si l'absence doit être d'une certaine durée, on suppléera cette défaillance par les visites d'un autre représentant ou du chef des ventes (clients « 20 × 80 ») et par des contacts téléphoniques.

À son retour, le représentant reprendra ses visites, là où il les avait interrompues au début de son indisponibilité.

Quant à la panne de voiture, elle est impardonnable dès lors que les indemnités kilométriques permettent d'assurer l'entretien du véhicule.

Domicile du commercial

On observe souvent une surdensité des visites des clients au fur et à mesure que l'on se rapproche du domicile du représentant. Idéalement, il est souhaitable que le représentant soit domicilié près de la zone de forte densité de son territoire de vente.

Mais une telle implantation perd parfois de son intérêt parce que la clientèle évolue ou que la société prend l'initiative de découper autrement le territoire de vente du représentant ou lui propose une autre affectation géographique[1].

En définitive, le lieu du domicile du vendeur importe peu, si ce n'est pour son hygiène de vie. Supposons qu'il désire pour des raisons personnelles (maison qu'il a fait construire, lieu de travail de son épouse ou autres raisons familiales) habiter dans une localité excentrée. La durée de son parcours au début ou à la fin de son circuit pour quitter ou regagner son domicile ne sera pas comptée comme faisant partie de son temps de travail. Son choix de vie ne saurait donc avoir des incidences importantes sur son temps de travail.

---

1. Il est intéressant de noter que, même si le contrat de travail comporte une clause de mobilité et l'obligation pour le commercial d'élire domicile dans son secteur de vente, la Cour de cassation, s'appuyant sur l'article 8 de la Convention Européenne des Droits de l'Homme, a considéré dans un arrêt du 12 janvier 1999 que la liberté du choix du domicile familial était une des libertés fondamentales du salarié. En conséquence, la direction de l'entreprise ne peut pas contraindre un commercial à changer de domicile personnel quand bien même il serait affecté à une autre région.

OBSTACLES RÉSULTANT DES CHANGEMENTS DE DIRECTIVES

La direction commerciale, obstacle à l'organisation des représentants ? Cela paraît à première vue surprenant. Encore que les réunions trop nombreuses, la multiplication des objectifs soient là pour témoigner de l'irréalisme de certaines décisions.

Plus naturellement, la perspective générale vue par la direction commerciale rend nécessaire l'émission de directives qui entraîneront une adaptation fréquente des circuits de visites, à moins que ceux-ci n'aient été conçus en prévision de l'intégration des décisions commerciales.

RÉCUPÉRATION DES IMPAYÉS

Question classique : vaut-il mieux confier la mission de récupération des chèques aux représentants ou au service de comptabilité ?

Dans la mesure où chaque représentant a reçu pour instruction de ne traiter qu'avec des clients en situation financière saine et où le représentant apprécie de plus près les problèmes rencontrés par les clients, il vaut mieux confier cette activité aux représentants. Au surplus, ils agiront avec plus de diplomatie que le service comptable.

Une visite de récupération d'impayé coûte cher (nous avons évoqué un coût de 50 euros à 350 euros) et il est préférable de traiter cette question par téléphone (le coût actuel d'une communication de cinq minutes à longue distance – salaire et charges de la secrétaire + coût de la communication – de l'ordre de 2,50 euros).

Si la visite de récupération d'impayé doit être effectuée par le représentant, celui-ci s'efforcera d'intercaler ce genre de visite dans son circuit habituel.

LANCEMENT D'UN NOUVEAU PRODUIT, ANNONCE D'UN CHANGEMENT DE TARIF

Ces activités commerciales doivent être conduites rapidement et réalisées dans le cadre de l'organisation normale des circuits de visites, à partir du moment où ceux-ci ont été mis au point selon notre méthode.

En effet, en étudiant le tableau-calendrier analogue à celui présenté dans la figure 44, on observe que les clients les plus importants, dans le cadre d'un cycle de visites de toute la clientèle en un trimestre, ont été visités par exemple :

- Clients très importants : au bout de deux semaines.
- Clients importants : au bout d'un mois.

Il s'agit souvent de 80 % du chiffre d'affaires pour ces deux premières catégories.

	Couleurs	Semaines											
		1	2	3	4	5	6	7	8	9	10	11	12
Clients de fréquence 48	Noir	N											
Clients de fréquence 24	Rouge	R 1/2	R 1/2										
Clients de fréquence 16	Vert	V 1/3	V 1/3	V 1/3									
Clients de fréquence 12	Violet	V 1/4	V 1/4	V 1/4	V 1/4								
Clients de fréqence 8	Orange	O 1/6	O 1/6	O 1/6	O 1/6	O 1/6	O 1/6						

FIGURE 44 – *Couverture des clients visités selon leur importance.*

OPÉRATION PROMOTIONNELLE

Nous ferons la même remarque que ci-dessus. L'activité promotionnelle doit habituellement être intégrée à la démarche de vente normale. Il serait malsain que les produits faisant l'objet de la promotion des ventes soient vendus au détriment du chiffre d'affaires de l'ensemble des autres produits. Nous avons cependant envisagé (dans l'annexe 3 plus haut) une option particulière d'interruption momentanée du circuit de visites à l'occasion d'une opération promotionnelle importante.

⓾ Maîtriser son organisation

Quoi qu'en pensait un général célèbre, devenu Président de la République, l'intendance ne peut se contenter de suivre : elle accompagne et conditionne nécessairement l'action commerciale. Un vendeur bien organisé s'épargne bien des soucis dans la mesure où chaque chose est à sa place, immédiatement accessible et disponible pour soutenir ses activités : voiture en bon état de fonctionnement, propre et bien rangée, documents à leur place dans le porte-documents, informatique embarquée et matériel de présentation en bon état de marche. Il faut ajouter qu'une personne qui montre une organisation exemplaire, illustre, mieux que par des discours, la rigueur de son travail, sa fiabilité, la confiance que son client peut accorder à son entreprise.

Il serait hasardeux et illusoire de chercher à modéliser une organisation type pour un commercial itinérant. Pourtant, quelques remarques pratiques sur l'organisation sédentaire et itinérante d'un vendeur peuvent avoir quelque intérêt.

LE PORTE-DOCUMENTS

Il accompagne, quand il ne le contient pas, l'informatique embarquée du commercial. Dans la mesure où le stockage de données évite le transport de dossiers considérables, le porte-documents tend à diminuer de volume. L'attaché-case rigide présente l'intérêt de servir de pupitre pour écrire, ce qui facilite la prise de notes.

Sans aller jusqu'à proposer l'inventaire-type du contenu d'un porte-documents, il faut penser à l'aléa des attentes, des temps morts et des imprévus quand on est en déplacement, ce qui nécessite l'équipement qui permettra de travailler seul, n'importe où, sans avoir rien à demander.

À cet effet, son contenu devrait comporter :

• des feuilles de papier ;

• un ou deux stylos et des recharges ;

• des feutres de couleur ;

• un surligneur pour annoter les lectures ;

• un crayon, une gomme ;

• une calculatrice de poche et des piles neuves ;

• une agrafeuse et des agrafes ;

• un bâtonnet de colle, un rouleau de ruban adhésif transparent ;

• un canif, des ciseaux ;

• des épingles, des trombones.

Un magnétophone de poche complétera cet ensemble.

ENREGISTREZ VOS IDÉES

Notre lecteur a-t-il conscience du nombre d'idées qui nous viennent chaque jour, dont certaines sont fort utiles, et que nous perdons faute de les avoir captées. Certains travaillent avec un petit calepin. Il nous semble plus actuel de se procurer un magnétophone miniaturisé, à microcassettes, fonctionnant avec des piles, prêt à enregistrer à tout moment, en voiture notamment où l'on passe un temps considérable, en attendant chez un client, voire le soir à l'hôtel. Les enregistrements seront dépouillés une ou deux fois par semaine et saisis sur l'ordinateur ou sur des fiches de bristol ou des feuillets autocollants pour être exploités ou transmis à d'autres destinataires.

LE MATÉRIEL DE DÉMONSTRATION :
LE « GUIGNOL LYONNAIS »

Faut-il rappeler qu'un matériel de démonstration doit être complet et en parfait état de marche ? Ce rappel n'est pas inutile dans la mesure où nous avons assisté à des tentatives de démonstration qui s'achevaient dans un éclat de rire du client et dans la confusion du vendeur parce qu'il manquait le petit détail indispensable pour le bon fonctionnement du matériel. « *Dans une démonstration, le petit détail oublié se venge* », disent les commerciaux expérimentés. Un matériel de démonstration est testé avant de se rendre chez le client. Il est utile, dans la mesure où la taille du matériel le permet, de le placer dans une valise conçue pour lui. Outre la protection que cette valise procure, elle cache le matériel au client : le commercial peut alors organiser son entretien de vente sans que son interlocuteur n'ait les yeux rivés au matériel qu'on va lui présenter ; la découverte est pratiquée sans interférence et la démonstration du matériel sera effectuée au moment opportun, en ménageant les effets désirés (nous abordons dans le chapitre 11 le plan de démonstration). Dans le cas contraire, le client, attiré par le matériel, focalise son attention sur celui-ci, n'écoute pas le commercial et altère le dialogue indispensable à toute vente.

Un matériel de démonstration peut frapper l'interlocuteur par son originalité de présentation et être utilisé pour mieux comprendre l'interlocuteur. C'est cet aspect que certains appellent le « guignol lyonnais »[1]. Il est entendu, par exemple, que la fonte casse si on tente de la plier : quel est donc ce métal souple comme l'acier et qui n'en est pas ? C'est une manière habile de présenter une fonte graphitée sphéroïdale. Ou encore, pour montrer que des bacs sont « gerbables », c'est-à-dire empilables les uns sur les autres, on présentera des bacs en réduction, de couleurs multiples, qu'on agencera sur le bureau de l'interlocuteur. En vue de faire parler un client potentiel, nous avons remarqué une présentation d'accessoires de tracteurs par une série de photographies montrant le tracteur et chacun des accessoires en train d'accomplir toutes sortes de travaux, sans commentaires. Le commercial utilise alors ces illustrations pour faire évoquer par son interlocuteur des circonstances analogues d'utilisation et les besoins qui en résultent.

---

1. L'expression est de notre confrere Éric Montier. Guignol était, il y a deux siècles, un spectacle pour les adultes. Les manipulateurs, pour sentir leur public, faisaient d'abord parler la salle. Il en va ainsi du vendeur professionnel et de l'utilisateur de certains outils de démonstration.

LA VOITURE : UN BUREAU DÉCENTRALISÉ

La réflexion sur l'organisation et les instruments de travail d'un commercial chargé d'aller à la rencontre de sa clientèle se partage en deux tendances fortes, mais de sens opposé.

La première, examinée plus loin (chapitre 7) tend à sédentariser le commercial en mettant à sa disposition – dans quelques cas, jusqu'à l'extrême – les outils les plus sophistiqués de la télématique.

La seconde tendance conserve, en la modernisant, la fonction itinérante du commercial, mais transfère vers la voiture les instruments traditionnellement attachés à l'immeuble de bureau. Ici l'on ajoute la décentralisation de l'action commerciale, avec en même temps un lien renforcé à l'entreprise.

Les instruments de ce nouvel équipement de la voiture ont pour nom : téléphone portable et sa boîte vocale, micro-ordinateur, tablettes et casiers de rangement, le tout commodément logés dans l'habitacle de la voiture, en raison de leur miniaturisation.

Avec un temps occupé par les déplacements en voiture, qui va de 25 % à 40 % du total consacré par un commercial à son travail, on comprend le souci des directions d'entreprises d'investir un peu plus pour mettre à profit le temps passé en trajets et en embouteillages et le transformer, au moins partiellement, en temps de communication.

L'équipement de la voiture est complété classiquement par :

- le lecteur de cassettes ou de disques compacts pour s'informer, se former, mais aussi pour se détendre ;
- la tablette qui permet d'écrire à l'arrêt ;
- les casiers de rangement des documents, du matériel et des échantillons, dans le coffre.

Habitacle, coffre et extérieur de la voiture sont d'une propreté rigoureuse et d'un rangement méticuleux. Ces habitudes participent au confort de travail de l'utilisateur du véhicule et impressionnent toujours favorablement le client qui raccompagne son visiteur à sa voiture.

LE TÉLÉPHONE

Nombre de commerciaux consacrent leur lundi à prendre des rendez-vous et à recevoir les appels de leurs clients qui savent pouvoir les joindre ce jour-là, quand ils ne sont pas autorisés à appeler le numéro de portable ou au domicile du commercial. Le téléphone est l'un des vecteurs essentiels du réseau de communication du commercial et un des outils de son organisation.

Si l'on peut se préparer préalablement à l'émission de l'appel téléphonique, il n'en va pas de même à l'occasion de la réception des appels.

Pour l'émission des appels, vous aurez près de vous les dossiers et les correspondances à l'origine de l'entretien téléphonique. Pour l'émission et la réception des appels, des fiches individuelles, collantes ou non, vous permettront de noter ce qui vous aura été répondu et les conclusions auxquelles vous serez arrivé. Votre agenda est également à portée de main, pour convenir des rendez-vous. Ayez le réflexe de confirmer par écrit ou par e-mail les termes de l'entretien afin de sceller ce qui pourrait n'être qu'un engagement verbal… sans conséquences de votre interlocuteur ; vous photocopierez la réponse manuscrite pour en garder la trace. L'envoi sera confié soit à la Poste, soit à la télécopie.

TÉLÉPHONE INTELLIGENT, ORDINATEUR PORTABLE ET PROJECTEUR MULTIMÉDIA

Le téléphone portable est aujourd'hui l'un des équipements de base de tout commercial, l'autre étant l'ordinateur portable. Désormais, chaque commercial itinérant est joignable à tout moment, où qu'il se trouve sur son territoire de vente.

Cette liaison permanente nécessite une nouvelle discipline de travail : téléphone portable débranché pendant les entretiens de vente avec les clients, ou mieux, renvoi de la communication vers les commerciaux sédentaires du siège ou de l'agence commerciale régionale, de façon à ce que chaque client soit pris en charge sans délai lors de son appel.

Les équipements évoqués ci-dessus assurent une liaison constante entre l'entreprise, ses commerciaux et leur clientèle : même lorsqu'il est en entretien avec l'un de ses clients, le commercial itinérant peut être joint par la boîte vocale ou par courriels avec les versions les plus récentes de téléphones portables intelligents. Les délais de réaction du commercial sont considérablement écourtés : demande d'intervention d'une entreprise cliente, commandes, remontées d'informations pertinentes, etc.

Cet univers télématique ne déshumanise pas la relation : le message amical du chef des ventes, le rappel de quelques priorités, quelques mots d'encouragement recréent une certaine convivialité.

Bien qu'il s'agisse d'équipements encore onéreux (mais ils deviennent de plus en plus abordables), nous trouvons très intéressants ces projecteurs multimédias (type Barco ou Beamer) qui permettent de transférer les images de l'ordinateur portable, animées ou fixes, sur l'écran avec une haute qualité de définition. Désormais, une démonstration visuelle peut, selon le nombre de personnes qui y assistent, être effectuée sur l'écran de l'ordinateur ou, plus spectaculairement, sur l'écran mural.

LES INSTRUMENTS DE SUIVI DES CLIENTS

Une réflexion de vendeur nous frappe régulièrement. En se tapotant le front de l'extrémité de ses doigts, il déclare péremptoirement : « *Mes clients, je les ai tous dans la tête.* »

Il est vrai que ce vendeur, à force de visiter les mêmes clients, finit par avoir en tête beaucoup d'informations à leur sujet. Mais, sauf à être en présence d'un esprit exceptionnel, cette information est-elle complète ? Est-elle pertinente ? Est-elle précise ?

Quand nous accompagnons ce vendeur au cours d'une tournée chez ses clients, nous sommes accoutumés de constater que, si chaque client est, en apparence, bien connu, il manque ici l'information opportune, là telle évolution n'est pas saisie, ailleurs encore fait défaut l'état de la pénétration de la concurrence.

Ceux qui ont choisi les métiers de la vente ont souvent une sainte horreur de tout ce qui ressemble à de l'administration. Ils estiment qu'ils ne sont pas rémunérés pour faire un travail administratif et que leur fonction se justifie plutôt par la prise de contact avec les clients et les prospects pour les convaincre et développer ou maintenir ainsi le chiffre d'affaires de la société qui les emploie.

Cette disposition d'esprit est certainement à l'origine de la réserve et de la négligence qui se manifestent à l'égard des outils de travail que sont la fiche de client, le dossier de client et les comptes rendus de visites. L'informatique a considérablement amélioré et facilité l'enregistrement et l'exploitation des données, mais « tout ne va pas pour le mieux dans le meilleur des mondes ».

Le reproche d'inadaptation des documents ou des informations fournies est encore suffisamment cité pour que l'on ne néglige pas certaines recommandations.

COMMENT CONCEVOIR LES INSTRUMENTS DE SUIVI DES CLIENTS

Que l'on utilise encore des documents manuels ou que l'information soit gérée par informatique et accessible par l'ordinateur portable, si ces éléments sont négligés, c'est que, probablement, ils ont été construits par des personnes bien intentionnées, mais sans prendre l'avis des « usagers ».

L'application de quatre principes permet de concevoir des documents réellement opérationnels :

1) Le recensement et la disposition des informations nécessaires pour suivre le client et rendre compte des résultats des visites doivent être composés avec la participation active de l'équipe de vente (ce peut être l'objet d'un séminaire) ou au moins avec la collaboration d'éléments représentatifs de la force de vente disposant de quelque crédit auprès de leurs collègues quand la force de vente est importante.

L'avis du « terrain » est essentiel si l'on considère que ces instruments constituent pour chaque commercial les outils de gestion de son portefeuille de clientèle.

2) La conception doit être simple, aussi dépouillée que possible.

3) Dans la mesure où les informations collectées intéressent d'autres fonctions (chefs de produits, gestionnaires commerciaux, direction des ventes, direction commerciale, secrétaire commerciale), celles-ci seront associées à l'élaboration du dispositif. Elles seront priées de justifier la nécessité impérieuse de tel recueil d'information pour éviter de parvenir à un « monstre ».

En pratique, on dresse un tableau analogue au suivant où chacun peut situer le caractère indispensable, accessoire ou inutile de telle ou telle information.

Informations	Fonctions concernées						
	DMK	Chef de produit	Directeur des ventes	Directeur commercial	Secrétaire commerciale	Administr. des ventes	Commerciaux
A	Indispensable	Indispensable	Accessoire	Inutile	Inutile	Inutile	Accessoire
B	Inutile	Inutile	Accessoire	Indispensable	Indispensable	Inutile	Indispensable
C	Accessoire	Accessoire	Indispensable	Accessoire	Accessoire	Accessoire	Indispensable

TABLEAU 45 – *Étagement de l'utilité des informations.*

4) Avant de faire imprimer ces documents ou d'arrêter définitivement la disposition visuelle sur l'écran informatique, il est judicieux de soumettre une maquette provisoire à un test auprès de tout ou partie des utilisateurs, afin d'éviter de fixer trop tôt un dispositif qui s'avérerait peu pratique à l'usage.

LA CONSTRUCTION DE LA FICHE DE CLIENT

La fiche de client est l'instrument qui permet au vendeur de connaître à fond son client pour mieux lui vendre ses produits, biens ou services. La fiche de client guide l'action du vendeur en clientèle. C'est un document de synthèse qui doit permettre de situer son client à tout moment. Ce document est conçu pour pouvoir être consulté rapidement avant la visite. Si certaines sociétés utilisent encore des imprimés sur bristol, ces fiches se présentent en général sous la forme d'écrans informatiques.

La construction s'effectue en deux étapes :

1) Recensement de toutes les informations utiles qui doivent y figurer ;

2) Dessin de la disposition des rubriques sur l'écran.

Recensement des informations utiles

Les informations qui figurent sur une fiche de client peuvent être regroupées en trois chapitres principaux : identification ; structures, activités et développements ; journal des visites.

1) L'identification comporte :

* la raison sociale ;
* l'adresse postale, l'e-mail, le ou les numéros de téléphone, le numéro de fax ;
* les jours de visite, les jours de fermeture ;
* la catégorie professionnelle (segmentation) ;
* l'appartenance éventuelle à un groupe industriel ou financier, à une centrale ou à un groupement d'achat ;
* l'indice de fréquence de visite (segmentation) et le numéro éventuel de circuit de visite (voir chapitre 9).

2) Les structures, les activités et les développements recouvrent tout d'abord la structure de décision d'achat. À cet égard, il est indispensable de s'interroger sur les « Sept Qui » :

* qui a exprimé le besoin ?
* qui a analysé le besoin ?
* qui décide ? (qui prend réellement la décision ?)
* qui prescrit (à l'intérieur, à l'extérieur de l'entreprise cliente) ?
* qui achète ? (qui est l'acheteur en titre ?)
* qui paie ? (qui inscrit la dépense et l'affecte à quelle masse budgétaire ?)
* qui utilise ? (ce qui peut comprendre qui revend ?)

Cette catégorie comporte aussi :

* les domaines d'application ou d'utilisation de la catégorie de produits, de services ou de biens que l'on vend ;
* le potentiel accessible, c'est-à-dire la part de chiffre d'affaires que l'on estime pouvoir conquérir chez ce client à court terme (deux ans) ;
* les solutions actuelles (produits, références, parc de matériels, équipement) ; les évolutions du chiffre d'affaires total et par domaines d'applications ou par familles de produits[1].

---

1. Sur la notion et le contenu de la découverte d'un client, voir *Les techniques de la vente, op. cit.*

3) Notre conception du journal des visites vise à compléter la simple notion d'enregistrement plus ou moins détaillée des contacts. Il nous paraît souhaitable d'inscrire le calendrier des visites dans une démarche volontaire en définissant, par catégorie de client, un rythme annuel de visites, en s'assignant des objectifs pour toutes les négociations. C'est par rapport à ce rythme et à ces objectifs que les comptes rendus sommaires des visites effectuées enregistrés par informatique prennent tout leur sens (le compte rendu de visite est traité plus loin dans ce même chapitre.)

On peut également assigner à la fiche, dès lors qu'elle est informatisée, une fonction d'interprétation de ses résultats sous forme de ratios (nombre de commandes par visite, chiffre d'affaires moyen par visite, nombre de lignes par commande, nombre de kilomètres parcourus par visite, progression du chiffre d'affaires de l'année par rapport à l'année précédente, etc.). On devine ainsi la richesse que peut atteindre une fiche participant à cette conception.

Voici un exemple de recensement des mentions à faire figurer sur la fiche de client. Cet exemple est issu, comme on le constatera, d'un travail avec une société produisant des aliments composés pour le bétail.

Exemple de contenu de fiche de client

1. Identification
- Nom
- Adresse, Lieu-dit (commune)
- Téléphone, télécopie, e-mail
- Personne à voir (régisseur, « premier », « second », femme, vacher, porcher)
- Éleveur (âge) antécédents professionnels/famille (relève ?)
- Accords de paiement (code)
- Conditions tarifaires (code)
- Domiciliation bancaire
- Jours de visite/Jours à éviter (foires)

2. Informations sur la « vie » du client
- Cheptel (bovins, porcins, ovins, caprins, etc.)
- Productions animales (bovins, porcins, ovins, etc.)
- Nombre de « bandes » par an – Nombre de têtes par bande
- Bâtiments d'élevage
- Superficies d'élevage/de culture

- Productions de la culture
- Main-d'œuvre
- Tonnages vendus par notre société, par catégorie de produits selon les productions animales (chiffres annuels)
- Potentiel accessible
- Concurrents en place (% approximatif)
- Nature des produits demandés (farines, granulés)
- Conditionnement demandé (vrac, sacs)

3. Échanges commerciaux avec le client
- Dates des visites, lettres, appels téléphoniques/objet résumé
- Demandes du client/réponses apportées
- Offres/conclusions positives/échecs/pourquoi ?
- Commandes/importance et saisonnalité/rythme
- Livraison/délai entre commande et livraison
- Réclamations/origine/solutions apportées/dates

4. Observations
- Études en cours (par exemple : essais de nutrition)
- Arguments auxquels le client est sensible

Dessin de la fiche de client

Il n'existe pas de règle absolue, de « nombre d'or », au sujet de la disposition et de l'espace nécessaires pour chacune des rubriques de la fiche de client.

Deux recommandations toutefois seront faites.

Ainsi, de même que la fiche est construite avec la participation des vendeurs, de même son dessin s'appuie sur les circonstances d'utilisation pendant la démarche de vente. À cet égard, nous avons rencontré une fiche construite « en escargot », selon le dispositif des cases d'un jeu de l'oie, où l'identification figurait au centre de la fiche – situation à première vue curieuse parce que ces renseignements étaient collectés en fin d'entretien (cas d'une entreprise de vente directe à domicile).

Par ailleurs, avec l'informatique, la question qui se pose est moins celle du format que de la lisibilité et du nombre de « pages ». Cependant la question de la disposition reste pertinente en cas d'édition sur papier des données informatiques.

Disposer d'une fiche bien conçue, parce qu'élaborée avec les intéressés est une chose. Encore faut-il que ce document soit utile. D'une manière générale, il est souhaitable que l'actualisation de la fiche de client s'effectue le plus près possible de la visite au client. Ceci ne va pas sans objection de la part des vendeurs ; nous reverrons cet aspect plus loin dans ce chapitre en traitant du compte rendu de visite.

CAS PARTICULIER DES VENTES DE BIENS D'ÉQUIPEMENT

En matière de biens d'équipement et de négociation d'affaires, la vente présente la particularité d'être une approche continue du client potentiel jusqu'au moment du dénouement. À chacune des visites, nous constatons que nos chances se renforcent, restent égales ou s'amenuisent. Et au moment de la décision, soit notre entreprise emporte l'affaire, soit c'est un concurrent.

Pour suivre cette progression, il faut prévoir non plus une fiche par client, mais une fiche par affaire. Un client peut d'ailleurs générer plusieurs affaires : dans ce cas, on utilisera le principe du dossier de client qui est examiné ci-dessous.

La fiche d'affaires devra prévoir un certain nombre de cases à proximité du « Journal des contacts », en nombre suffisant pour couvrir le plus grand nombre de visites que l'on puisse réaliser pour emporter une affaire. Dans chacune des cases, le vendeur inscrit, après chaque visite, le pourcentage de chances qu'il estime posséder de gagner chez ce client. En pratique, il est recommandé de procéder simplement par tranches de 20 % en 20 %. On note également l'échéance prévue pour l'affaire.

Dans le cas de biens d'équipement produits en série (revêtement de sol, convecteurs électriques par exemple), ces pronostics de réussite, si l'équipe de vente a bien compris le principe et joue correctement le jeu, peuvent avoir une fiabilité suffisante pour suivre prévisionnellement, aux échéances indiquées, les volumes d'affaires qui vont se dénouer. Par le jeu des compensations entre une affaire sur laquelle on comptait et qui s'est dénouée en faveur d'un concurrent et une affaire au sujet de laquelle on était pessimiste et qui vous a été attribuée, le système peut acquérir une stabilité et une approximation suffisantes pour éclairer le directeur de fabrication et le directeur financier sur la gestion prévisionnelle de leurs activités respectives. Nous connaissons plusieurs exemples d'un tel fonctionnement.

LE DOSSIER DE CLIENT

Dans la mesure où toute l'activité commerciale de l'entreprise est portée par sa clientèle, il est assez logique qu'une centralisation des informations concernant chaque client soit opérée. Le lieu de cette centralisation est le dossier de client, à l'intérieur duquel on trouvera les informations saisies sur les commandes, les factures, les relances, les confirmations de conditions commerciales et financières consenties, les correspondances et les e-mails divers. Via l'informatique, l'information est rendue accessible à tous les acteurs concernés (administration des ventes, direction commerciale, direction marketing, agences régionales, etc.).

L'édition sur papier – ne faisant apparaître que les informations pertinentes (ceci dépend du logiciel) – facilite la prise de connaissance à tête reposée (elle est plus aisée que la lecture sur écran) de ces informations pour préparer les entretiens de négociation.

LE FICHIER DES CLIENTS

Le « menu » du logiciel informatique permet de choisir le classement.

On s'intéressera peu au classement alphabétique qui n'apporte aucune information pour proposer plutôt trois autres types de classement.

Le classement par tournées (voir chapitre 9) comporte des repères symboliques différents selon les fréquences de visite à l'intérieur d'une même tournée. Ce type de classement organise la clientèle par territoire et par importance.

Pour sa part, le classement par spécialités (que l'on peut associer au classement par tournées, mais on complique un peu les choses) est surtout recommandé à ceux qui gèrent leur clientèle par blocs d'activités, en consacrant la totalité de leur temps, pendant quelques jours ou quelques semaines, à tel ou tel métier. Le classement par spécialités convient bien aux activités saisonnières.

Enfin le classement par échéances, principe de base de la prospection et de la vente de biens d'équipement, où les clients sont répartis en fonction des semaines où il est le plus opportun de les rencontrer. Le classement par échéances permet également de répartir judicieusement les charges de travail et d'équilibrer chaque semaine.

RENDRE COMPTE

Il y a au moins deux conceptions du compte rendu : celui qui concerne un client particulier pour une affaire qu'il faut exposer avec suffisamment de détails et que nous appelons « compte rendu de visite » ; d'autre part celui qui permet de se rendre compte de l'action du représentant en clientèle et des grandes lignes des difficultés et des résultats commerciaux, que nous appelons « compte rendu d'activités ».

Le compte rendu de visite

Quelques principes sont à rappeler. Toute visite ne nécessite pas un compte rendu. Ce document n'est émis que lorsqu'au moins un fait utile est à signaler.

Un compte rendu est un support d'informations rédigé pour un ou plusieurs destinataires. Il doit donc avoir un contenu et une rédaction en fonction du destinataire concerné. Il s'agit de définir ce que ce destinataire a besoin de savoir et de faciliter sa lecture. La sobriété est de rigueur et un plan-type est fortement recommandé.

Un compte rendu déclenche souvent une action. C'est le vendeur qui – prenant ses responsabilités – indique l'action souhaitée et la personne concernée par cette action[1]. Chaque destinataire retrouvera l'information qui le concerne sur son agenda électronique.

---

1. Ceci pose l'importante question de la maturité professionnelle des représentants et de la délégation, donc de l'initiative, qui leur est accordée. C'est un problème de management. Ceci pose également la question de la clarté des responsabilités que chaque directeur accepte publiquement.

Exemple de compte rendu « dynamique »

Le compte rendu que nous présentons ci-après est qualifié de dynamique parce qu'il s'inscrit manifestement dans l'action. Il présente quelques particularités que nous expliquons ainsi.

1. Dans la mesure où une visite à un client ne prend vraiment son sens que si elle vise l'atteinte d'un ou de plusieurs objectifs, soit quantitatifs, soit qualitatifs, il est tout à fait indiqué d'écrire préalablement à la visite, le ou les objectifs que l'on assigne[1]. Un espace est prévu à cet effet sur l'écran.

2. Un objectif n'est pas nécessairement atteint : il peut être soit dépassé, soit modifié par les circonstances rencontrées. Ces circonstances peuvent être expliquées, sommairement, dans le compte rendu.

À cet égard nous proposons le plan suivant :

a) Le point de la situation antérieurement à la visite.

b) Les déclarations et faits nouveaux enregistrés à l'occasion de la visite.

c) L'appréciation du vendeur sur ces faits nouveaux.

d) Les recommandations d'actions à engager (si nécessaire).

e) La justification des recommandations d'action, principalement sous forme d'arguments et de réponses aux objections.

f) Les délais assignés à l'action pour qu'elle soit efficace.

g) Les contrôles qui seront en place pour apprécier l'efficacité des mesures recommandées.

On observe que les « recommandations d'actions » ne sont pas placées en fin de document, mais au contraire immédiatement après l'exposé des faits anciens et nouveaux et leur appréciation. Cette disposition se justifie d'une part par son aspect formateur pour le représentant (on l'habitue à prendre ses responsabilités et à les traduire en termes d'action) et d'autre part par la clarté qu'elle revêt pour le destinataire qui comprend très clairement ce que l'on attend de lui.

Soulignons que ce genre de compte rendu de visite se limite à des entretiens présentant une importance particulière.

---

1. Lire au sujet des objectifs de visite et de leur aspect éducatif le chapitre 6 de *Techniques de la vente, op. cit.*

Quand enregistrer les informations issues d'un entretien de négociation ?

Dès la fin de chaque entretien ou, au plus tard en fin de journée, le commercial entre sur son « cahier « électronique » les informations nouvelles qui seront transférées *via* le modem et la ligne téléphonique à l'ordinateur central.

Quant au temps nécessaire, on observe en pratique que trois à cinq minutes en moyenne suffisent bien souvent pour enregistrer l'essentiel. Une telle pratique procure une meilleure hygiène de travail au représentant sans que son emploi du temps de la journée soit vraiment perturbé.

Le compte rendu d'activités

L'expression « rendre compte de ses activités » revêt un double aspect : d'une part, on informe sa direction qui peut avoir ainsi une vue d'ensemble et presque immédiate sur ce qui se passe sur le marché ; la direction commerciale est donc en mesure d'apprécier les difficultés rencontrées et de prendre les dispositions qui s'imposent pour aider les hommes sur le terrain. D'autre part, le représentant prend lui-même une vue synthétique de ses propres résultats et, par comparaison, peut solliciter les appuis dont il pourrait avoir besoin.

Ceci suppose que les documents de gestion de l'activité soient conçus pour éclairer les acteurs et les responsables. Il va de soi que de tels documents n'ont aucune visée coercitive.

Exemple de compte rendu d'activités

Le compte rendu d'activités idéal – cela existe – serait rédigé par une machine en fonction des instructions données par le vendeur sur le clavier de l'ordinateur portable. Le calculateur électronique dresse alors un rapport de synthèse adressé en même temps au représentant et à la direction commerciale.

Ce même principe peut être retenu pour une exploitation manuelle. Dans l'exemple reproduit ci-après (voir figure 46), le vendeur se contente de tracer des bâtonnets ou de porter quelques indications codées. C'est ainsi que les différentes catégories de réclamations sont précodifiées : T (avarie de transport), F (problème de facturation), Q (qualité du produit mise en cause), R (rupture de stock) et D (différé partiel de la livraison).

Représentant :

....

Semaine du

au ....

	1er contact prospection	Visite client absent	Visite client acquis	Découverte	Commande nouveaux produits	Produit A	Produit B	Produit C	Produit D	Produit E	Produit F	Produit G	Produit H	Produit I						Réclamation	Objection
						C	O	M	M	A	N	D	E	S							
Détail Droguerie																					
Dét. Lino/PP Spécialiste																					
Dét. Décorat. Ameubl. L. table																					
Détail Quincaillerie																					
Détail Bricolage																					
Autres Dét. pour arts ménagers																					
Grossistes																					
Groupements Achats																					
Super Hyper																					
Grand Magasin																					
Magasin Populaire																					
Fournisseurs Coll. - Hôp.																					
Utilisateurs Transformat.																					
Prescripteurs																					
Soldeurs																					
Forains																					
Détaillants divers																					
Autres divers																					
TOTAUX																					

Rapports distincts :   _____   Principales villes visitées (dans l'ordre)

_____   _____   _____

_____   _____   _____

_____   _____   _____

_____   _____   _____

_____   _____   _____

Km	Nbre repas	Nbre hôtels		Nbre visites	Nbre Cdes	Montant commandes		Conjoncture		
								Très difficile	Moyenne	Favorable

FIGURE 46 – *Compte rendu hebdomadaire d'activités.*

Les objections quant à elles portent sur un stock important (S), un surstockage dû à une promotion (SP), une période d'inventaire (I), la concurrence (C), enfin une échéance financière difficile (EF). Naturellement tout ce qui sort du cadre habituel donne lieu à une note d'information séparée.

Dans l'exemple présenté, le compte rendu d'activités est émis chaque semaine par le représentant. Il lui est demandé de cocher les cases immédiatement en sortant de chez son client ou son prospect. Le temps de remplissage n'atteint pas une minute.

La confrontation des comptes rendus d'activité par la direction commerciale permet de prendre un contact précis, documenté et rapide sur l'action des représentants et de constater si les orientations données (accent mis sur telle catégorie de clientèle) sont suivies d'effets et apportent les résultats espérés. La répétition de certaines réclamations ou objections déclenche des alertes qui permettent d'interroger les vendeurs sur le terrain et de réagir en connaissance de cause et avec rapidité.

LE MANUEL DU VENDEUR

La clef de voûte de l'organisation du vendeur est constituée par le manuel du vendeur, parfois appelé « bible » ou encore « livre du commercial », ce qui définit bien cet ouvrage comme une documentation à laquelle on se réfère en permanence, pour exercer son métier de manière très professionnelle.

Parfois informatisé, mais souvent encore aujourd'hui en édition sur papier, ce manuel du vendeur est le recueil de l'ensemble des travaux de réflexion poursuivis par l'entreprise et qui définissent et délimitent les contenus, pour ce qui concerne la vente, de la politique commerciale, de l'organisation, des méthodes et des procédures propres à l'entreprise. Certains de ces manuels réalisés par nous en coopération avec les services internes de l'entreprise sont assez volumineux.

Voici notre optique en ce qui concerne l'agencement de ce manuel du commercial. Il comporte quatre parties principales :

1) Culture économique, commerciale et technique ;

2) Définition de la politique générale et de la politique commerciale de la société ;

3) Procédure, méthodes, organisation ;

4) Données commerciales du secteur de vente.

La première partie, consacrée à la culture économique, commerciale et technique, loin d'être une compilation de vues théoriques sur l'économie, l'action commerciale et la technique, part au contraire des besoins du vendeur, tout en ayant le souci d'élargir son horizon.

Dans la mesure où l'entreprise est en rapport avec de tels partenaires, on peut trouver dans cet ouvrage une description rapide du système bancaire français, des réseaux de transports, des structures de la distribution, de l'organisation de la profession à laquelle appartient l'entreprise (chambres syndicales, organisations diverses d'études et de contrôles, centrales syndicales, etc.) ainsi que l'organisation des professions clientes. De même pourront être évoquées la structure et la philosophie du ministère de tutelle, s'il en existe un.

L'économie proprement dite de l'activité, par exemple le cycle de la mode depuis le filage jusqu'à la vente au particulier du vêtement ou, autre exemple, le déroulement d'une opération de construction depuis les premières formalités administratives jusqu'à la remise des clés font l'objet d'une description schématique, aussi graphique que possible.

L'aspect commercial de l'activité professionnelle donne lieu à quelques exposés rapides sur les aspects légaux, juridiques et financiers qui constituent l'environnement commercial habituel de la firme : lois principales qui régissent la vente ou qui imposent certains contrôles techniques ; rappels sommaires sur les types de sociétés (société anonyme, société à responsabilité limitée) sur la création d'entreprise, la faillite, le règlement judiciaire ; informations de base sur le chèque, la traite et les conséquences des incidents de parcours ; quelques notions de comptabilité (bilan, compte d'exploitation).

Sur le plan technique, on y trouvera un vocabulaire aux descriptions accessibles, indispensable dans tous les métiers techniques (chimie, mécanique, électricité, électronique, construction) et quelques notions de technologie de fabrication des produits de l'entreprise et de leur emploi en aval par les clientèles.

La deuxième partie est consacrée à la politique générale et à la politique commerciale de l'entreprise.

En ce qui concerne la partie suivante, consacrée aux procédures, méthodes et à l'organisation, on devrait faire figurer dans ce manuel :

- l'organigramme de la société (parfois aussi l'organigramme sommaire du groupe) et d'une façon détaillée l'organigramme commercial ;
- les définitions de poste, de fonctions, d'activités telles que nous les avons évoquées dans le chapitre premier (guide du vendeur), ainsi que celles des différents étages de la hiérarchie (facteur de clarification) ;
- le mode d'emploi du terminal informatique portable et du système informatique de l'entreprise ;
- les liaisons à assurer à l'occasion d'événements habituels ou d'événements exceptionnels (une représentation graphique de ces liaisons est parfaitement envisageable) ;
- les procédures d'élaboration de certaines activités collectives (participation à des foires-expositions, congrès annuel des ventes, montage d'opérations commerciales et de D.R.A.C., élaboration des objectifs avec la participation de toute la hiérarchie commerciale et du marketing) (voir chapitres 4 et 6) ;
- la méthode de gestion de son temps (voir chapitre 7) ;
- la méthode d'organisation des circuits de visite de la clientèle (voir chapitre 9) ;
- la méthode d'analyse d'une situation ;
- la structure de base d'un compte rendu ;
- le but et le mode d'emploi des différents documents s'il en subsiste ;
- les processus type d'organisation de la prospection ;
- les processus type d'organisation des visites aux clients (prise de rendez-vous, préparation de la visite, exploitation de la visite) ;
- la méthode de vente (introduction, découverte technique et psychologique, prise de points d'appui, synthèse de la découverte, énoncé de la proposition, argumentation, réponse aux objections, conclusion, prise de congé)[1] ;
- les argumentaires par produits et selon les interlocuteurs ;
- les listes-guides de découverte ;
- un rappel des techniques d'interview ;

---

1. Voir *Les techniques de la vente*, *op. cit.*, et *L'essentiel de la vente*, *op. cit.*

- le comparatif des points forts et des points faibles de nos produits par rapport aux principaux produits concurrents ;
- les conseils de tactique de présentation de la gamme ;
- les principales réponses aux objections.

Enfin, les données commerciales du secteur de vente rassemblent :

- quelques chiffres clés, aussi peu nombreux que possible, mais significatifs sur la démographie ou le nombre de clients potentiels du secteur et sur le réseau de prescripteurs s'il y a lieu ;
- l'inventaire de la clientèle actuelle et potentielle (en général établi par informatique avec des classements par « Forces ») ;
- le tableau des prévisions de vente, ventilées mois par mois sur un plan global et avec des détails, par sous-ensembles, par départements, par familles de produits, par canaux de distribution, par types de clients, etc. (également établi par l'informatique) ;
- la liste des lieux de rencontre et des manifestations commerciales de l'année pour le secteur considéré.

On peut encore faire figurer dans ce manuel du commercial la grille de perfectionnement de l'intéressé, telle qu'elle est présentée dans le chapitre 14 de cet ouvrage.

Il va de soi, à la lecture de cette description du contenu du manuel du commercial, qu'un tel ouvrage n'est pas conçu pour être emporté chez les clients – d'ailleurs souvent sa taille l'interdit –, mais est destiné à une consultation épisodique, individuellement ou en groupe, chaque fois qu'une mise au point s'avère nécessaire.

Ce manuel du commercial fait l'objet de mises à jour périodiques. En général des documents se substituent à d'autres et il est indispensable de prévoir une numérotation par sujet avec subdivision, selon un plan d'ensemble. La version informatisée de ce manuel facilite les mises à jour.

¶ Maîtriser les moyens d'aide à la vente

« Une bonne préparation consiste à connaître le dossier suffisamment pour être capable de l'aborder par n'importe quel bout. Pour qu'un entretien soit réussi, il devrait ressembler le plus possible à une conversation. Pour mettre l'interlocuteur en confiance, il est plus utile de lui donner l'impression qu'on connaît la question, plutôt que les questions. »

MARCEL OPHÜLS

Quand on entreprend le recensement des moyens d'aide à la vente dont bénéficie un vendeur, on est toujours surpris de leur multiplicité d'une part, mais aussi de leur méconnaissance et de leur mauvais emploi d'autre part.

Déjà, les moyens directs d'aide à la vente, objet de ce chapitre, sont multiples. Mais il faut considérer aussi les moyens indirects tels que l'appui de la structure et de l'environnement de l'entreprise. Il n'est jusqu'au climat créé par les dirigeants qui n'exerce un rôle prépondérant par sa fonction d'encouragement de l'effort du vendeur. La hiérarchie commerciale, par sa valeur, par sa participation à l'effort général de vente de l'entreprise et par les succès remportés, les dirigeants eux-mêmes par leur sens des relations extérieures, par leurs gestes symboliques, par leur expression publique, par l'image qu'ils donnent de l'entreprise, créent un climat stimulant et développent un environnement favorable autour des actions de vente. Le climat interne de l'entreprise, né de la politique d'information, de l'intérêt sincère porté aux collaborateurs et en particulier aux vendeurs, de la confiance manifestée par la délégation et de l'exigence de professionnalisme demandée à chacun – signe d'estime pour ses capacités – sont autant d'aides indirectes apportées à l'action du vendeur ; mais aussi autant de handicaps difficiles à surmonter pour eux, si ces conditions environnementales sont insuffisamment exercées.

Les moyens d'aide directe à la vente sont de deux natures : les uns sont des supports d'abord matériels (lettres, échantillons, documents), les autres méthodiques. On distinguera également les moyens individuels, mis en œuvre par le vendeur lui-même, et le moyen que constitue l'appui de l'environnement structurel et technique de l'entreprise.

Les moyens d'aide à la vente peuvent aussi être distingués selon qu'ils assurent une fonction d'information ou qu'ils sont des outils de préparation de l'action commerciale.

Ont une fonction d'information les prospectus, les catalogues, les tarifs, les échantillons, les fiches techniques, les calculs de rendement ou de rentabilité (abaques), les labels attribués par des laboratoires d'essai ou de contrôle, les comptes rendus d'essai technique, les témoignages d'utilisateurs, les références prestigieuses ou proches de la préoccupation du client (avec illustrations en général), les guides de démonstration, les présentations audiovisuelles, les « flip-charts » ou classeurs de présentation, les reproductions d'annonces publicitaires (avec le plan des médias et du calendrier des parutions ou diffusions), les tirés à part d'articles de presse, etc.

Préparent l'action des moyens tels que les listes de clients et de prospects, les lettres types pour des actions de mailing ou les formules d'appels téléphoniques de prise de rendez-vous.

Nous signalons à cet égard une tendance récente de délégation vers le commercial du déclenchement des actions de mailing ou de campagnes d'appels téléphoniques.

Nous évoquerons ces moyens par ordre chronologique d'utilisation dans l'action commerciale, de l'appel téléphonique de prise de rendez-vous à la conclusion que peut constituer la remise d'un devis ou d'une proposition commerciale. Puis nous esquisserons un aperçu des appuis de la structure et de l'environnement technique et financier de l'entreprise.

L'APPEL TÉLÉPHONIQUE

Qu'on ne s'y trompe pas : dans le domaine de la vente, le téléphone mobile et l'ordinateur modifient et améliorent la pratique du contact commercial. Compte tenu de l'augmentation des coûts de déplacements, de la diffusion d'équipements de dimensions et de poids de plus en plus réduits et dont les performances de communication sont de plus en plus sophistiquées (ordinateurs portables, téléphones mobiles intelligents tels que le BlackBerry, l'iPhone ou le PalmPilot, capables d'émettre et de recevoir des courriels sans être contraints de passer par le réseau téléphonique, grâce à la technique du wifi), et de l'abaissement des coûts des communications, nous allons assister à une évolution importante des entretiens de vente, les entretiens en tête à tête au cours des visites alternant de plus en plus avec des entretiens téléphoniques documentés, chacun des interlocuteurs ayant à portée de mains la banque de données actualisée en temps réel lui permettant de mesurer les conséquences de telle ou telle hypothèse de travail : quantité demandée, modulation tarifaire exigée, délai de livraison souhaité, etc.

La vente ne se pratiquera à notre avis jamais exclusivement au téléphone, le contact humain apportant beaucoup d'éléments d'appréciation indispensables aux deux partenaires. Cependant, la démarche de la vente ne pourra plus ignorer le téléphone.

Aujourd'hui, la pratique téléphonique dans la vente est encore limitée : brefs entretiens, commandes de réassort et prises de rendez-vous.

Inconvénients et avantages de l'emploi du téléphone

Qu'on nous permette le simple rappel des particularités de ce moyen de communication. Au téléphone, les deux interlocuteurs ne se voient pas : on occulte donc une partie de ses possibilités d'expression. Le téléphone peut occasionner une irruption brutale chez l'interlocuteur : non seulement il ne pense pas à nous au moment de l'appel téléphonique, mais il peut être plongé dans une tâche absorbante ; le téléphone dérange. Il facilite la « fuite » de l'interlocuteur : combien de fois n'a-t-on pas entendu invoquer « la conférence » à laquelle participe celui que vous demandez ; de même, votre interlocuteur peut ne pas se démasquer. Si le téléphone ne vous permet pas de vous exprimer visuellement, de même il vous empêche de percevoir bien des éléments – visuels la plupart du temps – de l'environnement de votre interlocuteur. Ceci peut être à l'origine de sous-estimations ou de surestimations sensibles. Un entretien téléphonique ne laisse pas de traces.

Pour compenser ces inconvénients, il convient d'être résolument courtois : votre amabilité exprimée par le ton de la voix, par le sourire (paradoxalement, le sourire « s'entend » au téléphone), par le choix des mots employés, rendra plus acceptable votre irruption involontaire dans le domaine de l'interlocuteur. Parce que le téléphone impose la brièveté, pour obtenir une attention favorable de l'interlocuteur, il importe de soigner son style personnel : sûreté de soi, aisance (reposant sur une bonne préparation de l'appel téléphonique), vocabulaire employé, justification séduisante de l'entretien téléphonique, modulation de la voix, clarté de l'élocution, etc.

On n'oubliera pas que le téléphone dispose en outre d'avantages spécifiques : relation rapide, réponse instantanée à la question posée, faible coût (inférieur, même pour des relations de moyenne distance, au coût réel d'une correspondance ou au coût d'une visite).

Prendre rendez-vous par téléphone : la course d'obstacles

Prendre rendez-vous par téléphone, surtout si l'on prospecte, ne peut pas faire l'objet de la moindre improvisation. Une préparation rigoureuse s'impose : c'est elle qui vous permettra d'être à l'aise, sûr de vous, disponible pour être courtois, ce qui impressionnera vos interlocuteurs successifs.

Nous parlons d'interlocuteurs successifs parce que bien souvent, une prise de rendez-vous téléphonique est une véritable course d'obstacles : vous appelez une personne dans l'entreprise dont vous ne connaissez pas toujours le nom ; la standardiste enquête sur l'objet de votre appel ; l'interlocuteur demandé est absent, ou ne peut pas prendre la communication ou ne le veut pas. Il faut se préparer à toutes ces éventualités.

Vous appelez une entreprise : elle ne se présente pas. Il faut l'identifier.

Vous ne connaissez pas le nom de l'interlocuteur : la plupart du temps, vous l'obtiendrez sur simple demande. Cependant dans certains métiers, on reste cachottier. Il faut avoir recours à quelques subterfuges – préparation d'une liste d'invités pour un cocktail, envoi de menus cadeaux, etc. – pour obtenir le nom et le titre de telle personne avec qui l'on veut entrer en contact.

Pour prévenir le risque d'enquête (« *C'est à quel sujet ?* »), il est utile de précéder l'appel téléphonique par l'envoi d'une brève lettre, ou d'un courriel, motivante pour le destinataire et annonçant l'appel téléphonique. Cette correspondance devient alors un excellent prétexte pour contourner l'enquête, puisque vous téléphonez pour connaître la réaction du destinataire à votre lettre, ou e.mail, réaction qu'ignore en général la secrétaire chargée de faire barrage.

Si votre interlocuteur est absent, vous vous informerez des circonstances et de la durée de l'absence et vous prendrez date pour émettre un nouvel appel. Peut-être aurez-vous quand même recueilli quelques informations utiles pour votre prochaine négociation.

Le même processus s'applique si la personne demandée ne peut pas prendre l'appel : information, moment conseillé pour prendre rendez-vous, nouvel appel.

Et si l'interlocuteur ne veut pas communiquer avec vous, il faut s'informer soigneusement et courtoisement des raisons invoquées, répondre aux objections et engager une négociation pour obtenir un rendez-vous. Un conseil cependant à ce sujet : en insistant pour « arracher » un rendez-vous, votre client risque d'être ce jour-là « absent » ou « occupé ». Il vaut mieux alors rompre dans l'immédiat pour rappeler quelques semaines après.

Préparer la prise de rendez-vous par téléphone

Fondamentalement, une prise de rendez-vous par téléphone comporte trois parties : la justification de l'appel téléphonique, l'éventuel affrontement du refus du correspondant, la fixation du rendez-vous.

Pour justifier l'appel téléphonique de prise de rendez-vous, il faut être bref. La phrase type à prononcer peut avoir été écrite et rester sous vos yeux au moment de l'appel. Il s'agit en tout cas pour la formuler de concevoir ce qui va intéresser l'interlocuteur. Il faut d'entrée de jeu lui parler de lui et non de vous[1]. C'est lui qui sera le bénéficiaire de notre démarche.

Notre interlocuteur ou l'un des barrages disposés entre l'extérieur et lui risque de refuser et va justifier plus ou moins son refus. Il va donc falloir répondre à toute une série d'objections. Ici encore, on aura préparé des réponses, que l'on peut garder près de soi pour faciliter leur expression[2]. L'issue normale de ce traitement des objections se manifeste par l'acceptation du rendez-vous par l'interlocuteur.

---

1. Une prise de rendez-vous est une « vente de rendez-vous ». On s'inspirera des méthodes et des recommandations pratiques contenues dans l'ouvrage de l'auteur *La prospection commerciale, stratégie et tactiques*, Éditions d'Organisation, 2001.
2. *Ibid.*

Nous devons maintenant fixer le rendez-vous. Ceci s'opérera par une succession de choix proposés à l'interlocuteur : vers la fin du mois ou au début du mois suivant, en fin de semaine, en milieu de semaine, au commencement de la semaine, choix du jour, choix de l'heure. Il s'agit, on l'aura reconnu, d'autant d'emplois de l'alternative[1]. Vous aurez naturellement votre agenda de rendez-vous sous les yeux.

Quelques conseils pour prendre rendez-vous par téléphone

L'entretien téléphonique de prise de rendez-vous doit être bref. Prolonger l'entretien fait courir le risque de répondre à des questions de l'interlocuteur qu'il faut savoir esquiver. Sinon, en répondant immédiatement, vous émoussez la curiosité que votre manière de faire aura suscitée et vous risquez de saborder l'intérêt d'un rendez-vous.

De même, il faut surtout éviter d'argumenter sur les produits ou services que l'on vend. La découverte téléphonique est insuffisante, le téléphone est aveugle : vous auriez trop de handicaps pour réussir pleinement. De plus, vous avez téléphoné pour prendre rendez-vous.

Les informations recueillies au cours de l'appel téléphonique sont précieuses parce qu'elles vont vous permettre, si vous les retenez, de montrer à votre client combien vous vous intéressez à lui. Se sentant pris en main par un professionnel et non par un « tireur de sonnettes », il vous accordera plus de considération et aura davantage envie de traiter avec vous. Ceci nécessite que les informations fournies par l'interlocuteur soient notées, au cours de l'entretien téléphonique ou immédiatement après, sur la fiche de client.

LE PLAN DE VENTE

Le rendez-vous chez le client étant pris, il importe ensuite de suivre une démarche logique, construire à partir du résultat à obtenir d'une part, et de la situation et de la psychologie du client d'autre part.

---

1. *Ibid.*

LES SUPPORTS DE PRÉSENTATION

Quand on rencontre pour la première fois un interlocuteur, il est indispensable que le premier entretien ait une grande densité, pour être jugé positif par le client, qu'il en garde une trace durable et qu'il donne envie à votre interlocuteur de poursuivre la négociation engagée. C'est à cette triple nécessité que répondent les supports de présentation. Il s'agit ici de la carte de visite et de l'audiovisuel de présentation.

Si toutes les cartes de visite étaient de petits bristols sobres et chics, renseignant utilement sur le nom et la position du visiteur et sur la société qui l'emploie, il n'y aurait rien à écrire à ce sujet. En soulignant quelques travers – surcharge excessive de titres, voire de décorations accompagnant le nom de celui qui se présente, ou bien personnalisation bâclée où le nom du représentant est mentionné par une surcharge du tampon encreur sur une banale carte de société –, nous voulons indiquer que ce document, aussi modeste et habituel qu'il paraisse, doit être conçu à partir de ce qui sera le plus favorablement accepté par la clientèle.

Votre position réelle est modeste ? N'en laissez rien paraître et faites-vous attribuer une dénomination – hors contrat de travail – suffisamment valorisante pour que votre interlocuteur vous admette comme partenaire – mais si vous apparaissez avec un titre qui implique une certaine responsabilité, que tout votre comportement soit bien celui d'un responsable…

Votre position est importante ? N'en rajoutez pas trop, pour ne pas écraser certains de vos interlocuteurs ou ayez plusieurs cartes de visite différentes : c'est ainsi que certains présidents directeurs généraux mentionnent pudiquement, mais habilement « directeur ».

L'AUDIOVISUEL DE PRÉSENTATION

L'ordinateur portable et le projecteur multimédia (Barco ou Beamer) aujourd'hui peu encombrants et d'un coût de plus en plus accessible, ont rendu désuets les transparents, diapositives, classeurs de présentation et autres « flip-charts » qui, jusqu'à la fin du XXe siècle, ont été les médias classiques des présentations professionnelles.

Encore faut-il que cet audiovisuel de présentation accompagne la démarche de vente des commerciaux sans exercer une contrainte qui le ferait vite rejeter. La conception et la réalisation d'un tel audiovisuel doit inclure des personnes représentatives de la force de vente.

Quelques conseils pour la réalisation de l'audiovisuel de présentation

• En concevant l'audiovisuel, soyez sobre et synthétique : ne retenez que les idées clés essentielles. Restez bref. Élaguez les listes insipides et les tableaux de chiffres.

• Évitez de présenter un surcroît d'informations techniques et de chiffres. Si ces informations vous semblent utiles pour les clients, faites-les figurer sur un document imprimé que vous remettrez à part lors de votre première visite.

• N'abusez pas des effets que vous propose le logiciel PowerPoint, car ils risquent de distraire l'attention de votre ou de vos clients envers le cœur de votre message, la forme prenant l'ascendant sur le fond.

L'audiovisuel de présentation repose sur l'observation que nous nous rappelons davantage ce qui nous est montré que ce qui nous est dit. Il utilisera donc principalement les illustrations ou quelques mots et chiffres qui seront mis en valeur en utilisant les ressources de la typographie et de la mise en images (voir suggestions ci-après).

Les moyens audiovisuels ont l'important avantage de mobiliser l'attention de l'interlocuteur, de faciliter sa compréhension et son adhésion, par l'effet conjugué du son, de l'image et du mouvement.

• Sur le plan du programme, on peut envisager un plan simple en quatre parties :

1. Situation de la société qui se présente à ce prospect : activité, rang, part de marché, chiffre d'affaires, progression.

   On ne retiendra ici que l'essentiel. Chaque information sera choisie et formulée en pensant à l'effet qu'elle produira sur l'interlocuteur. Il ne s'agit aucunement de manifester sa puissance, mais de rassurer. Il ne s'agit pas de se faire plaisir, mais de séduire le client.

2. Situation du rôle du vendeur dans cet ensemble.

Surtout si l'on appartient à un groupe important, il est habile d'humaniser et de rendre sympathique la relation que l'on veut établir avec la société visitée. À cet effet, on n'hésitera pas à personnaliser cette présentation en montrant, par exemple, un ou plusieurs vendeurs du fournisseur en action (l'un d'entre eux peut être vous-même), de manière à ce que cette mise en images puisse servir de support à un commentaire. L'humour, sans excès, n'est pas à exclure.

Le but visé par cette mise en situation des vendeurs est de donner l'image de commerciaux : à l'aise dans l'exercice de leur métier ; appréciant leur société, son organisation, ses méthodes, ses produits ; stables, expérimentés, responsables, bien à leur place, faisant le poids, dignes de confiance ; sympathiques, semblant avoir une vue large sur leur métier et leur profession, donc le contraire d'automates de la vente, des hommes et des femmes réfléchis, ayant une certaine culture.

3. Évocation des problèmes les plus couramment traités.

Ici l'on est à la charnière de la découverte de l'interlocuteur, à qui l'on va donner la parole pour qu'il se présente à son tour, selon un plan qui ressemblera à celui de la présentation des vendeurs (et qui est l'un des objets de la quatrième partie). On évite soigneusement dans cette troisième partie de se lancer dans l'argumentation.

4. La parole est donnée à la personne visitée.

On l'invitera à parler de sa société, d'elle-même, de sa fonction, des problèmes qu'elle a à résoudre.

Ce plan est étroitement adapté à une démarche de vente persuasive.

Le texte et les illustrations

Si l'on veut imprégner durablement l'esprit de celui à qui l'on présente cet audiovisuel, on se rappellera qu'un mot retient plus l'attention qu'une phrase ou qu'un texte compact. Il s'agit alors de choisir des mots clés. Ce seront des termes évoquant des images dynamiques : « réussite », « indépendance financière », « approche nouvelle », « proche de vous », etc.

La mise en pages du texte se fondera sur l'utilisation de lettres d'aspect massif par rapport à la dimension de l'écran, disposées de préférence dans la partie haute de l'écran et sur l'aération créée par des espaces blancs. Les textes pourront être disposés soit en pavé symétrique, soit en drapeau ou en drapeau inversé (aligné à droite).

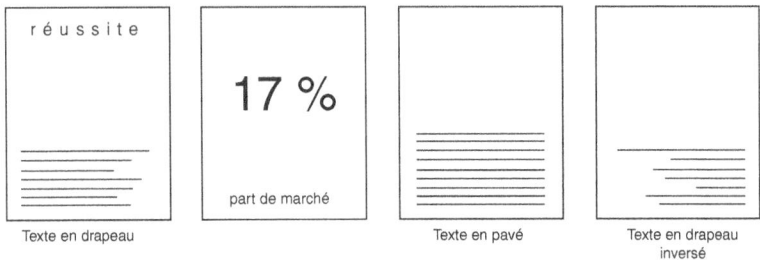

réussite

17 %

part de marché

Texte en drapeau   Texte en pavé   Texte en drapeau
                                                                         inversé

FIGURE 47 – *Graphisme pour l'audiovisuel.*

L'utilisation de l'audiovisuel de présentation

Tant que le vendeur ne se sera pas approprié l'audiovisuel de présentation, il risque de le rejeter en invoquant cinquante prétextes sur son caractère irréaliste, ridicule, etc. Il est certain qu'un audiovisuel impose uniformément son architecture à tous les commerciaux de l'entreprise. Ceci étant, mais à condition d'utiliser avec dextérité l'ordinateur portable, chacun pourra sélectionner les séquences qui l'inspirent ou encore pourra couper le son pour commenter lui-même le défilé des images.

Le commentaire personnalisé sera effectué de façon simple et naturelle, en s'inspirant de la manière dont les journalistes procèdent quand ils commentent des reportages en voix « off ».

Encore faut-il aussi que la personne visitée accepte l'idée de « subir » cette présentation. On pourra dire par exemple : « *Pour aller à l'essentiel, rapidement, je vais vous présenter un bref audiovisuel d'une durée de quatre minutes.* »

Quant au rythme de la présentation, il faut s'adapter à la capacité de la majorité des interlocuteurs. Pendant la diffusion, le vendeur observera son ou ses interlocuteurs : leurs réactions sont riches de signification et seront exploitées au cours de l'entretien de vente.

LE SUPPORT DE DÉCOUVERTE

Vendre, c'est faire correspondre un produit, un service, un bien d'équipement aux besoins et aux motivations de l'interlocuteur. Cette mise en correspondance ne s'opère pas par hasard, mais résulte d'un sérieux travail d'investigation. C'est ce qu'on appelle la découverte.

Pour être convenablement conduite, la découverte implique qu'on lui ait assigné un objectif (lui-même dépendant du produit, bien ou service que l'on a à vendre) et qu'on suive un plan. Pour que l'interlocuteur entre dans notre jeu, il faut le séduire par notre façon de le faire parler. Mais cet art de l'interview peut ne pas suffire. On doit alors stimuler l'imagination de notre vis-à-vis, notamment quand on évoque un domaine où il n'est pas expérimenté. Nous pensons par exemple à la vente de contrats d'assurances ou de régime de prévoyance où le vendeur bâtit sa proposition sur un événement aléatoire que l'interlocuteur n'a pas nécessairement vécu.

Qu'il soit inclus dans le programme audiovisuel ou qu'on lui préfère la forme d'un « flip-chart », le support de découverte est pour le vendeur un guide qui lui permet de conduire avec rigueur sa découverte. Le client lui-même apprécie qu'on cadre sa prise de parole. On peut même envisager, par le choix des illustrations, de s'adresser à lui de façon émotionnelle en l'obligeant à réagir et à révéler son état d'esprit. Cette recherche de l'émotion, liée aux motivations, n'est pas réservée aux ventes de produits personnels, mais intéresse au même titre le champ des activités professionnelles.

LA PRISE DE NOTES

Prendre des notes au cours de l'entretien avec un client présente deux avantages : d'une part, l'interlocuteur sent que l'on fait un certain cas de ses propos et apprécie d'avoir en face de lui un homme méthodique ; d'autre part, le vendeur recueille une information à la fois précise et précieuse qui lui permettra de mieux ajuster sa proposition à l'environnement, aux besoins et aux motivations de son vis-à-vis.

Faire accepter la prise de notes par l'interlocuteur ne suscite guère de difficulté. Il suffit de dire d'un ton naturel : « *Pour garder une trace de notre entretien, je prends quelques notes.* »

Il arrive qu'un propos soit considéré comme confidentiel : il faut alors que le vendeur, ostensiblement, montre et déclare qu'il ne prend pas cette information en note « pour éviter tout risque de fuite ».

Une prise de notes débouche sur une synthèse : report sur la fiche de client, compte rendu de visite, journal des contacts, etc. Mais certains clients sautillent d'un sujet à un autre parce que leur pensée vagabonde de façon désordonnée. Pour faciliter la remise en ordre des notes prises, puis pour préparer la synthèse, nous recommandons de disposer la feuille de prise de notes en traçant une ligne verticale aux deux tiers de la page vers la droite. La partie de gauche recueille les notes prises, la partie de droite permet des annotations et d'inscrire des repères pour juxtaposer les informations dispersées.

Ce resserrement de l'espace de prise de notes évite en outre à la main de courir sur la feuille de papier de gauche à droite, ce qui ralentit l'écriture. C'est d'ailleurs pour cette raison que les sténographes découpent leur espace de notation de signes en étroites bandes verticales.

Société A B C	*Identification*
M. AIME, acheteur	*= 50 ans*
Congrès Marrakech	*Ouvert*
	Sympathique
Zone couverte : est du département	*Identification*
Concurrence Martin,	*Concurrence*
Janvion, Ballestra	
Production 3 100 tonnes	*Identification*
Rendements horaires en baisse, surtout dans l'usine de Nantes	*Problème 1*
Pb. évoqué à Marrakech	
Fournisseur Louis : marges faibles. Ça le gêne pour concurrence	*Concurrence*
Essai, nouveaux agencements, difficulté mise au point	*Problème 2*
Temps perdu par conducteur de machine	
M. DIDIER, technicien	*Identification*
M. ARNAUD, adjoint	

FIGURE 48 – *Prise de notes.*

LE PLAN D'ARGUMENTATION

Rien n'est plus désagréable pour un client que d'avoir en face de lui un automate qui récite la litanie des arguments du produit qu'il vend, sans en omettre un seul. Une argumentation n'est efficace que si elle apporte une réponse personnelle à ce qu'attend le client. Cependant, cet agencement spécialement fait pour chaque client exclut toute improvisation et implique une préparation systématique. Le plan d'argumentation devrait accompagner obligatoirement tout lancement ou relancement de produit. Dans notre esprit, son élaboration appartient au chef de produit et se réalise au cours d'une séance associant quelques vendeurs.

Le plan d'argumentation sera conçu de manière à permettre une présélection des arguments présentés en fonction des motivations dominantes des différents clients rencontrés. Ici encore, ce moyen est bâti selon le point de vue du client et non les obsessions du fabricant.

Un argument, pour être solidement construit, doit apporter une double réponse personnelle à celui à qui il est destiné : réponse émotionnelle ou psychologique, correspondant aux motivations d'achat, réponse logique sous forme de preuve apportée à l'affirmation psychologique[1]. Dans la mesure où l'interlocuteur peut comparer ce qui lui est dit et prouvé à ce qu'il a expérimenté ou à ce qui lui a été indiqué des produits concurrents, l'argumentaire n'omettra pas de souligner les points forts du produit par rapport aux produits concurrents.

L'argumentaire pourra avoir l'aspect suivant :

Groupe de motivations	Avantage particulier (ou à défaut avantage général)	Preuves et références	Points faibles des Produits concurrents

FIGURE 49 – *Plan de l'argumentaire.*

---

1. À ce sujet, on consultera utilement *Les techniques de la vente, op. cit.*

Nous distinguons d'après le psychologue Abraham Maslow onze groupes de besoins et de motivations :

1. Besoins physiologiques, nés de la faim, de la soif, de la fatigue.
2. Sécurité, protection, défense, garder son intégrité, ne pas perdre de sa substance.
3. Avidité, possession, accumulation, intérêt pour l'argent.
4. Confort, facilité, commodité, bien-être, confort moral.
5. Hédonisme, recherche du plaisir, jouissance, volupté.
6. Estime de soi, orgueil, narcissisme, recherche d'une image distinctive.
7. Besoin d'appartenance, conformisme, anticonformisme, curiosité, recherche de la nouveauté.
8. Estime des autres.
9. Expression de soi, besoin de créer.
10. Accomplissement de soi, dépassement de soi.
11. Altruisme, abnégation, désintéressement, oubli de soi, répandre le bonheur.

Ces onze groupes de motivations sont autant de tiroirs permettant de classer aisément les avantages et les preuves des avantages qui constituent ensemble l'argumentaire du produit.

Pour passer de l'argumentaire au plan d'argumentation, on détermine la tactique de découverte et l'ordre de présentation des arguments. Les cas particuliers étant nombreux, on rappellera ici seulement que, contrairement à l'idée reçue, on ne garde pas « les meilleurs arguments en réserve », mais on les place en tête de l'argumentation pour emporter la décision aussi rapidement que possible.

LE PLAN DE DÉMONSTRATION

La démonstration est un des moments décisifs de la vente de certains produits, notamment pour les biens d'équipement et nombre de produits de grande consommation. Cela est si vrai que pour certains produits, c'est la démonstration elle-même qui englobe l'ensemble du processus de vente.

Dans la plupart des entreprises, on considère que le vendeur sait faire la démonstration de son produit à partir du moment où il le connaît. En raison de cette négligence, on observe que le représentant, bien souvent, se contente de montrer le fonctionnement du produit ou du matériel, sans en tirer toute l'argumentation que peut susciter cette démonstration.

Si l'on réfléchit à la nature de la démonstration et si l'on recherche le maximum d'efficacité, on observera que tout individu retient peu de chose d'une argumentation verbale, que la mémorisation est déjà meilleure s'il a vu, en même temps qu'il entendait. Le résultat est bien supérieur si cet individu peut pratiquer lui-même ce qui vient de lui être montré. L'optimum est atteint quand à la pratique s'ajoute la nécessité de retransmettre à d'autres.

Quand on effectue une démonstration, il faut atteindre une clarté absolue, adaptée au niveau de compréhension de l'interlocuteur. Aussi est-il important de décomposer le processus de la démonstration en autant d'étapes successives que nécessitera la faculté d'assimilation du destinataire. Ces étapes sont appelées « phases de la démonstration ».

Par ailleurs, pour réussir chacune des étapes, il est indispensable de souligner telle particularité, tel tour de main qui, s'il est oublié, peut faire échouer la démonstration. C'est ce qu'on appelle les points-clés.

On aura reconnu dans la décomposition du mouvement en phases et points clés, la célèbre méthode américaine dite du *training within industry* (qu'on peut traduire familièrement par « formation sur le tas »). C'est par cette décomposition méthodique du processus que l'on facilite la compréhension, la mémorisation et la retransmission.

Pour constituer un moyen d'aide à la vente, la démonstration doit faire constater par l'interlocuteur les avantages du produit ou du matériel qui lui est présenté. Plus même, par la possibilité qu'il aura de manipuler lui-même ce produit ou ce matériel, il pourra constater physiquement la présence de ces qualités et des avantages qui en découlent pour lui. Aussi, les points clés de la démonstration n'ometront-ils pas de signaler comment l'interlocuteur doit se placer, quels gestes il doit accomplir et comment, etc.

Voici un exemple de démonstration d'un produit fabriqué industriellement, vendu frais à une clientèle de charcutiers détaillants ou de responsables du rayon charcuterie à la coupe d'un supermarché.

Phases successives	Que dire ?
1 – Annonce du produit	Voici LE DÉLICAT de Restauration plus
2 – Conditionnement I	Terrine rectangulaire → gain de place
3 – Conditionnement II	Couleur blanche, façon grès donc produit mis en valeur
4 – Conditionnement III	Capacité 1 kg 500 donc rotation rapide donc produit toujours frais à la vente donc pas de risque de perte
5 – Décor	Décor sobre qui rappelle les produits artisanaux que vous fabriquez
6 – Composition	Foie frais de porc, rendu *onctueux* par un *apport* de crème fraîche et de lait frais
7 – Fabrication	Ce produit n'est pas brutalisé par une fabrication sous pression, mais au contraire, il est *délicatement* traité par un moulage à la louche. C'est pour cela qu'on appelle LE DÉLICAT
8 – Résultat gustatif	Produit très fin, au goût *authentique*. Se rapprochant du parfait de foie gras
9 – Facilité de coupe	Facilité de coupe : la barde au fond évite toute adhérence
10 – Prix	Bien qu'il soit un produit haut de gamme, ce produit ne vaut que 20 Euros au kilo, prix consommateur conseillé. Sur ce prix s'applique votre remise habituelle

FIGURE 50 – *Exemple de démonstration.*

FICHES TECHNIQUES, DOCUMENTATION

Il est habituel de remettre au client, à l'occasion d'une vente ou d'une démonstration, une fiche technique, une documentation, un catalogue. Si certains d'entre eux séduisent par leur caractère attrayant et fonctionnel, c'est qu'ils ont été conçus en pensant au client. Or, celui-ci est saturé d'imprimés divers et manque de temps pour consulter un texte trop complexe. On cherchera donc à épouser la démarche du client, on favorisera la « lecture en diagonale », puisque de toute façon elle sera pratiquée, on aura recours à des illustrations claires – pédagogiques – toujours agrémentées de légendes (il est en effet remarqué que le plus fort taux de lecture d'un document ou d'une publication est obtenu par les photographies et dessins accompagnés d'une ou de deux lignes de texte). Pour faciliter le classement, on exclura tous les formats baroques – ce qui revient à recommander pratiquement l'emploi du format normalisé 21 cm × 29,7 cm. Bien entendu, ces documents auront été conçus, en même temps que le plan de vente et le plan de démonstration, avec la participation des vendeurs, de manière à les intégrer parfaitement dans la démarche de vente.

LA LETTRE OU LE COURRIEL DE CONFIRMATION DE VISITE

Toute visite ne nécessite pas une lettre de confirmation de visite. On serait sinon submergé par les correspondances... Cependant, certains entretiens, engagés dans le cadre d'un processus de négociation par étapes, méritent d'être rappelés par écrit. Cette lettre présente en particulier l'avantage, étant rédigée par le vendeur, de présenter les résultats de l'entretien sous l'angle le plus favorable.

La lettre de confirmation de visite est une manifestation de courtoisie : ceci se traduira notamment par un remerciement pour le temps que l'interlocuteur nous a consacré, par une remarque sur le tour positif qu'a pris l'entretien. Cette lettre indique au client qu'on l'a écouté et compris, qu'on s'est intéressé à son entreprise, aux problèmes qui s'y posaient, aux objectifs et aux orientations voulus par ses responsables. Elle prépare le terrain pour la vente lors de l'entretien suivant : on y rappellera habilement les inconvénients perçus et reconnus par l'interlocuteur de la solution actuellement en place et que l'on cherche à évincer.

Enfin cette lettre, en rappelant les accords provisoirement conclus, essaie d'empêcher l'interlocuteur, si l'envie le prenait, de remettre en question ce qui a été acquis lors de l'étape précédente de la négociation. De plus, nous pouvons le cas échéant annoncer notre programme de travail en vue de l'entretien suivant et éventuellement celui que doit accomplir de son côté notre interlocuteur. On n'omettra pas de rappeler la date de la prochaine visite. Si le texte est réduit, on aura recours au courriel.

Voilà pour le contenu. Mais il ne faut pas non plus négliger la présentation de la lettre ou du courriel : frappe irréprochable, disposition qui facilite la lecture, aérée par des intertitres, style clair et direct, c'est-à-dire allant à l'essentiel sans périphrase. Quant à la qualité du papier et à l'en-tête, on sera attentif à l'image qu'ils véhiculent de l'entreprise auprès de son destinataire.

LE DEVIS, LA PROPOSITION COMMERCIALE ÉCRITE

Quoi de plus triste qu'un devis ? En quoi cette nomenclature imperson-nelle de pièces, bardée de numéros de référence, rappelle-t-elle le ou les entretiens qui l'ont précédée ? Nous croyons que peu de personnes pensent aujourd'hui qu'un devis est une étape de la vente et doit être conçu comme un moyen de vente. Mais il faut alors le repenser totalement.

Si le devis est bien l'un des éléments de la conclusion d'une vente, il doit être rédigé comme une proposition commerciale écrite. On doit y retrou-ver, synthétisés, les principaux points de la démarche de vente : situation de la question, aspects constituant le problème qui permet à notre solution de créer une différence de potentiel et de remplacer la solution actuelle ou l'absence de solution actuelle, exposé de notre solution et soutien par une brève argumentation et par un chiffrage – le devis proprement dit –, enfin engagement à l'action en guise de conclusion.

Il existe une manière de vérifier si une proposition commerciale écrite cor-respond à une démarche de vente : il suffit de vérifier combien de fois le rédacteur a fait référence dans son texte à la situation du client, à ses problè-mes, à ses intentions, à ses insatisfactions, à ses souhaits – combien de fois il a écrit : « *Vous, votre entreprise, votre marché, votre environnement, vos clients, vos produits, vos fabricants, votre personnel* », etc. – et combien de fois il a traité de sa propre entreprise, de ses produits, de leurs qualités – c'est-à-dire combien de fois il a écrit : « *Nous, nos produits, nos références, nos qualités, nos preuves* », etc. –. En dressant un compte des « vous » et des « nous », si leur nombre s'équilibre approximativement, ce travail reflète une préoccu-pation constante de l'intérêt du client. Si les « nous » l'emportent, il y a fort à parier que nous ayons traité la question de manière habituelle. Peut-être cette manière habituelle suffit-elle pour vendre… mais peut-être aussi expli-que-t-elle une certaine proportion d'échecs. Vendre, y compris par le texte, consiste d'abord à s'intéresser au client, à partir de lui, à faire entrer nos pro-duits, nos services, nos idées en harmonie avec la situation, les préoccupa-tions, les problèmes du client. Vendre, c'est se montrer altruiste face à un client centré sur lui-même.

Si pour conduire un entretien de vente nous insistons pour que chaque vendeur exprime une personnalité, il en va de même dans la rédaction de la proposition commerciale. Votre vente est en quelque sorte une thèse, fortement charpentée à partir des besoins et des motivations du client. Ce texte écrit doit refléter votre personnalité : c'est aussi un moyen pour créer un écart, pour se distinguer de la concurrence, pour faire préférer sa solution, et parfois pour faire admettre un prix un peu élevé, mais justifié[1].

AUGMENTER LES CHANCES D'ACCEPTATION DE VOTRE PROPOSITION

Une proposition commerciale, un devis, peuvent naturellement être envoyés au destinataire par e.mail, par télécopie ou par voie postale. Cependant en procédant ainsi, on s'expose au risque d'incompréhension partielle du texte par l'interlocuteur (on n'est pas toujours parfaitement explicite) et au risque d'objections, face auxquelles si la réponse est simple, on n'a pas prévu d'avance de les réfuter par le texte.

C'est pourquoi on ne saurait trop recommander, si l'éloignement du client n'est pas excessif ou si le montant du devis le justifie, de remettre en main propre la lettre de proposition commerciale. En agissant ainsi, on conserve tout son pouvoir d'influence, on peut expliquer ce qui mérite de l'être, on peut avancer de nouveaux arguments personnalisés, on peut surtout répondre de vive voix aux objections. Et puis, le client a peut-être évolué sous diverses influences entre votre précédente rencontre et celle au cours de laquelle vous essayez de conclure... Ou bien même, peut-être certaines informations importantes vous ont-elles échappé. Si donc l'on constate trop de divergences, on garde la possibilité de mieux ajuster la proposition

---

1. S'il s'agit d'un bien d'équipement, le raisonnement justifiant le prix doit prendre en compte les notions de charges d'amortissement et de charges d'exploitation. On se trouve ainsi en meilleure position pour faire apprécier la longévité d'utilisation de l'appareil qui permet un meilleur étalement de l'amortissement économique – nous ne raisonnons pas ici en termes de fiscalité – ou pour faire valoir le moindre coût d'exploitation, ou encore pour faire apparaître la meilleure productivité et le revenu ainsi généré pour l'entreprise cliente. Le coût du bien d'équipement est ainsi replacé dans une évaluation d'ensemble qui donnera une meilleure chance au bien d'équipement que l'on vend, qu'une comparaison sèche de son prix avec celui des matériels concurrents. Ce raisonnement illustre notre recommandation de partir du point de vue du client. Ceci suppose une découverte des raisonnements et des règles de gestion de l'entreprise cliente.

et de reprendre la lettre en prétextant « *qu'il ne s'agit là que d'un projet* » : on peut ainsi remanier le projet et refondre sa rédaction. Enfin, en étant sur place, on a plus de facilité pour faire prendre une décision.

Dans le même esprit, quand le projet n'est pas trop complexe et qu'un chiffrage grossier est envisageable, il est utile de sonder son interlocuteur sur une hypothèse d'enveloppe budgétaire lors de l'entretien qui précède la remise de la proposition. On recueille ainsi à chaud la réaction immédiate du client, ce qui est une information de première importance.

LES APPUIS DE LA STRUCTURE

La vente n'est pas une affaire de mécanisme. Sinon, il suffirait de mettre bout à bout les moyens et les méthodes évoqués dans ce chapitre et dans ce livre pour assurer une réussite immanquable. Pourtant ces moyens et ces méthodes ne suffisent pas. Aveu d'impuissance ? Non pas. Ces moyens et ces méthodes sont entre les mains d'êtres humains et non d'automates. Voilà pourquoi, nous l'avons déjà mentionné dans la présentation de cet ouvrage, il faut faire le plus grand cas des appuis apportés par la structure humaine de l'entreprise à chacun des vendeurs : appui de l'animateur des ventes ou du chef des ventes, qui inspire les accompagnements des vendeurs sur la route ou les réunions de vente, appui apporté par une politique commerciale bien définie et vigoureusement menée par le directeur commercial, appui des techniciens, des ingénieurs technico-commerciaux et du service après-vente qui comprennent que, même centrée sur la technique, leur démarche s'inscrit dans la vente et concourt à son succès.

LES APPUIS DE L'ENVIRONNEMENT

Certaines entreprises accompagnent l'effort engagé par la force de vente par la mise en place de moyens qui eux aussi contribuent au succès des ventes. Les exemples sont nombreux : élevages ou cultures expérimentales (moyen de démonstration), laboratoires d'analyse aussi bien d'aliments pour le bétail que d'éprouvettes de béton ou d'analyse de sol, création de débouchés en aval (tel fabricant d'aliments pour le bétail crée des filières de commercialisation des animaux en prenant des participations dans certains élevages, un abattoir, des structures de vente, etc.). On n'oubliera pas les appuis financiers apportés aux clients qui peuvent revêtir des formes variées, depuis le crédit fournisseur, aux prêts d'investissement (pour l'installation de cuves de produits pétroliers, la rénovation de bars par des brasseurs, l'octroi de matériel et d'outillage de préparation par les constructeurs automobiles chez leurs concessionnaires et agents, etc.) ou jusqu'à la caution financière apportée par le fournisseur à son client auprès d'une banque. On mentionnera encore les appuis combinant l'aide financière et la méthode avec l'installation de réseaux informatiques chez les clients et l'apport par le fournisseur de programmes de gestion et de banques de données.

OPTIMISER L'EMPLOI DES MOYENS

Un moyen ne vaut rien s'il n'est pas adapté à la démarche de la personne qui l'utilise. Pour que celui-ci l'emploie efficacement, il faut qu'il adhère à ce moyen, qu'il ait compris son but, qu'il sache s'en servir... et qu'il s'en serve.

Un moyen ne vaut rien s'il n'est pas conçu en vue de toucher les motivations de celui à qui il est destiné. Il est un élément de persuasion.

Un moyen est mal conçu si son coût est supérieur au bénéfice qu'on en retire. Les bénéfices peuvent être directs (augmentation des ventes, conquête de nouveaux clients, entrée de nouvelles références chez un client acquis), mais aussi indirects (meilleure méthode de vente des représentants, amélioration de la combativité de l'équipe de vente).

Enfin un moyen est mal utilisé si son emploi dépend de la fantaisie ou de l'humeur de celui qui doit s'en servir. Tout moyen doit, pour donner son effet optimum, s'intégrer dans une démarche et selon une tactique astucieuse. Ceci ne s'improvise pas, mais fera l'objet d'essais successifs.

4 Maîtriser les instruments de l'information commerciale

L'irruption des instruments de l'informatique et de la télématique dans le champ de l'action commerciale est un phénomène à présent bien assis mais dont le déploiement est loin d'être achevé. Les conséquences déjà perceptibles de la mise en place de tels instruments sont de deux ordres :

- amélioration considérable de la qualité de l'information ;
- optimisation de l'efficacité des commerciaux, avec pour corollaire des changements importants à terme dans la pratique de leur métier.

LE « COMMERCIAL ÉLECTRONIQUE » : VERS LA SÉDENTARISATION

La mise à disposition à des coûts plus ou moins raisonnables d'ordinateurs portables et de téléphones portables « intelligents » modifie considérablement l'exercice du métier de commercial.

Deux tendances se font jour. La première consiste à installer le bureau du vendeur itinérant dans sa voiture équipée d'un téléphone portable et d'un ordinateur portable avec processeur et modem permettant l'émission et la réception par voie téléphonique de l'information vers l'entreprise. Certains portables sont miniaturisés et peuvent être qualifiés de « cahier électronique ».

L'autre tendance se traduit par une plus grande sédentarisation des commerciaux. Dès lors que les clients peuvent contacter leurs fournisseurs et confirmer leurs commandes par e-mail, la fréquence des visites des vendeurs tend à diminuer, à moins que l'objet des visites, débarrassé de la prise de commande, n'évolue vers le conseil et le service apportés aux clients.

Nous pensons qu'à terme, la tendance à la sédentarisation l'emportera, parce qu'elle rejoindra le désir légitime des commerciaux – et déjà observé chez nos voisins d'Outre-Rhin – de ne plus consacrer à l'exercice de leur métier un nombre d'heures infiniment supérieur à celui des collaborateurs sédentaires de l'entreprise. Le décalage des volumes d'emploi du temps, de l'ordre de 20 à 25 % est jugé par beaucoup excessif : il y a là une tendance irréversible dont la télématique et l'informatique seront les serviteurs.

INFORMATIQUE ET PROFESSIONNALISME

Cette évolution s'accompagnera d'un plus grand professionnalisme, grâce aux possibilités offertes par l'informatique, professionnalisme dont bénéficient à la fois les clients et les vendeurs.

Les prises de commandes directement saisies sur un terminal portable et communiquées par le réseau téléphonique à l'ordinateur central de l'entreprise permettent une gestion immédiate des informations et une précision que l'on n'obtenait pas avec le lourd système des commandes sur papier. Le corollaire de cette tendance est que le nombre de litiges diminue et les commandes sont traitées plus rapidement. En même temps que l'ordinateur portable transmet les commandes et autres informations recueillies chez le client à l'entreprise, il reçoit instantanément des informations aussi diverses que les modifications apportées au catalogue de produits et au descriptif de ces produits, les changements tarifaires, la position des comptes clients, les informations contenues dans les e-mails, les courriers et les appels téléphoniques de clients, ainsi bien entendu que toutes les informations pertinentes sur le client, etc. Informé avec précision, immédiatement, le commercial améliore considérablement la qualité de sa relation avec ses clients.

LES LOGICIELS, SUPPORTS DE L'EFFICACITÉ COMMERCIALE

L'informatique peut gérer pratiquement la totalité des concepts exposés dans le présent ouvrage. Il n'est cependant pas inutile de rappeler brièvement les fonctions que l'on peut attendre d'un logiciel destiné à un commercial itinérant.

Messagerie

Il s'agit de l'émission et de la réception de messages de tous ordres et pour tous destinataires nécessaires. La « prise de notes » du système est structurée (donc limitée), mais de plus en plus souvent libre, avec néanmoins des canevas types.

Agenda

Il permet de faire l'inventaire des visites, des appels téléphoniques et des réunions à prévoir et passées. Un clignotant sur l'écran du « cahier électronique » rappelle les actions urgentes et les dates limites.

Patrimoine d'information commerciale

Il est constitué de la totalité des informations évoquées dans le chapitre 10, recueillies soit directement par le commercial sur le terrain, soit par le siège (lecture de la presse, informations diffusées par le milieu confraternel, par les agences de renseignements, etc.).

Gestion de la relation avec chaque client

Ce « journal des contacts », parce que l'informatique l'encadre par un certain formalisme, est beaucoup plus complet et pertinent que l'ancien système des « comptes rendus de visites », tenu manuellement. L'informatique est particulièrement utile pour gérer les rencontres et les négociations, spécialement quand les interlocuteurs sont multiples.

Gestion du portefeuille de clientèle et analyse de secteur

Avec les tableurs apparaissent sur l'écran graphiques, histogrammes, « camemberts », cartes, cartes d'iso-distance, courbes correspondant à ce que nous avons abordé dans le premier chapitre de cet ouvrage.

Gestion de l'ensemble des activités du commercial

Cette information se situe au carrefour des comptes rendus d'activités (chapitre 10) et de la gestion de son emploi du temps (chapitre 7).

Analyses

Certains systèmes ouvrent la possibilité pour chaque vendeur de commander pour son propre compte l'analyse des effets de ses actions sur son secteur : état des ventes, des projets, des devis, écarts par rapport à l'objectif (par exemple : « De telle date à telle date, combien ai-je visité de prospects ? Combien ont été convertis en clients ? Quel est le profil de ma clientèle ? Avec quels produits suis-je entré chez mes clients ? », etc.). L'aide à la décision lui est ainsi transférée : il peut conduire son action de façon plus autonome.

Préparation des synthèses

L'analyse périodique du secteur de vente requiert encore la réflexion et la plume du commercial. Son élaboration est facilitée par les visualisations graphiques déjà évoquées ci-dessus.

Outil de gestion

L'information ainsi décentralisée permet de suivre les coûts et les rendements des initiatives prises localement (« Le congrès qui a coûté tant, combien a-t-il rapporté ? Cela vaut-il la peine de renouveler l'expérience ? »).

Tableau de bord commercial

Celui-ci, conformément aux conseils dispensés dans le chapitre 11, fournit une vision synthétique des informations indispensables à la direction générale, à la direction commerciale, aux directions nationale et régionale des ventes et bien entendu aux représentants, chacun pour ce qui le concerne.

Nous ne rappellerons pas ici le fonctionnement d'un système d'informatique commerciale, connu de tous aujourd'hui : désormais chaque vendeur est relié par le réseau téléphonique, une à deux fois par jour (et en réalité aussi fréquemment qu'il le juge nécessaire) à l'ordinateur central, réceptacle de toutes les données fournies par les différents postes de travail, sédentaires ou mobiles. Lors de chaque communication, il émet les dernières informations enregistrées et reçoit celles qui le concernent, simultanément.

LES VINGT-SIX BÉNÉFICES DE L'INFORMATIQUE POUR L'ACTION COMMERCIALE

La VAO (vente assistée par ordinateur) apporte aux entreprises et à tout le personnel commercial une multitude de bénéfices, dont nous allons esquisser un inventaire :

- L'informatique appliquée au domaine commercial permet un contrôle (dans le sens de « tenue en mains ») décisif de l'information.

- Chaque information, quel qu'en soit l'émetteur, est immédiatement reçue (« en temps réel ») par chacun des destinataires programmés, dès qu'elle est communiquée par l'un des acteurs du réseau, avec pour corollaire la suppression des inerties : chaque décideur, quelles que soient les modifications de l'environnement, est informé sans délai. Les décisions à prendre sont ainsi à la fois facilitées et accélérées.

- L'information est à jour en permanence ; chaque information qui invalide la précédente se substitue à l'ancienne donnée.

- L'information est décentralisée, avec pour corollaire la diminution du déficit d'information du commercial sur le terrain. Ce commercial, par l'information constante qu'il émet et reçoit, est mieux associé au siège et moins isolé de la vision générale de l'action commerciale et des modifications du contexte dans lequel elle s'inscrit – ceci, bien entendu, n'élude pas la question des indispensables accompagnements de relation humaine de la part de l'encadrement, comme nous le rappelions à la fin de la présentation de cet ouvrage.

- Mieux informé, le commercial de terrain peut se voir confier l'autocontrôle de ses résultats, de ses performances et de ses actions. L'interprétation de son travail mobilise son intelligence. La hiérarchie se fait moins pesante.

- L'informatique est un instrument qui favorise l'exigence de la lucidité. Les chiffres et les évaluations chiffrées éclairent d'un jour cru les capacités et les difficultés du vendeur. L'analyse débouche sur des constatations (« Là on est bon, ici on gagne, là on perd ») et sur des questions (« Qui avons-nous en face ? Quels sont ses points forts et ses points faibles ? Quelle sera ma stratégie pour regagner une bonne position ? Quels appuis dois-je demander à mon chef des ventes ? »).

* Les coordinations d'action sont immédiates : le système informatique, en recherchant et proposant la plage de temps commune aux interlocuteurs qui doivent travailler ensemble (accompagnement/formation, visite à deux, réunions), facilite le travail d'équipe.

* La coordination s'étend aux différents départements des grandes entreprises, chacun disposant de sa propre force de vente, avec de multiples clients communs : on évite désormais les visites doubles ou triples de commerciaux des différents départements qui ignoraient jusqu'à présent que le même jour ou la même semaine, ils auraient un entretien avec le même interlocuteur chez le même client.

* La coordination obtenue grâce à l'informatique évite aussi les « bavures » dans l'exposé des conditions commerciales : finie l'époque où les commerciaux de deux départements accordaient des conditions tarifaires différentes, ce qui provoquait immanquablement de la part du client l'exigence d'un alignement sur la clause la plus favorable.

* L'informatique apporte la possibilité d'affiner les pronostics sur l'état futur des chiffres d'affaires et du volume de marge, soit en intégrant les prévisions du terrain, soit en extrapolant à partir d'indicateurs économiques connus. Ces anticipations permettent d'apporter beaucoup plus rapidement les correctifs nécessaires, si la trajectoire n'est pas conforme à celle déterminée par l'objectif à atteindre.

La VAO facilite aussi la relation avec les clients :

* On connaît désormais « en temps réel » les stocks disponibles, les délais de fabrication ou de livraison par les fournisseurs (pour autant que ceux-ci en informent l'entreprise).

* Il en va de même de la gestion des documents et des échantillons, du parc de matériels de démonstration : on suit de près la localisation, la durée du prêt de démonstration, donc la date d'échéance, ce qui a pour effet de diminuer le nombre de matériels en cours de prêt et donc le coût de ce service.

* Le calcul et la transmission des commandes ne sont plus perturbés par les erreurs dues au recopiage des documents établis sur papier.

* Le client reçoit du délégué commercial, lors de sa visite, la confirmation des commandes enregistrées et des délais de livraison si son terminal portable est doté d'une imprimante.

- La liste des clients et de leurs caractéristiques (fiche- client) est constamment à jour, pour autant que le commercial ait alimenté et actualisé la banque de données. Ces données peuvent être consultées à tout moment, notamment lors de l'entretien avec le client.

- La prise de décision par le client est facilitée, y compris dans les domaines techniques les plus complexes, en raison des possibilités de simulations intégrant les données particulières fournies par le client : devis, schémas de montage, configuration particulière et répercussion sur le prix peuvent être établis soit immédiatement, soit sous bref délai.

- Pour la vente de produits ou d'équipements dont on connaît approximativement et dont on a enregistré les durées de vie, à partir de la date d'échéance ainsi déterminée, aussi bien pour nos produits que pour ceux de la concurrence, le système organise méthodiquement le compte à rebours et la planification des actions à mettre en place pour être le fournisseur le mieux présent aux moments décisifs : recueil des insuffisances des produits concurrents en place, contacts à établir avec qui et quand, démonstrations, etc.

- La multiplicité des données enregistrées permet au vendeur d'apporter des réponses documentées et précises face aux réclamations des clients (« *Vous critiquez l'irrégularité de nos livraisons… Pourtant vous avez reçu telle commande, enregistrée sous le numéro n, livrée le…* »). On ne raisonne plus selon des impressions, mais en se fondant sur des faits.

- Les tâches administratives sont allégées : comptes rendus de visite, calcul des frais de déplacement, actualisation du fichier des clients sont gérés par le système, pourvu qu'il soit alimenté avec des informations adéquates.

- Les tâches administratives ne sont plus effectuées, comme traditionnellement chaque lundi matin, mais à tout moment de la semaine pendant les heures creuses. Il en résulte une meilleure efficacité des emplois du temps.

- Chaque commercial sur le terrain dispose d'un tableau de bord synthétique qui lui signale lors de chaque interrogation sa position et son écart par rapport à l'objectif.

- La direction commerciale peut suivre à tout moment les chiffres d'affaires, le volume de marge, les ventes des produits « 20 × 80 », des produits nouveaux, des produits « stratégiques », les comportements des clients clés.

- Les coûteux catalogues partiellement périmés sont remplacés – simplification – par une information précise, immédiate, constamment à jour, avec des possibilités d'illustration. Par exemple, dans plusieurs sociétés, chaque technico-commercial dispose d'un catalogue-nomenclature des composants des appareils et systèmes, ainsi que des pièces de rechange sur l'écran de son ordinateur portable.

- L'information est enrichie considérablement, mais maîtrisée si le programme est conçu pour ne laisser filtrer que l'information pertinente (principe du tableau de bord).

- La possibilité est offerte à chaque vendeur de devenir l'animateur et le coordinateur des mesures d'accompagnements de son action sur le terrain : envoi de documents, d'échantillons, de propositions, grâce aux instructions données directement aux services du siège, sans passer par l'intermédiaire du chef des ventes.

- Enfin, les commerciaux et leur encadrement, soulagés dans leurs tâches administratives de gestion, peuvent davantage consacrer leur temps et leur intelligence aux aspects productifs de leur métier : la négociation et le service à la clientèle pour les premiers, l'animation des équipes de vente pour les seconds.

SIX BÉNÉFICES APPORTÉS PAR LA TÉLÉMATIQUE À L'ACTION COMMERCIALE

Pour être moins nombreux, les services rendus à l'action commerciale par l'e-mail ne sont pas négligeables :

- Le client, avec l'e-mail, peut commander à tout moment et, par l'action même de l'émission d'une commande acceptée aux conditions personnalisées contenues dans le logiciel, bloque à son profit la quantité de marchandise désirée.

- À l'heure du « zéro stock » et des « flux tendus », le délai compris entre l'émission de la commande, transmise par e-mail (ou si le commercial est présent par le terminal portable) et la réception des produits est comprimé au maximum. Nous citerons l'exemple du groupe agroalimentaire international Stalaven qui, si la commande d'un boucher ou d'un charcutier est transmise avant midi, met en fabrication sur l'un de ses sites industriels de

Saint-Brieuc et de Dunkerque les produits de traiteur l'après-midi même et sous chaîne de froid les achemine sur gros porteur du site de production à Rungis par exemple pendant la nuit, « éclate » chaque commande personnalisée à l'aube, et les livre par petits camions réfrigérés dès le lendemain matin entre 7 heures et 9 heures pour les premiers clients. Cet exploit quotidien est rendu possible au départ par l'enregistrement des commandes par valisette informatique.

Le courriel ou la télécopie assurent en quelques secondes la transmission d'un document palpable. On citera quelques applications courantes :

- Transmission intégrale de documents originaux.

- Transmission d'illustrations, de schémas, de dessins, de graphiques, de documents signés, d'esquisses, de confirmations de commandes.

- Les entretiens téléphoniques – et notamment les échanges de promesses – deviennent palpables et laissent une trace, grâce à l'accompagnement d'un courriel ou d'un message télécopié. Les paroles passent, les écrits restent.

- Cette transmission graphique peut être étendue simultanément à plusieurs dizaines ou centaines de clients, dès lors qu'ils sont équipés d'un télécopieur.

De cet univers informatique et télématique émerge un nouveau commercial que nous appelons le « commercial électronique ». Doté d'une information de pointe, il assure désormais, avec un confort de travail proprement inimaginable il y a encore dix ans, un service accru à la clientèle avec une plus grande efficacité pour l'entreprise.

La vente n'est pas seulement une succession de rencontres entre le vendeur et son client. Il appartient parfois au premier de participer à de vastes opérations d'ensemble, unissant, vers un but à atteindre collectivement, l'ensemble de la force de vente. Ces opérations d'ensemble peuvent être consacrées à la prospection d'une nouvelle clientèle, mais aussi au lancement d'un produit nouveau ou à l'exploitation d'une opportunité soudaine du marché, ou encore à la nécessité de redresser une situation devenue difficile pour une famille de produits, voire pour l'ensemble des ventes de l'entreprise.

MÉTHODE ET ÉLAN

Ces opérations d'ensemble n'ont rien d'exceptionnel dans la vie d'une entreprise, mais bien souvent on privilégie la recherche de l'enthousiasme – absolument nécessaire – au détriment d'une organisation rigoureuse. Or, l'un et l'autre sont indispensables simultanément.

Le débarquement des armées alliées, en juin 1944, n'a pas été seulement réussi par la qualité des combattants, mais aussi parce qu'une organisation minutieuse avait réglé presque tous les détails : l'alliance de l'élan et de la méthode.

C'est plus particulièrement de la méthode que traitera ce chapitre, sans ignorer cependant l'animation des hommes. Nous évoquerons le montage et le déroulement d'une opération commerciale, puis nous aborderons quelques particularités propres à la prospection.

Bien que l'initiative et l'organisation de ces opérations d'ensemble soient du ressort de la direction commerciale ou de la direction des ventes, il nous a paru indispensable d'en exposer les grandes lignes pour que le vendeur, intégré dans ces opérations commerciales, en comprenne parfaitement la nature. Dans notre esprit, le vendeur de demain – le nouveau vendeur – sera de plus en plus appelé à dialoguer sur ce sujet avec sa direction commerciale qui le traitera en retour en collaborateur adulte et plus autonome qu'il ne l'est aujourd'hui. Au surplus, cette délégation des activités se met progressivement en place dans un nombre croissant d'entreprises.

L'OPÉRATION COMMERCIALE : LA « DRAC »

Nous définissons l'opération commerciale comme une impulsion temporaire exercée par toute ou partie de la force de vente de l'entreprise pour réussir le lancement d'un produit nouveau, ou occuper une place laissée libre par la concurrence, ou redresser les ventes d'un produit ou l'ensemble des ventes ou encore pour faire place à un élargissement rapide du marché. L'opération commerciale peut également, dans son principe, s'appliquer à la prospection d'une nouvelle clientèle.

On peut considérer que ces activités font partie de la vie courante de toute force de vente. Cependant, nous avons une conception particulière de ce montage d'opération. D'ailleurs, pour le singulariser, nous lui avons donné le nom d'un torrent alpin « impétueux » – le Drac – symbole plein de promesses pour stimuler une équipe de vente et dont les initiales signifient Dynamique Rationnelle d'Action Commerciale. Il s'agit bien en effet d'une opération rigoureusement pensée (rationnelle), se manifestant par une activité de vente (action commerciale) et créant un mouvement (dynamique). Il n'est jusqu'au symbole du torrent, avec le caractère éphémère de ses crues, qui n'ait son utilité, puisque l'opération commerciale du type de la DRAC a, d'une part, un caractère temporaire, comme nous l'exposons dans notre définition, et d'autre part, s'inscrit dans les structures naturelles de l'entreprise comme le torrent épouse la géographie des vallées par lesquelles il passe.

Opération rigoureusement pensée, la DRAC commence par un examen de la situation commerciale, puis se poursuit par la « lecture » du marché, l'analyse de son évolution, l'interprétation des données recueillies et par l'élaboration d'hypothèses de développement pour le ou les produits que l'on souhaite propulser ou faire démarrer. Ensuite s'élabore un plan de bataille comprenant la détection des cibles, la prévision des ventes possibles, la mise au point d'un compte d'exploitation prévisionnel, la définition des activités de l'équipe de vente pendant l'opération et des moyens mis à sa disposition pour l'aider à atteindre l'objectif. On n'oubliera pas de redéfinir les méthodes d'approche du client et de conduite du ou des entretiens. Ensuite, l'opération est lancée, suivie, animée et contrôlée de bout en bout. Enfin, les résultats sont interprétés en vue de générer une amélioration du processus.

Nous allons détailler chacune de ces étapes, qu'on peut reclasser en trois parties :

* le diagnostic ;
* l'élaboration du plan d'action ;
* l'action proprement dite.

L'EXAMEN DE LA SITUATION COMMERCIALE

Tout directeur commercial, et d'une certaine façon tout responsable commercial, se penche mensuellement – ou devrait se pencher périodiquement – sur l'allure des ventes, notamment des produits essentiels (voir la loi de Pareto, dite du « 20 x 80 », chapitre 2). Cette lecture des statistiques commerciales – nous supposons ici qu'elles existent, sinon il est urgent de les mettre en place – permet de détecter des anomalies de marché, par rapport à l'objectif et à la même époque de la ou des années précédentes. Détecter un écart est une chose, l'interpréter en est une autre et il importe de déceler correctement l'origine pour y apporter la bonne solution.

Les ventes d'un produit sont-elles en baisse, pour la première fois depuis le début de l'année ou depuis plusieurs mois ? Le chiffre d'affaires de l'équipe de vente est-il en retard accidentellement ou de façon répétée ?

Nos produits ou certains d'entre eux sont-ils attaqués par la concurrence ? Nos produits sont-ils destinés à une clientèle moins solvable momentanément ? De façon durable ? Nos produits sont-ils bien connus de nos représentants ? Certains ne sont-ils pas oubliés ? Le moral de l'équipe de vente est-il optimum ? L'équipe de vente est-elle bien soudée ?

Ces quelques questions n'épuisent pas le sujet. Cependant, même si la situation commerciale de l'entreprise est satisfaisante, il peut être intéressant, à l'occasion de cette analyse périodique systématique, d'envisager si le moment n'est pas venu de donner de l'accélération aux produits qui ont le « vent en poupe » ou de prendre une place, que la concurrence semble abandonner ou n'a pas encore occupée.

Ce sont là autant de prétextes pour envisager de monter une opération commerciale. À la suite, on peut lancer une DRAC, sans autre but que de « porter au rouge » l'ensemble de l'équipe pour éprouver les limites de sa capacité.

UNE RÉFLEXION NÉCESSAIRE

Avant de lancer *ex abrupto* une opération commerciale, il est nécessaire de pratiquer une réflexion qui raccordera la perspective née des résultats à attendre de la DRAC aux objectifs commerciaux annuels, aux projets commerciaux à court terme de l'entreprise, au climat régnant dans l'entreprise, de manière à obtenir par cette opération un surplus net, plutôt qu'un résultat plat. La rentabilité n'est pas absente de nos préoccupations.

CHOIX DU PRODUIT-SUPPORT

Cette réflexion portera également sur le produit qui servira de support de l'opération. À cet égard, nous soulignons que ce serait mal comprendre l'esprit de la DRAC que de l'appliquer à l'ensemble des produits de l'entreprise. De notre point de vue, en fonction de l'expérience acquise, il est préférable de sélectionner un produit ou une famille de produits dont le poids dans le chiffre d'affaires ou le profit de l'entreprise est significatif (donner un pourcentage ne signifierait pas grand-chose tant est différente la situation d'une entreprise qui vend 1 500 références et de l'entreprise dont la gamme de produits se limite à une trentaine. Indiquons cependant qu'au-dessous de 1 à 2 % du chiffre d'affaires, on risque une certaine indifférence de l'équipe de vente et un investissement en temps, moyens et méthodes hors de proportion avec le résultat moral et financier à retirer de l'opération).

Rappelons qu'il n'est pas indispensable qu'un produit soit déficient pour lui donner du tonus par une DRAC. Un produit en excellente santé peut être développé par une opération commerciale.

Soulignons que le fait de mettre l'accent sur un produit ou sur un groupe homogène de produits ne saurait se réaliser d'une façon rentable pour l'entreprise, si pendant l'opération les autres produits de la gamme étaient oubliés. L'opération commerciale « cannibaliserait » les autres produits, ce qui est hors de question.

Choisir un produit ou une gamme de produits consiste également, pour celui qui se livre à cette réflexion dans le cadre d'une DRAC, à formuler quelques hypothèses de développement des ventes. Nous voudrions, à cet égard, indiquer qu'au cours de certaines expériences d'opérations commerciales, le seul fait de sortir de l'ombre un produit et de faire conduire correctement par la force de vente l'ensemble des tâches qui concourent au succès d'un produit, sans que le produit soit modifié et sans même que son prix fasse l'objet d'une manipulation, nous a permis d'enregistrer un nombre de commandes égal en trois semaines à un mois à celui de l'année précédente ; bien entendu il s'agissait de produits négligés par les vendeurs jusqu'alors. Pour être équitables nous relatons aussi des expériences où le progrès enregistré n'a pas dépassé + 20 % par rapport à une période identique des années précédentes.

L'ÉLABORATION DU PLAN D'ACTION : LE GROUPE DE PROJET

L'une des particularités distinctes de la DRAC, qui singularise ce type d'opération commerciale des opérations de vente habituelles, est de confier à une équipe la préparation du projet.

Cette équipe, animée par un leader doit, pour irriguer l'ensemble de la force commerciale, se composer de délégués issus des différentes entités qui participent directement aux ventes : c'est ainsi que l'on y trouvera aussi bien le chef de produit, qu'un représentant, une secrétaire commerciale, un responsable du service après-vente, etc.

Le leader du groupe de projet, quant à lui, ne sera pas nécessairement le directeur commercial ou le chef des ventes, mais plutôt un homme ou une femme à qui l'on donne, temporairement, l'occasion de faire ses preuves dans un cadre de travail où les pesanteurs hiérarchiques habituelles peuvent être un moment mises entre parenthèses, donc avec une certaine liberté d'allure. C'est une occasion de tester sur une opération concrète les aptitudes à la conception, à l'organisation et à l'animation d'un collaborateur avant de lui confier des responsabilités élargies.

La mission essentielle du groupe de projet est de préparer avec rigueur et minutie tous les détails de l'action, mais en même temps de répandre dans l'entreprise un « esprit de DRAC ».

LA DÉTECTION DES CIBLES

L'un des principes fondamentaux du marketing est d'affirmer qu'un produit qui n'a pas trouvé son marché est appelé à une fin rapide. Il en va ainsi de la DRAC, sorte de microcosme du marketing en action. La réflexion évoquée ci-dessus débouche nécessairement sur la recherche de la ou des cibles qui formeront le couple marché-produit et qu'il s'agira d'approcher au cours du développement de l'opération commerciale.

Cette recherche des clientèles cibles appartient nous semble-t-il au groupe de projet qui prend à cette occasion – au besoin en se faisant aider de spécialistes internes ou externes – une dimension de groupe d'analyse du marché.

Les cibles seront choisies en raison de leur perméabilité aux produits de l'entreprise, soit en raison de la faible pénétration des produits dans certaines catégories de clientèles, etc.

Nous insistons sur la discipline qui doit s'instaurer dans le cadre de la DRAC sur les clientèles à aborder : il ne s'agit pas de frapper n'importe où, dans toutes les directions, mais de faire porter l'effort commercial sur une cible voulue et définie.

LE COMPTE D'EXPLOITATION PRÉVISIONNEL

Il ne s'agit pas, en dressant différentes hypothèses de compte d'exploitation prévisionnel, de plonger les membres du groupe de projet dans les délices de calculs comptables minutieux, mais de raisonner en gestionnaires de l'opération commerciale.

Ce détour par le compte d'exploitation prévisionnel a d'une part un but éducatif et d'autre part permet d'envisager, chiffres en main, le coût et les profits à retirer de l'opération.

En tout état de cause, il s'agit d'un travail extra-comptable où le produit est pris en compte pour la période nécessaire au déroulement de l'opération[1] (voir *infra*). Selon le principe d'un compte d'exploitation, sont évalués d'une part les « produits », chiffres d'affaires du produit ou de la gamme de produits pendant la durée de l'opération commerciale et, d'autre part, les charges fixes et proportionnelles, achats compris, supportées par le produit ou la gamme de produits pendant la durée de l'opération. Pour simplifier les calculs, on prend un double prorata :

• en proportion du chiffre d'affaires du produit considéré par rapport à l'ensemble du chiffre d'affaires de l'entreprise ;

• en proportion de la durée de l'opération.

Si par exemple l'opération dure trois semaines, on prendra un seizième des charges supportées dans l'année – en considérant que l'année de travail comporte approximativement quarante-huit semaines, les temps de congés étant déduits.

Ce compte d'exploitation prévisionnel sera établi en fonction de plusieurs hypothèses de ventes : trois à cinq niveaux sont l'optimum. Ce compte d'exploitation peut être présenté de façon simplifiée, ainsi qu'il suit :

---

1. Le compte d'exploitation prévisionnel d'un produit pendant une durée de temps limitée à la durée d'une opération commerciale correspond à un principe de gestion actuelle inspirée de la comptabilité analytique d'exploitation : chaque produit et chaque période d'exploitation doit contribuer pour sa part à la constitution du profit – à tout le moins doit contribuer à l'équilibre de l'exploitation. En ces temps de stricte gestion, le temps est passé de la compensation entre activités, les déficits des uns étant camouflés par les bénéfices des autres.

	Hypothèse A	Hypothèse B	Hypothèse C	Hypothèse D
Nombre d'unités vendues × prix de vente H.T.				
Nombre d'unités vendues × prix d'achat H.T.				
Frais proportionnels				
Marge brute (1) – [(2) + (3)]				
Frais fixes				
Résultat net (4) – (5)				

FIGURE 51 – *Hypothèses de compte d'exploitation prévisionnel.*

Le raisonnement conduit par le groupe de projet autour de différentes hypothèses de ventes au cours de l'opération permettra à son leader d'orienter le choix de l'objectif par le groupe de vendeurs engagés dans l'opération.

DURÉE ET PÉRIODICITÉ DE L'OPÉRATION COMMERCIALE

Il n'y a pas de durée standard pour une DRAC : tout dépend du temps nécessaire au déroulement d'un cycle de vente pour les produits de renouvellement rapide (la durée peut alors se situer entre trois semaines et un mois) ou au déroulement d'une négociation pour les biens d'équipement et les services (la durée peut alors être comprise entre six mois et un an).

Cette intervention du temps dans l'opération commerciale régit un autre principe. Si l'on veut conserver à la DRAC son aspect d'impulsion temporaire, il ne peut être question de mettre l'équipe de vente en formation de DRAC pendant toute l'année. Il faut alterner les périodes de répit et celles où l'on met l'équipe de vente sous tension. Disons, par exemple, que pour une DRAC de trois à quatre semaines, deux à trois DRAC dans l'année constituent un maximum.

La participation de l'équipe de vente à la préparation de la DRAC

Jusqu'à ce point de la préparation de l'opération, le groupe de projet a pu travailler seul. Le moment est venu d'associer l'ensemble de l'équipe de vente – au besoin scindée par sous-groupes régionaux ou selon d'autres découpages – à l'élaboration de la DRAC. Cet objectif de participation va être atteint au cours de réunions d'information et de préparation.

Au cours de ces réunions seront exposés :

- les principes et l'organisation générale de la DRAC ;
- les raisonnements qui ont conduit à choisir tel produit ou telle gamme de produits ;
- le choix des cibles.

On tiendra compte, bien entendu, des suggestions qui pourront être faites par les participants.

Ces réunions d'information sont animées par le leader du groupe de projet : son implication est donc grande ; d'ailleurs c'est encore lui qui sera l'animateur central de l'action quand celle-ci sera déclenchée.

Les réunions de préparation, de lancement et de suivi de la DRAC seront de style participatif, parce que la participation – qui demande bien entendu un professionnalisme affirmé et de grandes qualités humaines de la part du leader-animateur – est, selon notre propre expérience, le moyen le plus efficace pour obtenir l'adhésion des participants, dans la mesure précisément où l'on aura su tenir compte de leurs apports pour les intégrer au processus.

Prévision des ventes et détermination de l'objectif de l'opération commerciale

En ce qui concerne la méthode de prévision des ventes, on pourra s'inspirer, en la simplifiant, de celle que nous exposons au chapitre 4. Ici, c'est le processus associant l'équipe de vente au calcul des ventes prévisionnelles, puis à la détermination de l'objectif collectif que nous voudrions exposer.

Faire travailler une équipe de vendeurs sur un fichier, la faire réfléchir individuellement et collectivement à ce qu'elle peut réaliser sur le terrain a un effet fortement stimulant. On s'aperçoit du reste que les prévisions sont en général établies à un niveau élevé, au point que parfois il appartient à l'animateur de l'opération de tempérer l'optimisme de l'équipe.

Il s'agit ensuite de convertir la prévision en un objectif réalisable qui servira de repère pour l'opération. La nécessité d'utiliser certains moyens, qu'il faut financer, permet à l'animateur de faire raisonner l'équipe à partir des hypothèses de compte d'exploitation traitées ci-dessus.

L'objectif accepté par l'équipe est ensuite ventilé par vendeur et selon le calendrier de l'opération, afin que chacun dispose de son propre repère. On peut, à cet égard, dramatiser l'engagement de chacun, annoncé à toute l'équipe de vente, de réaliser l'objectif qu'il s'est personnellement assigné. Ceci dépend du climat régnant au sein de l'équipe de vente : il serait abusif de notre part d'être directif sur ce point.

L'ORGANISATION DES ACTIVITÉS

Plus l'animateur de l'opération commerciale est imaginatif et concret, plus il s'attache l'adhésion de l'équipe de vente. Il est utile, pour que l'opération trouve la plus grande fluidité, de prévoir par le détail l'ensemble des activités que chacun sera amené à exercer dans le cadre de l'opération. Ceci ne s'oppose pas au principe participatif et chacun peut concourir à la mise au point des mille détails qui font de la DRAC une réussite si l'on y pense, ou une expérience peu probante si on les néglige.

Se pencher sur la rédaction d'une lettre de prospection performante, envisager les multiples péripéties succédant à l'émission d'un appel téléphonique, mesurer les temps nécessaires aux tâches les plus humbles et pourtant indispensables, penser aux différents aspects d'un entretien de vente bien conduit et aux différentes réactions qu'il peut susciter, de la plus favorable à la plus hostile, mesurer (encore) les temps que nécessitent entretiens de vente et déplacements, inscrire le tout sur des documents de suivi, ce n'est pas être la mouche du coche, c'est, bien au contraire, se pencher avec attention sur le travail demandé à l'équipe de vente, s'intéresser aux détails après avoir été capable de maîtriser les grandes lignes de l'action. C'est en réalité créer, par sa minutie, les conditions de la réussite.

À ce propos, il est indispensable de rappeler que le principe de l'accent tonique porté sur un produit ou une famille de produits ne peut en aucune manière porter ombrage aux autres produits de la collection vendue par l'entreprise. Il s'agit ici de mieux travailler un produit sans porter atteinte au reste du chiffre d'affaires. L'esprit de la DRAC aura porté pleinement ses fruits auprès des vendeurs si ceux-ci étendent progressivement le bon travail professionnel qu'ils ont expérimenté sur un ou quelques produits, à l'ensemble des produits qu'ils ont à vendre.

MOYENS ET MÉTHODES

Un moyen ne vaut rien s'il n'a pas été créé en consultant son utilisateur. Ici encore, la participation est de rigueur. Nous avons, dans ce paragraphe, lié les moyens et les méthodes, ces dernières étant la manière d'utiliser correctement les moyens matériels et intellectuels mis à la disposition du vendeur.

Nous avons évoqué dans deux chapitres de cet ouvrage les moyens d'organisation et les moyens d'aide à la vente. Peu ou prou, chacun de ces moyens va trouver son utilisation et sa justification dans le cadre d'une opération commerciale. Par son aspect de mise en mouvement rapide des hommes, des moyens et des méthodes, la DRAC va permettre d'éprouver la qualité et le bien-fondé de la structure et de l'organisation commerciale de l'entreprise.

Une opération commerciale est un excellent prétexte pour remettre en selle, si besoin est, certaines méthodes et certains moyens un peu perdus de vue. On peut élargir cette observation en affirmant que la DRAC casse la routine. Il existe une méthode de vente : est-elle appliquée ? Les comptes rendus de visite ne sont-ils pas à redécouvrir ? Le support de découverte ne reste-t-il pas dans la voiture ou au domicile du représentant, alors qu'il devrait l'avoir près de lui chaque fois qu'il rencontre un nouveau client ? Et chez les clients que l'on croit si bien connaître ne faut-il pas les redécouvrir pour trouver de nouvelles opportunités de vente ?

Principalement, l'opération commerciale est une occasion de créer et d'expérimenter d'autres approches de la clientèle. C'est ainsi que l'on mettra au point par exemple une lettre de prospection qui précédera et préparera l'appel téléphonique de prise de rendez-vous. La préparation de l'appel de prise de rendez-vous donnera lieu à l'analyse des différentes situations que le vendeur pourra rencontrer et à la formulation de ce qu'il peut dire. Une nouvelle manière de se présenter au cours du premier entretien dans le cadre de la DRAC pourra être construite, etc.[1]

LE PLAN D'ACTION

Le groupe de projet et l'équipe de vente ayant cerné la situation commerciale, choisi un produit, déterminé les cibles, examiné la rentabilité de l'action, précisé sa durée, défini les objectifs, organisé les activités, considéré les moyens et les méthodes à mettre en œuvre et s'étant, à l'occasion de ces travaux préparatoires, mieux compris et mieux soudés, il s'agit maintenant de définir un calendrier de l'action qui soit en même temps un rappel de l'ensemble des phases de l'opération et qui situe la totalité des tâches à accomplir dans le temps.

C'est en quelque sorte un plan de marche sous forme de tableaux de bord, l'un apportant la vue d'ensemble destinée à l'animateur de la DRAC, les autres destinés à chacun des acteurs de l'opération commerciale.

L'INFORMATION ET LA COORDINATION

Une DRAC ne peut pas être une juxtaposition d'actions individuelles : l'élan impétueux qu'elle vise à créer repose d'abord sur une équipe de vente soudée (au moins pendant le déroulement de l'opération), où chacun est conscient de porter sa part de la responsabilité collective. Cependant, comme dans toute action, il y a une possibilité d'écart entre ce qui a été prévu et planifié et la réalité. Il est donc important qu'une bonne coordination existe et que soit créé un réseau de communication actif, léger et efficace. C'est d'ailleurs une excellente occasion pour l'entreprise de découvrir quelques lacunes dans son système de coordination et d'information. En pratique, il s'agit de définir à qui chacun s'adresse, pour confirmer soit la régularité de son allure par rapport au programme défini, soit les écarts

---

1. Se référer à *La prospection commerciale, stratégie et tactiques*, *op. cit.*

constatés et les incidents survenus, sous quelle forme il adresse cette information (rapport, appel téléphonique, réunion) et sous quel délai, toutes les informations n'ayant pas nécessairement un caractère d'urgence.

L'OPÉRATION COMMERCIALE, UN TEST POUR L'ANIMATEUR

Après les phases d'étude, de diagnostic, de réflexion et de préparation de l'action, vient la phase d'action proprement dite. Si déjà, la préparation de l'action faisait appel à l'esprit de participation, cet aspect d'échange participatif va irriguer l'ensemble de la conduite et du déroulement de l'action.

L'animateur de la DRAC quant à lui, après avoir été – avec l'aide des membres du groupe de projet – homme d'étude, puis concepteur de l'action, va prendre la dimension de l'homme d'action à l'écoute du terrain, prêt à donner un coup de main si l'opération commerciale le nécessite. On peut supposer qu'il n'y a pas nécessairement d'homme aussi complet au sein des forces commerciales de l'entreprise, à l'exception peut-être du directeur commercial ou du chef des ventes. Mais le pessimisme n'est pas nécessairement de mise : tel collaborateur peut à l'occasion de l'animation de la DRAC révéler telle potentialité ignorée de l'entreprise – et parfois de l'intéressé lui-même. C'est à cette occasion que le responsable de la gestion prévisionnelle des effectifs de cadres supérieurs peut alimenter son « vivier » et déceler quelles formations complémentaires doivent être apportées à ce collaborateur pour qu'il puisse accéder à une nouvelle responsabilité. La DRAC ne devient pas pour autant la filière de l'accession aux niveaux hiérarchiques supérieurs ; elle est seulement un moyen d'investigation sur les aptitudes d'un collaborateur à penser et à conduire l'action et sur son impact personnel auprès de ceux qui réaliseront l'action sur le terrain.

LE LANCEMENT DE L'ACTION

Le lancement de l'action se fait au cours d'une réunion dont la durée va d'une demi-journée à une journée, selon l'importance de l'enjeu et la part de conception qu'on attribue aux vendeurs.

Cette réunion est selon notre expérience de nature technique, donc assez éloignée de ces réunions, du type de certains congrès des ventes, où l'on insiste sur le spectacle : lieu choisi, salle décorée de banderoles, chère abondante et de qualité, orchestration à grand retentissement. Ici l'on parle de démarche concrète, on examine minutieusement chaque détail, on rassure par la précision des réponses, on donne envie de réussir par le bon professionnalisme dans lequel on plonge l'équipe de vente. Aucune démagogie, mais une rigueur de tous les instants.

Chacune des phases de l'action est expliquée de façon détaillée, par la parole et avec le paper-board. Puis le groupe est invité à donner son avis ou à exposer ses questions, ce qui permet d'ajuster les démarches et de les faire parfaitement adopter par chacun des participants.

Entre la conception initiale par le groupe de projet et ce qui est acceptable par l'équipe de vente, c'est le second point de vue qui doit prévaloir. Foin de la fierté d'auteur !

Voici un exemple de programme suivi pour une réunion de lancement :

1. Accueil des participants.

2. Présentation par le directeur commercial de l'opération commerciale. Rappel de son articulation aux objectifs commerciaux annuels de l'entreprise. Présentation du groupe de projet.

3. Présentation de l'animateur de l'opération auquel le directeur commercial délègue une partie de ses pouvoirs.

4. Présentation de la journée par l'animateur. But poursuivi. Rythme et durée des travaux. Programme de travail. Réponse aux objections et questions délibérément sollicitées.

5. Origines de la DRAC : le problème commercial auquel est confrontée l'entreprise. La DRAC comme réponse. Explication des principes, de l'esprit et des mécanismes de la DRAC.

6. Choix des produits. Exposé par l'animateur. Discussion.

7. Cibles retenues. Exposé par l'animateur. Discussion et synthèse.

8. Comment aborder les clients cibles ? Mise en question du processus habituel : ses faiblesses ; ce qui est à conserver. Proposition d'une démarche différente. Discussion et synthèse.

9. Travaux de sous-groupes autour de la rédaction de lettres de prospection et de relance, de la formulation de l'appel téléphonique qui suit l'émission de la lettre.

10. Exposé des travaux des sous-groupes ; apports complémentaires par l'animateur (ou tel membre du groupe de projet). Synthèse par l'animateur.

11. Travail en groupe plénier sur l'entretien de prise de contact. Séance de discussion. Synthèse par l'animateur.

12. Exposé de l'animateur sur les réponses aux objections.

13. Travaux d'application en sous-groupes. Exposé des travaux. Affinement.

14. Exposés sur la conduite générale d'un entretien de vente.

15. Travaux d'application en sous-groupes sur la découverte, l'argumentation et la conclusion. Exposés des travaux. Synthèses par l'animateur.

16. Déroulement de la DRAC : rythme, intégration aux activités normales de vente.

17. Discussion sur les améliorations à apporter au fonctionnement interne. Relevé des propositions constructives.

18. Suivi des activités dans le cadre de la DRAC. Suivi individuel. Coordination et liaison. Suivi de l'ensemble par l'animateur. Annonce des réunions de bilan collectif intermédiaire.

19. Programme d'animation des vendeurs sur le terrain par l'animateur.

20. Calcul des prévisions de vente et détermination de l'objectif : travaux individuels et synthèse par l'animateur.

21. Calendrier de l'opération. Fin des préparatifs. Envoi des moyens. Jour J. Calendrier des accompagnements. Calendrier des réunions en cours d'opération.

22. Coup d'envoi.

On constate à la lecture d'un tel programme – qui n'a rien d'exceptionnel – que rien n'est laissé au hasard et qu'il faut plusieurs heures de travail bien remplies pour ne pas évoquer superficiellement chacun des projets abordés.

LE SUIVI ET L'ANIMATION DE L'OPÉRATION COMMERCIALE

Ce serait une erreur de croire qu'une réunion d'une journée suffit pour lancer l'action et entretenir l'ardeur. Si les hommes jouent gagnants sur le terrain, c'est parce qu'ils se sentent suivis en souplesse, épaulés si besoin est. La présence attentive de l'animateur est l'une des clés de la réussite de l'opération commerciale.

Le suivi s'exerce à deux niveaux : l'un individuel, réalisé par chaque homme sur le terrain et qui lui permet un autocontrôle de sa marche – autocontrôle qui correspond bien à l'esprit de la DRAC qui considère chaque homme comme responsable et autonome ; l'autre collectif, synthèse des suivis individuels et qui permet à l'animateur de tenir en main la marche de l'ensemble, et donc d'intervenir opportunément sur les zones faibles ou auprès de clientèles plus difficiles.

Pour que le suivi soit efficace, l'information sur les activités doit circuler rapidement. Le téléphone est un outil souple qui permet de faire un point quotidien et d'échanger avec chacun des hommes engagés dans l'action (ce qui fait aussi partie de l'animation).

L'animation est réalisée lors de toute occasion de contact entre l'animateur de la DRAC et l'équipe de vente : conversations téléphoniques, réunions avec toute ou partie de l'équipe de vente, accompagnements individuels d'appui-vente.

Au cours des entretiens individuels et collectifs, l'animateur s'assure de l'emploi des moyens et des difficultés rencontrées éventuellement à leur sujet pour aider à les résoudre, de l'application des méthodes et démontre leur aptitude à surmonter certaines difficultés. L'animateur s'intéresse aux obstacles rencontrés et emploie sa créativité et son expérience à trouver des solutions efficaces.

L'animation, bien entendu, n'ignore pas le succès, mais les souligne et les utilise comme prétextes à des réjouissances favorisées par un repas sympathique ou par quelques bouteilles de champagne par exemple.

Nous pensons surtout qu'animer une équipe de vente – une opération commerciale n'est qu'une occasion parmi d'autres –, c'est se manifester avec les vendeurs sur le terrain, partager leurs difficultés et leur succès et en même temps les précéder pour les perfectionner, savoir les tenir en haleine d'objectif en objectif, avec des trêves bien sûr, avant de reprendre la route de nouvelles ambitions. Au fond, l'animation est à l'opposé de la routine.

L'ANALYSE DES RÉSULTATS

Toute action a une fin. Pour ce qui concerne l'opération commerciale, son achèvement a moins pour intérêt d'enregistrer un résultat que de réfléchir sur la manière dont il a été obtenu. Que ce résultat ait été favorable ou décevant, le retour en arrière s'impose sur le déroulement, les incidents qui l'ont émaillé – aussi bien internes qu'externes – chacun d'eux étant plein d'enseignements sur les produits, la clientèle, la distribution, la force de vente, les méthodes et les moyens utilisés. De même qu'un moteur et une mécanique sont éprouvés au maximum de leurs possibilités au cours des compétitions automobiles et font l'objet d'un examen impitoyable quel qu'ait été le résultat, de même par la mise sous tension dont elle est l'occasion, l'opération commerciale de type DRAC permet d'éprouver dans le mouvement les forces et les faiblesses commerciales de l'entreprise.

LES JOURNÉES PORTES OUVERTES

De plus en plus nombreux sont les distributeurs – notamment dans les domaines techniques (gros œuvre et second œuvre du bâtiment, fournitures industrielles, matériel électrique, etc.) – qui organisent, avec l'appui de leurs fournisseurs, des journées « portes ouvertes » à destination de leurs propres clients.

Les quelques conseils qui suivent vous permettront d'optimiser votre temps de présence à une telle manifestation :

• Si un thème particulier a été défini par le distributeur, rassemblez les informations et les réflexions relatives à ce thème : propositions, questions, problèmes résolus et expériences, difficultés rencontrées, informations dont vous comptez faire état et informations qui ne seront pas divulguées.

• Collectez les documentations et les statistiques venant en appui de ce que vous présenterez.

• Demandez et examinez la liste des autres participants. Soyez attentif à la présence de vos concurrents. Mobilisez-vous pour capter les informations qu'un délégué commercial trop bavard pourrait livrer. Et apprêtez-vous à ne pas en faire autant…

• Profitez des moments creux pour établir des contacts avec des interlocuteurs que vous ne rencontrez pas chez le distributeur. En effet, lors des opérations portes ouvertes, nombre de personnes concernées par l'action commerciale sont mobilisées et plus faciles à rencontrer.

• Après l'opération, établissez une note sur les enseignements que vous en retirez, les contacts à établir, les actions à entreprendre.

LES AUTRES MANIFESTATIONS COMMERCIALES

Il faudrait encore citer d'autres opérations commerciales auxquelles peut participer le vendeur : organisation de réunions de relations extérieures à but commercial, stand de foire-exposition, voyage organisé pour les clients, etc. Sans vouloir traiter ici ce sujet, qu'on nous permette de rappeler que pour le vendeur, sa participation fait partie des missions qu'il doit accomplir dans le cadre de sa fonction. En conséquence, malgré l'aspect apparemment attrayant de certaines de ces manifestations, il s'agit d'un travail et non d'une partie de détente. Il doit donc se considérer comme mobilisé pour atteindre l'objectif commercial défini pour la réunion, la présence à l'exposition, le voyage des clients (objectif qu'il se fera préciser si d'aventure on avait omis de le faire). Que les personnes invitées soient ses propres clients ou ceux de ses collègues de travail, il est l'hôte qui reçoit, prévient les désirs, en un mot est attentif et courtois pour donner de son entreprise une image attachante. Ce bref rappel, selon nos expériences, n'est pas superflu.

4 Maîtriser ses performances

« *Science sans conscience n'est que ruine de l'âme* »

FRANÇOIS RABELAIS.

Deux moments au moins distinguent l'homme d'action de la brute : chaque fois qu'il projette l'action et chaque fois qu'il réfléchit aux résultats enregistrés. Il y a dans cet effort de lucidité, qui accompagne l'action, un peu de la noblesse de la condition humaine. Le quadriptyque analyse, projet, action et réflexion se retrouve dans la démarche scientifique : observation, théorie, expérimentation, enseignement de l'expérience.

Pour développer son intelligence de l'action commerciale, le vendeur ne peut pas échapper à cette réflexion préalable et postérieure à l'action. Ce dernier chapitre se consacre donc aux évaluations qu'il doit pratiquer pour mesurer ses activités, ses comportements et ses résultats.

Ceci étant, le principe de l'évaluation ne semble pas un réflexe naturel chez les vendeurs. N'affirment-ils pas, chaque fois qu'on leur demande de rendre compte, qu'« ils font le maximum » et se contentent de ce satisfecit, sans pousser l'analyse au-delà.

Alertées et harcelées par les gestionnaires, les directions commerciales se penchent sur l'inflation des coûts commerciaux (frais de déplacements et de séjours, frais de secrétariat) et serrent de plus près la rentabilité des forces de vente. Consternées par certaines observations, leurs critiques se font jour :

- « *Nos vendeurs sont mal organisés : ils visitent toujours les mêmes clients, avec lesquels ils ont des relations agréables ; mais rebutés par les clients difficiles, ils négligent ces derniers.* »

- « *Les rapports de nos vendeurs sont peu exploitables. Il est très difficile d'assurer un suivi rationnel des clients ; il est même difficile de comprendre les clients, en se fondant sur les informations remontées par eux.* »

- « *Nos vendeurs baissent les bras face au problème du prix. Ils manquent de courage et de combativité. En fait, ils ne savent vendre que s'ils sont les moins chers ! Pour faire ce travail, je n'ai pas besoin d'eux ; un bureau et un téléphone suffisent.* »

Se pose alors la question, pour avoir une vue d'ensemble, aussi objective et précise que possible, du diagnostic de l'efficacité commerciale de l'entreprise. C'est à une intrapolation au niveau individuel et au niveau du territoire de vente du représentant que nous nous intéresserons ici, encore que les méthodes présentées puissent être également utilisées sur un plan d'ensemble, hommes et territoires.

AUTOCONTRÔLE OU CONTRÔLE HIÉRARCHIQUE ?

Quand on traite du contrôle, deux images viennent à l'esprit. L'une, redoutable, et hélas d'étymologie française, qui évoque les notions d'inspection, de vérification, presque d'inquisition, et qui est illustrée par des personnages tels que le policier, l'inspecteur des impôts ou le douanier. L'autre souhaitable, et d'étymologie anglo-saxonne, qui signifie tenue en main, maîtrise. C'est cette seconde acception du contrôle que nous privilégions ici.

Cependant, si l'on va jusqu'au bout de la logique d'une certaine conception de l'homme dans l'entreprise, qui le rend plus autonome, plus responsable, plus participant à l'élaboration des décisions qui le concernent, il faudrait admettre que l'on laisse à chacun le soin de s'auto-évaluer.

En ce qui concerne la population des vendeurs, si l'évaluation rationnelle périodique n'est pas très étendue en pratique, l'auto-évaluation est une rareté, du moins jusqu'à ce jour.

Mais si l'évaluation doit, pour être pratiquée, être assistée par un hiérarchique, ne glisse-t-on pas insensiblement vers le contrôle-vérification ? Le risque existe, et il faut se garder qu'un principe, sain en soi – faire le point de temps en temps, pour se mieux comprendre et pour apprécier les effets de son action – ne dégénère en coercition pour l'homme qui est l'objet de l'évaluation.

Conscient de ce danger de déviation de l'esprit de l'évaluation, nous avons mis au point une « règle du jeu » que nous exposerons ci-après, à propos de l'analyse des comportements du vendeur.

DOMAINES DE L'ÉVALUATION

Quel champ et quelle limite lui assigne-t-on ? Il y a bien souvent une certaine confusion dans les esprits, et l'on ne distingue guère l'individu de ses résultats, ou encore les données caractérielles et comportementales. Pour essayer d'y voir un peu plus clair, nous proposons de distinguer dans une évaluation :

- d'abord ce qui concerne les résultats obtenus par le vendeur (état et mouvements de la clientèle, état et mouvements des affaires) ;

- ensuite, on recherchera des explications aux constatations effectuées (ces explications tiennent aux activités du vendeur, et à ses méthodes de travail) ;

- on poursuivra l'investigation en fonction d'une deuxième ligne d'explications, plus personnelles, qui cerneront les compétences, les comportements individuels et les comportements sociables du vendeur.

Il faut souligner que les données caractérielles fondamentales de l'individu sont laissées volontairement de côté. Elles ont, bien entendu, un retentissement sur les comportements, sur les activités et sur les performances du vendeur. Mais ces données caractérielles, relativement intangibles, ne peuvent entrer dans le domaine de l'évaluation périodique du vendeur et de son action. C'est au moment du recrutement que le responsable commercial de l'engagement de ce collaborateur aurait dû les détecter. On pourrait presque considérer que l'individu concerné est moins responsable des effets regrettables de son caractère que l'entreprise qui, par ignorance, a négligé ce facteur. C'est plus aux responsables de l'entreprise de se comporter en bons professionnels de l'évaluation des hommes au moment du recrutement, qu'aux candidats, à qui l'on pourrait transposer l'adage juridique : « En matière d'insertion dans l'entreprise, trompe qui peut. »

INTÉRÊT DE L'ÉVALUATION

Prendre du temps pour apprécier ses résultats, chercher à les interpréter à la lumière de ses activités et de ses méthodes, aller jusqu'à se remettre en question, c'est se dépouiller de sa vie routinière, c'est retrouver une certaine fraîcheur, c'est aussi aérer sa vie professionnelle, c'est organiser les conditions d'un progrès personnel. À ceci s'ajoute, quand l'évaluation se pratique à deux (vendeur et chef de vente), un double bénéfice.

Pour la personne évaluée, la qualité de ses actions passées est commentée par rapport aux autres performances et aux volontés de l'entreprise. L'entretien d'évaluation permet de préciser le contenu des fonctions, les objectifs de travail, de recadrer les actions en cours, d'aborder les questions relatives au climat de travail, de définir les besoins de formation et de replacer le tout dans un plan de carrière.

L'évaluateur lui-même, au cours de cet entretien, peut conseiller le vendeur et l'aider à voir plus clair dans ses objectifs. Il contribue à améliorer ses capacités et ses performances, et par ce dialogue direct, peut apprécier avec plus de clairvoyance les possibilités d'évolution et de promotion du vendeur. Ce dialogue est un facteur d'amélioration des relations interpersonnelles et de clarification des rôles et des contributions de chacun pour l'atteinte des objectifs de l'équipe de vente. Le chef des ventes ou le directeur commercial peut également, à cette occasion, prendre la mesure de la façon dont il est perçu par ses collaborateurs.

Faut-il aborder la question des rémunérations au cours de l'entretien d'évaluation ? C'est en général l'usage. Cependant, pour décrisper cet aspect de l'entretien, il faut remettre certaines choses en place. Quand on évalue un vendeur et son action, il faut comprendre dans quelles perspectives s'inscrivent les principaux chapitres de l'évaluation et il convient de bien distinguer ce qui doit l'être.

Tout vendeur, comme tout individu au travail, s'analyse en fonction de son caractère, de ses comportements, de ses performances. C'est une erreur profonde de rémunérer un caractère ou un comportement. En bonne économie, seuls les résultats débouchent sur une évolution de la rémunération. L'analyse du comportement et les insuffisances décelées, tant sur le plan individuel (activités, méthodes) que sur le plan de la collectivité (relations interpersonnelles) peuvent être corrigées par des programmes de formation technique ou personnelle, certaines de ces actions de formation confinant à la thérapie individuelle et en groupe.

Quant aux dissonances dues à la constitution caractérielle de l'individu, dans la mesure où elles sont incorrigibles, elles débouchent sur un reclassement, d'abord au sein de l'entreprise ou à défaut à l'extérieur, à la charge de l'entreprise, parce que c'est elle qui a commis une erreur de recrutement.

MÉTHODE DE L'ÉVALUATION

Il y a derrière toute appréciation des performances et toute recherche des origines, un arrière-plan d'équité et de justice à ne pas perdre de vue. Ceci doit inspirer les méthodes d'évaluation.

Une des premières questions qui se pose est celle de l'étalon. Par rapport à quelles normes apprécie-t-on la clientèle, les commandes, les activités, les comportements d'un vendeur ? Par rapport à lui-même, selon le principe du défi en vue d'un dépassement ? Par rapport aux autres collaborateurs ? Et dans ce dernier cas, faut-il choisir le niveau moyen ou le niveau le plus élevé ?

Le choix du standard sera effectué en fonction du vendeur et du potentiel de son territoire, à un niveau ni trop élevé (la mégalomanie décourage ou démobilise), ni trop faible (car alors le standard n'a plus de valeur stimulante des énergies).

En ce qui concerne les critères d'évaluation du vendeur et de ses résultats, ainsi que le choix du standard, il est indispensable d'associer les collaborateurs concernés à leur définition. De même, l'évaluation proprement dite doit conserver un aspect contradictoire : l'intéressé ne doit pas être noté à son insu, mais doit participer au constat et à l'interprétation des observations effectuées.

Peut-on atteindre l'objectivité ? Si les chiffres sont précis, l'objectivité est difficile dès que l'évaluation est qualitative. En général, on essaie d'atteindre cette objectivité par un système de notes, ou même on raffine en notant les critères d'évaluation multiples sur une échelle d'appréciation. Voici un exemple pour un merchandiseur :

```
                    0                 5                      10
Animation linéaire  L.......l........l........l......♦.......l.......l.......l.......l.......l
                    0                                        10
Relevé de linéaire  L.......l........l........l........l......l.......l.......l.......♦.......l
                    0                                        10
Animation dégustation L.......l........l........l......♦.......l.......l.......l.......l.......l
                    0                                        10
Suivi des promotions  L.......l........l........l........l......l.......♦.......l.......l.......l
                    0                                        10
Gestion des stocks  L.......l........l........l........l......l.......l.......l......♦.......l
                    0                                        10
Contrôle de fraîcheur L.......l........l........l........l......l.......l.......l......♦.......l
                    0                                        10
Utilisation de la P.L.V. L.......l........l........l........l...♦.......l.......l.......l.......l
```

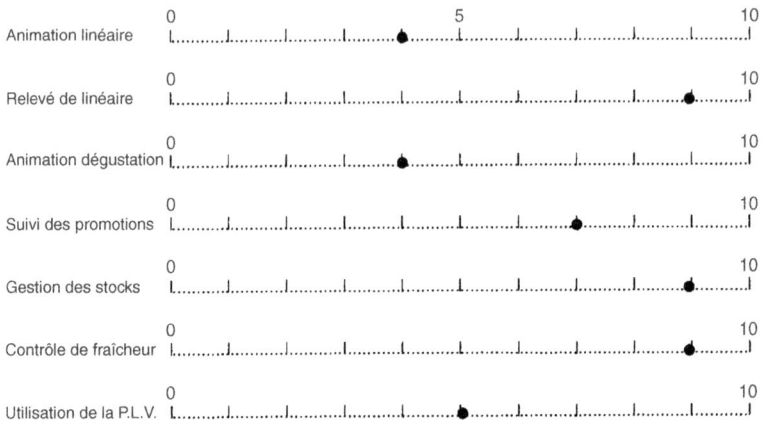

FIGURE 52 – *Curseurs d'évaluation.*

Ce système de notation détaillée en fonction de critères multiples est une amélioration apparente sur les évaluations du type « médiocre », « passable », « assez bien », « bien » et « très bien », qui rappellent le maître d'école et sont teintées de paternalisme.

Cependant, même ce système nous semble insuffisant. En effet, ces notes sont un constat qui ne permet guère d'interprétation pour le vendeur concerné. Il sait que sa note est au-dessus ou au-dessous de la moyenne ou de la moyenne de l'équipe. La notation est statique.

Nous lui préférons un système d'évaluation descriptif, tel que celui que nous présentons plus loin. La description permet au vendeur de se connaître et de constater à quel niveau d'évolution il se trouve. De plus, le maximum est constitué par la description de la norme à atteindre.

Bien entendu, l'élaboration des descriptions se fait avec les vendeurs, ou, s'ils sont trop nombreux, des délégués de la force de vente : on échappe ainsi au risque d'irréalisme de la norme et des niveaux inférieurs.

À quel rythme faut-il pratiquer les contrôles ? Cela dépend du type d'information et de la maturité professionnelle du vendeur. On peut envisager les rythmes suivants :

Type d'information	Rythme
Analyse de la clientèle du secteur	Annuel
Analyse des commandes du secteur	Bisannuel ou trimestriel
Analyse des activités du vendeur	Mensuel (en période de formation), trimestriel ou semestriel
Analyse des méthodes du vendeur	Trimestriel (formation), annuel, voire biennal
Analyse des compétences du vendeur	Semestriel (formation) biennal
Analyse des comportements de vente	Trimestriel (formation) annuel, voire biennal
Analyse des comportements sociables du vendeur	Selon nécessité (climat altéré, crise)

FIGURE 53 – *Périodicité des évaluations.*

Les rythmes indiqués sur ce tableau sont ceux auxquels on effectue des synthèses. Il est évident que l'arrivée des commandes en particulier est suivie à un rythme quotidien ou au moins hebdomadaire.

LE DIAGNOSTIC DE L'EFFICACITÉ COMMERCIALE DU SECTEUR DE VENTE

Plutôt que de présenter une description de ce diagnostic, il nous semble plus simple de l'exposer sous la forme d'un plan. Ce diagnostic comporte huit chapitres :

1. Clientèle du secteur

2. Commandes du secteur

3. Activités du vendeur

4. Productivité du vendeur

5. Compétences du vendeur

6. Méthodes du vendeur

7. Comportements de vente du vendeur

8. Comportements sociables du vendeur

1 – Analyse de la clientèle du secteur de vente

101. Nombre de clients repérés (sur fichier ou liste d'ordinateur).

102. Nombre de clients actifs depuis douze mois (qui ont émis au moins une commande).

103. Nombre de clients assurant 80 % du chiffre d'affaires (voir Loi de Pareto, chapitre 2).

104. Nombre de clients assurant 80 % de la marge brute.

105. Liste des clients, par ordre décroissant, assurant 80 % du chiffre d'affaires.

106. Liste des clients, par ordre décroissant, assurant 80 % de la marge brute.

107. Quels sont, depuis trois ans, les clients qui ont progressé en chiffre d'affaires, en %, plus que le taux de l'inflation ?

108. Quels sont, depuis trois ans, les clients qui ont progressé en chiffre d'affaires, en %, plus que le taux de progression de l'entreprise sur le plan national ?

109. Quels sont les clients qui ont dégagé une marge brute en progrès depuis deux ans ?

110. Quels sont les clients qui ont dégagé une marge brute en régression depuis deux ans ?

La confrontation des listes de clients et des chiffres révèle :

111. S'il y a coïncidence entre les clients assurant le chiffre d'affaires et la marge brute (rangs pratiquement identiques de la comparaison des § 105 et 106).

112. S'il y a des écarts sensibles entre les classements des listes des § 105 et 106 (par exemple, client en septième rang pour le chiffre d'affaires et en trente-huitième rang en marge brute) il est alors indispensable d'analyser en détail les raisons de cette anomalie.

113. Où se portent les progressions enregistrées : chiffre d'affaires ou rentabilité ? (comparaison des § 107 et 108), sur de grands ou moyens clients ? (effet puissant) ou sur des petits clients ? (effet faible)

114. Nombre de clients inactifs depuis deux mois, mais actifs les années précédentes. Importance de ces clients en chiffre d'affaires et en marge ?

115. Comment explique-t-on cette inactivité ?

La comparaison entre secteurs de vente fournit-elle des explications propres à l'action du vendeur, ou aux particularités de son territoire (par exemple, mévente d'un additif anticalcaire dans les départements du Massif Central) ?

116. Nombre de clients dont on a évalué le potentiel accessible. Nombre de gros potentiels décelés.

117. Nombre de clients dont on ignore le potentiel accessible.

2 – Analyse des commandes du secteur de vente

201. Mode de transmission des commandes :

- % parvenues par l'Internet ;
- % parvenues par téléphone ou par e-mail ;
- % parvenues par courrier ;
- % parvenues par téléphone, proportions confirmées par un courrier ou par télécopie ;
- % prises directement par les commerciaux lors d'une visite.

Il faut se garder d'une interprétation trop rigide des différences de répartition des commandes d'un secteur de vente à l'autre, dans la mesure où les usages régionaux peuvent privilégier tel ou tel mode de communication.

202. On développera éventuellement l'analyse du mode de communication des commandes en le rapportant aux types de produits vendus par l'entreprise (gros appareils et pièces détachées, commandes annuelles et réassorts, etc.).

203. Pour les produits, fabrications, constructions, installations, services vendus sur devis, il est intéressant de suivre :

- les produits commandés sans modification du devis ou de la proposition de départ ;
- les produits commandés avec modification légère du devis ou de la proposition de départ ;
- les produits commandés avec modification importante, nécessitant la refonte complète du devis ou de la proposition de départ ;
- les produits commandés sans devis (émanant en général de clients anciens et fidèles).

204. Pénétration de la gamme chez les clients.

Selon que le nombre de produits ou de références est peu important ou très important, on conduira cette analyse soit par produits, soit par familles de produits :

- nombre de clients achetant un seul produit (une seule famille de produits) ;
- nombre de clients achetant un seul produit et ses complémentaires ;
- nombre de clients achetant plusieurs produits (plusieurs familles de produits).

205. Rentabilité des commandes.

Pour des raisons de simplicité, les frais fixes administratifs et commerciaux sont en général répartis au prorata du chiffre d'affaires et placent donc toutes les commandes à égalité.

L'écart de rentabilité d'une commande à l'autre vient (et il faut les comptabiliser comme des frais) :

- des remises consenties sur chaque commande ;
- du prorata des « bonifications de fin d'année » ;
- des frais imputables à une commande précise (intervention du service après vente, retour partiel ou total de la marchandise, frais de livraison, etc.).

3 – Analyse des activités du vendeur

301. Nombre de clients visités (on comparera ce nombre à l'indication du § 101).

302. Répartition du portefeuille de clients.

Nombre de clients visités selon les fréquences mensuelles : 4, 2, 1, 1/2, 1/3. Clients non visités (voir chapitre 8).

303. Nombre de visites à effectuer annuellement.

Ce nombre est obtenu en faisant le produit du total théorique de clients du § 302 par la fréquence de visite mensuelle, le tout multiplié par dix ou onze mois.

304. Potentiel annuel de visites.

Ce potentiel est calculé en fonction du temps disponible, de la durée moyenne d'une visite, du temps de déplacement, selon la méthode exposée aux chapitres 7 et 8 de cet ouvrage.

305. Indice théorique de saturation du vendeur

Il est obtenu par le rapport :

$$\frac{\text{Nombre de visites annuelles à effectuer (§ 303)}}{\text{Potentiel annuel de visites (§ 304)}}$$

Si le rapport est aux environs de 1, la charge de travail est équilibrée. Si le rapport est supérieur à 1, il y a saturation. Enfin, si le rapport est inférieur à 1, le vendeur est sous-employé.

En cas de saturation, on envisagera de réduire le secteur ou de confier une partie de la clientèle à un autre vendeur, ou encore d'espacer certaines visites à des clients sans potentiel, et peu rentables, ou de traiter lesdits clients par téléphone.

En cas de sous-emploi, on songera d'abord à organiser un plan de prospection du secteur.

306. Nombre de visites réellement effectuées.

L'information vient de la récapitulation des comptes rendus d'activité (voir chapitre 10). Ce nombre sera comparé à ceux des § 303 et 304.

307. Productivité du vendeur.

Pour couvrir le maximum de champ d'investigation, nous avons pris le cas extrême de la productivité des actions de prospection, précédées par un appel téléphonique ou une visite de prise de rendez-vous :

• appels téléphoniques avec acceptation de rendez-vous ;

• appels téléphoniques avec refus de rendez-vous ;

• visites de prise de rendez-vous avec acceptation ;

• visites de prise de rendez-vous avec refus ;

• visites de prise de rendez-vous, suivies immédiatement d'un entretien ;

• premier entretien sans suite ;

• premier entretien à recontacter ;

• premier entretien avec demande de devis ;

• première relance téléphonique, après envoi du devis ;

• deuxième entretien avec remise du devis en main propre ;

• autres relances téléphoniques ;

• troisième entretien (ou plus) ;

• commandes refusées ;

• commandes acceptées ;

• montant des commandes.

De cette analyse, on dégage un certain nombre de ratios :

306. Nombre d'appels téléphoniques et de visites pour obtenir un rendez-vous (productivité comparée des deux démarches).

309. Nombre de visites pour obtenir une commande.

310. Temps nécessaire (reconstitué) pour obtenir une commande.

311. Chiffre d'affaires produit en moyenne par heure de prospection.

312. Nombre de renouvellements après la première commande.

L'enchaînement des étapes du processus de prospection entre elles permet de déterminer que n appels téléphoniques génèrent v visites, entraînant l'élaboration de d devis, qui déclenchent z commandes et x euros de chiffres d'affaires.

4 – Productivité financière du vendeur

La rentabilité d'un secteur de vente tient à la marge brute dégagée par le représentant, en raison de sa rigueur dans l'application des conditions tarifaires consenties aux clients et à la promotion accrue des produits les plus rentables de l'entreprise d'une part, et en raison de son souci de limiter les frais de déplacements et de réceptions des clients d'autre part.

401. Coût moyen de l'unité de visite.

Se reporter au chapitre 8. Ce coût résulte de l'addition du salaire, des charges sociales, des charges de structure, des frais de déplacements et de séjours. On divise le coût total annuel obtenu par le nombre de visites effectivement réalisées (§ 306).

402. Chiffre d'affaires par visite.

403. Marge brute moyenne par visite.

La marge brute moyenne par visite s'obtient par le calcul suivant :

$$\frac{\text{Prix de vente hors taxe} - (\text{Prix de revient hors taxes} + \text{salaires} + \text{charges sociales et frais de circuits de visites})}{\text{Nombre de visites}}$$

404. Chiffre d'affaires par commande.

APPRÉCIER L'EFFICACITÉ QUAND LE VENDEUR NE PREND PAS DE COMMANDES

Dans de multiples industries, les vendeurs ne prennent pas de commande, et il s'agit cependant d'apprécier les capacités et les performances de ceux que l'on appelle alors « attachés », « délégués », « fondés de pouvoirs », « attachés de direction », « chargés de clientèle ».

Il y a dans ce refus d'emploi de la qualification de vendeur comme une fuite devant la nécessité d'être responsable d'un courant d'affaires puissant entre l'entreprise et sa clientèle.

La difficulté de mesure de la productivité et de la rentabilité de l'homme sur son secteur de vente, le désir d'être considéré au-dessus de la condition de vendeur, tout concourt à écarter une évaluation des résultats de celui-ci. En effet, on invoquera, qui la conjoncture, qui de multiples facteurs qui brouillent les pistes. Et il est vrai que l'inactivité ou l'inefficacité d'un homme peut n'être révélée qu'après des mois, voire des années, en raison d'une certaine inertie des échanges commerciaux entre l'entreprise et ses clients.

Une analyse serrée des structures et des processus de la commercialisation des produits de l'entreprise permet de cerner de plus près la réalité et l'efficacité de l'action commerciale du responsable du secteur.

Un schéma, emprunté à la négociation de produits de seconde œuvre pour le bâtiment, donne une indication sur la façon dont on peut organiser l'analyse. Dans ce type de métier, on distingue ceux qui génèrent les affaires, et les affaires proprement dites, avec toutes les étapes de leur déroulement.

L'évaluation de l'efficacité du vendeur portera sur la qualité des relations avec les partenaires de l'entreprise, et sur les activités de visites aux différents générateurs d'affaires (par exemple : négociants, entrepreneurs, prescripteurs) et sur le suivi de chaque chantier (appréciation de l'évolution des chances d'aboutir en notre faveur, ou de l'importance de la commande).

Les particularités d'un tel métier n'empêchent pas d'établir certains ratios. Par exemple, on peut rapprocher le chiffre d'affaires du secteur du nombre de fiches de suivi de chantiers « ouvertes » par le représentant.

Ceux qui génèrent les affaires   La vie des affaires

Négociants

Entrepreneurs   CHANTIER A

Prescripteurs   CHANTIER B

                                                 CHANTIER C

                                                 CHANTIER etc.

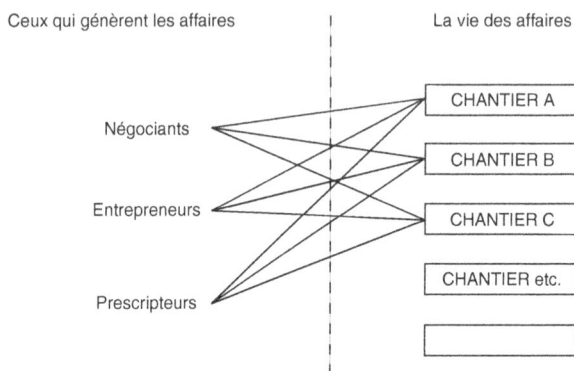

FIGURE 54 – *Générateurs d'affaires et affaires.*

L'INTERPRÉTATION DES PERFORMANCES

On ne peut pas se contenter de recueillir des chiffres, ni même d'établir des ratios. Il ne suffit pas de constater, il faut encore éclairer ces informations en procédant à des comparaisons. On compare ainsi un chiffre actuel à un chiffre passé (résultat de l'an dernier à ce jour et résultat de cette année), ou à l'objectif, ou d'une région à l'autre, ou à l'ensemble de la France, ou encore aux informations disponibles sur le marché (panels ou statistiques professionnelles).

Cette comparaison fait apparaître des écarts. Selon leur importance relative d'abord, absolue ensuite, les points forts et les points faibles surgissent immédiatement.

L'émergence d'un écart ne suffit pas encore. Il faut rechercher l'explication. On notera au passage qu'il s'agit moins de chercher à « défendre son dossier » que de réaliser un effort d'analyse objective, pour prendre une pleine conscience des phénomènes liés à l'action du vendeur, ou indépendants de cette action.

Cette recherche d'explication porte successivement sur les causes de l'écart observé, puis sur l'examen des conséquences si cette situation se prolonge. Il est évident que l'interprétation des performances débouche sur des décisions à prendre ou à recommander, si l'on sort de son domaine de compétence ou de responsabilité.

ANALYSE DES MÉTHODES, DES CONNAISSANCES ET DES COMPORTEMENTS : LA GRILLE D'ÉVALUATION

Ce qui explique la performance commerciale d'un vendeur tient en grande partie à son expérience et à son comportement. Or, à ce point de l'analyse, nous touchons à un domaine que le vendeur considère à juste titre comme extrêmement personnel.

Apprécier globalement l'ensemble de ces facteurs est insuffisant. Décerner des mentions approuvant (très bien, bien) ou réprouvant (insuffisant, passable) en bloc les méthodes, les compétences et les comportements du vendeur est considéré comme insultant : c'est un dialogue professionnel entre adultes, portant sur des aspects précis, que souhaitent les vendeurs dans leur grande majorité.

Aussi faut-il parvenir, pour établir un bon diagnostic de l'état des forces et des faiblesses de l'homme sur ces sujets, à un système descriptif : c'est le but visé par la grille d'évaluation, dont on trouvera des exemples dans les pages suivantes.

Le principe de la grille d'évaluation repose sur l'observation qu'un homme peut progresser et établit la description sur des niveaux successifs, qui sont ceux par exemple du vendeur perfectible, du vendeur expérimenté et du vendeur ayant une totale maîtrise de son métier. Aucun vendeur, bien entendu, n'est totalement de niveau 1 (perfectible) ou de niveau 3 (professionnel).

Le niveau « professionnel » n'est pas considéré comme exceptionnel. Il est la norme à atteindre.

L'évaluation se pratique en double commande, le vendeur et le chef des ventes ou l'animateur, chacun disposant d'un exemplaire et cerclant la proposition qui convient d'un commun accord.

LA RÈGLE DU JEU D'UNE GRILLE D'ÉVALUATION

Nous avons déjà exprimé la crainte que l'appréciation des qualités professionnelles du vendeur ne dégénère en opération coercitive. C'est pourquoi nous recommandons toujours d'associer à la mise en place d'une grille d'évaluation une règle du jeu, qui devienne la loi librement consentie des parties.

C'est dans le même esprit que nous recommandons également que la grille d'évaluation soit composée avec tout ou partie des vendeurs et que chacun d'eux puisse modifier certains libellés : on vise plus l'adaptation personnelle que l'universalité.

Exemple de règle du jeu

1. Chacun des éléments indiqués ci-dessous doit être appliqué impérativement, pour ne pas compromettre l'esprit de collaboration confiante et adulte que la grille suppose.
2. La grille est un document conçu pour le collaborateur ; c'est sa propre progression qui est concernée.
3. La motivation de fond qui doit l'animer repose sur l'intérêt que le collaborateur porte à lui-même, son amour-propre.
4. L'évaluation n'est pas un jugement. Elle est le signe d'une relation d'aide.
5. L'évaluation n'est jamais pratiquée à l'insu du collaborateur concerné : elle donne lieu à discussion.
6. Une évaluation demande du temps et un moment choisi. Soignez l'aspect sympathique du moment de l'évaluation.
7. Le collaborateur est consulté au sujet de la qualité de la grille. Il est tenu compte de ses observations.
8. L'évaluation recherche une grande objectivité par une meilleure analyse.
9. L'évaluation permet de mesurer les progrès accomplis de date en date.
10. L'évaluation sert de base au perfectionnement :
    – mesures d'organisation à prendre ;
    – formation à assurer.
11. Aucune sanction, ni aucune récompense ne sont attachées à l'évaluation. Il est préférable de la pratiquer hors des périodes de décision des rémunérations et des primes.

5 – Analyse des connaissances du vendeur

L'analyse des connaissances porte sur :

• La connaissance des produits.

Il s'agit d'une vue globale sur la gamme et sur les familles de produits, connaissance détaillée des compositions, modes de fabrication, modes d'emploi, et d'une manière générale tout ce qui permettra de nourrir l'argumentation de faits et de conseils. Conscience des évolutions des produits de la gamme (produits moteurs, adjuvants, espoirs, remis en question, traînards) et des contributions au chiffre d'affaires et à la marge. Connaissance des arguments qui conviennent à chaque type de clientèle, et des découvertes indispensables à effectuer :

* La connaissance des produits concurrents.

Avantages et inconvénients comparés de nos produits et de ceux de la concurrence (étendue de la gamme, largeur et profondeur, qualités intrinsèques, image, prix, etc.). Connaissance des nouveaux produits lancés par la concurrence.

* La connaissance des politiques, des méthodes et des actions de la concurrence : actions et promotions commerciales, prix pratiqués, présence en clientèle, etc.

* La connaissance et l'application de notre propre politique commerciale.

* Orientations et objectifs concernant les produits et les clientèles. Conscience nette des priorités pour le secteur. Maîtrise du plan d'action établi à partir des volontés de la politique commerciale.

* La connaissance de la clientèle, de la distribution et de la consommation.

Potentiel, organisation, structure de décision, canaux de distribution (traditionnel, concentré, super et hypermarchés, grossistes, *cash and carry*, etc.). Tendance des chiffres d'affaires, des stocks, des délais de règlement, extensions et cessations d'activités, regroupements, ouvertures. Évolution des centres de consommation, périodicité ou régularité de la consommation (phénomènes saisonniers, cycles de consommation ou d'utilisation). Évolution des attributions de crédits, du pouvoir d'achat, etc.

* La connaissance des coûts.

Coûts propres au vendeur : coût moyen d'une unité de visite, coût des moyens mis à sa disposition (matériels, échantillons, imprimés, équipe de démonstration, etc.). Coûts engendrés par son action : frais de livraison, coût des conditions tarifaires, coût pour l'entreprise des retards de paiement des clients, etc.

Voici deux extraits d'une grille d'évaluation. Les quatre niveaux sont qualifiés respectivement de proscrit, de perfectible, de majeur et de professionnel.

	CONNAISSANCE DE LA CONCURRENCE ET EXPLOITATION		CONNAISSANCE DES PRODUITS
À proscrire	**Perfectible**	**Majeur**	**Professionnel**
• Ignorer la concurrence • Critiquer systématiquement la concurrence et ses représentants (sans d'ailleurs bien les connaître) • Livrer des informations à la concurrence	• Aveuglé par la supériorité de sa société néglige de recueillir une information détaillée sur la concurrence • Situe approximativement les noms et les positions des concurrents principaux • Surestime ou sous-estime la concurrence (absence de comparatif) • Connaît mal : – les positions des concurrents dans la distribution – les produits • Ignore : – la santé financière des concurrents – les conditions qu'ils consentent	• Connaît globalement tous les concurrents • Connaît les produits concurrents et leurs forces et faiblesses par rapport aux produits de sa société • Connaît les représentants des concurrents • Connaît mal : – les conditions commerciales – les actions commerciales – le réseau – les parts de marché chez les distributeurs – leur santé financière • Exploite partiellement sa connaissance de la concurrence pour vendre	• Connaît la liste complète des concurrents, y compris régionaux et pour toutes les familles de produits – leur rang et leur part (approximative) du marché – leurs conditions – leurs actions commerciales – leurs produits et leurs forces et faiblesses par rapport aux produits de sa société – les représentants et leur compétence – leur distribution et leur implantation – leur part de marché chez chaque distributeur important – leur part de marché chez les principaux utilisateurs – leur santé financière • Profite de sa connaissance complète de la concurrence pour l'exploiter et la transmettre au Siège
• Ne pas connaître le catalogue • Ne pas connaître les produits • Ne pas situer correctement les familles de produits • Ne pas connaître la fabrication • Ne pas connaître l'utilisation des produits	• Connaît certaines familles de produits • Connaît seulement les utilisations essentielles des produits	• Connaît les utilisations principales • Connaît et utilise le catalogue • Se concentre sur sa spécialité	• Connaît : – l'étude et la fabrication des produits – leur origine – les références – leurs utilisations – leurs points forts et leurs points faibles par rapport à la concurrence • Évalue rapidement les prix • Connaît et utilise rapidement et globalement le catalogue • Est à l'écoute des besoins pour faire évoluer ou faire créer de nouveaux produits

TABLEAU 55 – *Grille d'évaluation des connaissances.*

	GESTION DES CIRCUITS DE VENTE	PRÉPARATION DE LA VISITE	EXPLOITATION DE LA VISITE
Professionnel	• Suit un plan de travail • Planifie sa tournée et organise ses rendez-vous • Confirme ses visites auprès du bon interlocuteur • Organise ses fréquences de visites en fonction du potentiel • Évite les kilomètres inutiles • Prépare soigneusement ses dossiers • Signale ses déplacements et son itinéraire au secrétariat commercial • N'oublie rien • Gère les imprévus • Ponctuel • Personnalise les heures de rendez-vous en fonction des clients	• Recherche des informations sur l'organisme et sur la personne qu'il va rencontrer • Réfléchit en s'appuyant sur le « Plan d'analyse d'un maillon » • Révise sa présentation pour l'adapter à la situation rencontrée • Prépare les questions essentielles à poser à son interlocuteur	• Sa confirmation reflète l'entretien • Un échéancier précis des étapes ultérieures est défini et suivi • Transmet aux services concernés les informations qui les concernent, assorties de recommandations pour l'exécution • Utilise systématiquement le SARC, dont il maîtrise bien l'emploi
Majeur	• Suit un plan de travail • Organise ses visites • Prend ses rendez-vous • Prépare ses dossiers • Informe de ses déplacements • Respecte les fréquences de visites • Ponctuel	• Se contenter d'une information partielle sur l'organisme et/ou la personne qu'il va rencontrer • A mis au point une présentation et un début de découverte standard	• Confirmation systématique mais impersonnelle • A de la difficulté à apprécier son pronostic de résultat (SARC*) [* Voir *Manager les vendeurs*, chapitre 11 et *Prospection commerciale*, chapitre 18]
Perfectible	• Manque de préparation • Tournées improvisées sans rendez-vous • Visites dispersées • Dossiers clients incomplets • Arrive en retard aux rendez-vous • Ne s'adresse pas aux bons interlocuteurs • Ses heures de rendez-vous sont inadaptées aux différents interlocuteurs	• Effectue une préparation superficielle dans sa voiture, en comptant sur ses talents pour improviser	• Confirmation tardive et approximative • Ne planifie pas les étapes successives et assure le suivi selon son inspiration • Transmet des informations imprécises, incomplètes ou difficiles à exploiter
À proscrire	• Ne rien préparer • Ne pas téléphoner à ses clients • Ne pas prendre de rendez-vous • Ne pas réserver d'hôtel • Oublier ses dossiers • Travailler en solitaire	• Aller chez le client ou le prospect en improvisant	• Ne donner aucune suite à l'entretien • Ne pas transmettre les informations aux personnes concernées

TABLEAU 56 – *Grille d'évaluation des méthodes d'organisation.*

	À proscrire	Perfectible	Majeur	Professionnel
SYNTHÈSE DE LA DÉCOUVERTE	• Omettre la synthèse	• Fait la synthèse en fonction de ses idées et non des besoins du client • Synthèse appliquée, sent un peu l'effort • Synthèse incomplète • N'a pas encore compris l'intérêt de la synthèse	• Synthèse honnête • Synthèse un peu déséquilibrée, non reliée aux points d'appuis	• Reformule d'une façon claire et concise les éléments positifs de la découverte • Se fait confirmer par le client le bien fondé de la synthèse • Le client est invité à compléter, si nécessaire • La synthèse repose sur les points d'appui pris pendant la découverte • Synthèse habile qui anticipe l'argumentation
TACTIQUE DE PRÉSENTATION DES PRODUITS EN PROSPECTION	• Méconnaissance des gammes et des produits • Oubli ou manque de documentation • Ignorance de la politique commerciale et des priorités de produits	• Présentation désordonnée • Ne sait pas tirer parti des points forts de la gamme • Présente les produits sommairement et sans mise en relief • N'utilise pas ses fiches techniques	• Connaît bien les produits • A élaboré une tactique de présentation des produits et s'y tient • Tendance à se limiter à l'aspect technique du produit et à répondre aux seuls besoins exprimés du client	• Maîtrise ses gammes de produits et les présente astucieusement en fonction des besoins et de la psychologie du client et de sa clientèle
TACTIQUE DE PRÉSENTATION DES PRODUITS CHEZ LES CLIENTS ACQUIS	• Ne pas construire de tactique de vente des produits en consultant la fiche du client • Ne pas présenter les produits nouveaux, ni les promotions • Se contenter du « relevé de compteurs » et ne pas implanter de produits	• Tendance à privilégier les produits qu'il a appréciés en dégustation personnelle et en parle avec enthousiasme • Tourne les pages du catalogue • Présentation brouillonne • Embarrassé pour répondre à une question du client parce qu'il ne connaît pas son catalogue sur le bout du doigt • Vend les promotions en premier et se crée des handicaps pour les autres produits	• Commence par la commande de réassort • Présente ensuite les promotions, puis les nouveautés	• Présente les produits dans l'ordre suivant : a) Produits référencés b) Un ou deux produits à implanter (DRAC personnelle)* c) Les nouveaux produits d) Les promotions pour « pousser » la commande * Voir chapitre 13

TABLEAU 57A – *Grille d'évaluation de la méthode de vente.*

	À proscrire	Perfectible	Majeur	Professionnel
DÉMONSTRATION DÉGUSTATION	• Oublier ses échantillons • Présenter des échantillons défectueux (écrasés, périmés, pas frais) • Refuser de goûter les produits	• N'utilise pas suffisamment les moyens publicitaires à sa disposition (photos, catalogue, échantillons) • Démonstration bâclée pour arriver à la commande • Ne sait pas valoriser le produit en démonstration • Remet l'échantillon comme un cadeau sans importance	• Choisit le moment opportun pour la dégustation et la dirige en personne • Explique bien les conseils d'utilisation du produit et sa composition (exploite bien sa fiche technique)	• Idem, niveau 2, et en plus : • Démontre le « plus » que l'entreprise apporte au client par rapport à son besoin • Fait saliver et crée le désir d'achat (met en valeur les qualités organoleptiques) • Démonstration rigoureuse en phases et en points clés • Sait décaler ses paroles et la perception visuelle, olfactive et gustative du client • Présente des échantillons irréprochables et étiquetés
TRAITEMENT DES OBJECTIONS	• Contrer brutalement l'objection • Rester coi • Se moquer des craintes ou du manque d'information du client	• Accepte l'objection sans la traiter ou y répond maladroitement et sans assurance • L'objection lui fait perdre ses moyens et le démoralise	• Esquive l'objection en ne l'entendant pas • Traite l'objection sans reformulation et amortit peu ou pas l'objection • Répond du tac au tac	• Reformule l'objection avec doigté, voire avec humour • Transforme l'objection en argument (parade-appui) • Sait distinguer l'objection prétexte de l'objection réelle • Joue avec habileté du répertoire des parades : effritement, division, affaiblissement, écran...

TABLEAU 57B – *Grille d'évaluation de la méthode de vente.*

	À proscrire	Perfectible	Majeur	Professionnel
CONVIVIALITÉ RELATIONNELLE	• Se prendre au sérieux • Jouer un personnage artificiel • Ignorer ou être indifférent à cette dimension de la relation	• Bonne volonté, mais un peu de maladresse • N'ose pas passer à une relation conviviale par timidité ou complexe • Excès d'enthousiasme (adolescent prolongé)	• Joue un jeu avec une recette identique pour chacun • Bien élevé, mais un peu froid • S'en tient à ce qui est strictement professionnel • S'efforce de présenter une façade sympathique mais n'est pas crédible parce que ça ne part pas de l'intérieur	• Simplicité des rapports humains • Chaleur • Sourire • Intérêt porté aux autres et à ce qui les intéresse • Adaptation sans affectation à chacun • Parvient à susciter des échanges très personnels avec ses interlocuteurs
COLLECTE ET TRANSMISSION DES INFORMATIONS OPÉRATIONNELLES	• Ne pas se sentir concerné par les informations • Ne pas les exploiter • Ne pas les transmettre	• Reçoit les informations et les exploite à son usage • Les transmet sans discernement	• Recueille les informations à son usage • Les transmet sans les traiter aux services et personnes concernés	• Est à l'affût des informations • Les collecte • Évalue les informations et les recoupe • Les transmet aux services ou personnes concernés

TABLEAU 58 – *Grille d'évaluation des comportements sociables.*

6 – Analyse des méthodes du vendeur

L'analyse des méthodes du vendeur porte sur les aspects principaux d'une pratique qui fait que l'on peut dire si la personne évaluée est, ou n'est pas méthodique. Par cette analyse détaillée, on échappe à un avis global, pour émettre une appréciation nuancée, faisant apparaître les points forts et les points faibles, ces derniers étant alors autant d'invitations à se perfectionner.

Parmi les points à examiner, on retiendra :

• La préparation des visites.
• La mise à jour de la fiche de client après la visite.
• L'émission de rapports et de comptes rendus de visites.
• L'émission des comptes rendus d'activités.
• Le rangement du coffre de la voiture, la propreté du véhicule.

Cet aspect de l'évaluation peut prêter à sourire ou peut choquer (« *De quoi se mêle-t-on ?* »). Cependant, ce coffre de voiture sert de rangement à un matériel de démonstration, à de la documentation, à des échantillons, qui, soit nécessitent un accès rapide et facile, soit exigent d'être maintenus propres ou d'être protégés. De plus, il arrive qu'un client raccompagne le vendeur jusqu'à son véhicule, et que le spectacle d'un véhicule mal rangé, sale ou au contraire d'une voiture soignée et nette, influe sur l'opinion qu'il peut avoir sur le vendeur en question.

• Le rangement de la serviette.

Même observation que précédemment… Certaines recherches désordonnées de documents, dans un fouillis indescriptible, pour parvenir à exhiber un imprimé – malheureusement périmé – ne manquent pas de pittoresque. Mais la vente ne consiste pas à faire rire à ses dépens.

• La tenue du fichier : création des fiches, classement, échéancier de relances.
• La gestion du temps et le suivi des activités (conscience des masses de temps affectées aux visites, aux trajets, aux tâches administratives et de gestion, etc.).
• L'organisation des circuits de visites de la clientèle.
• Le respect des circuits de visites programmées.
• L'utilisation des aides à la vente (supports de présentation, de découverte, de démonstration).
• L'utilisation des formulaires types de lettres de vente.

7 – *Analyse de la méthode de vente*[1]

L'observation porte sur les aspects suivants :

- Prise de contact avec les clients acquis.
- Prise de contact chez les prospects.
- Pratique de la découverte.

La découverte peut être analysée en détail plus fins, tels que découverte par l'observation, emploi des supports de découverte, manière de conduire l'interview, utilisation des techniques d'interview, découverte psychologique, découverte « technique », prise de point d'appui [1].

- Synthèse de la découverte.
- Tactique d'énoncé de la proposition.
- Argumentation.
- Examen des réclamations.
- Réponse aux objections.
- Conclusion de la vente ou de l'entretien.
- Prise de congé.

Chaque métier a ses particularités et l'on trouvera d'un métier à l'autre des aspects à observer qui n'ont pas un caractère universel, tels que ceux que nous présentons sous forme d'extraits de la grille d'évaluation[2].

8 – *Analyse des comportements sociables du vendeur*

Un vendeur est un individualiste à tous crins, c'est bien connu. Cependant, certains échappent heureusement à cette idée reçue, et sont dotés de qualités qui les font particulièrement apprécier, en raison de l'effet bénéfique de leur attitude sur le climat de travail de l'équipe. C'est au cours des réunions de vente que se manifestent certains soubresauts, que la direction des ventes doit percevoir et maîtriser.

Ici, nous nous intéressons au vendeur en tant que membre de l'équipe de vente. Bien entendu, le regard porté ici sur le seul vendeur ne peut pas faire oublier qu'il existe une nécessaire réciprocité. Si le vendeur a des

---

1. *Les Techniques de la vente, Prospection commerciale, Stratégie et tactiques* et *L'Essentiel de la vente, op. cit.*

2. Se reporter à notre ouvrage *L'Évaluation du personnel,* Chiron Éditeur, 2002.

obligations vis-à-vis de la collectivité humaine à laquelle il appartient, les dirigeants de cette collectivité ont des devoirs à accomplir à son égard.

Mais cet aspect de la solidarité échappe au thème de cet ouvrage, et est traité dans notre livre Manager les vendeurs[1]. Il y est question de l'élaboration et de la présentation de la politique commerciale à la force de vente, de la définition des plans d'action, de la politique et de la pratique de la formation, des échanges d'informations, de l'appui-vente, etc.

Les quelques aspects évoqués ici du comportement sociable du vendeur sont extraits de grilles d'évaluation.

L'analyse des comportements du vendeur vis-à-vis de l'ensemble de l'équipe de vente et de son entreprise peut encore porter sur la mise au point d'approches et de méthodes personnelles, et du souci de les diffuser, l'accueil fait aux nouveaux vendeurs et l'appui pour leur mise en route, le comportement en réunion d'équipe, etc.

LE TABLEAU DE BORD DU VENDEUR

Sans comptabilité analytique, la fonction d'un contrôleur de gestion serait réduite à peu de chose. Ainsi en va-t-il du commercial, qui a besoin de repères pour son action. Il doit disposer d'un recueil d'informations, ou si l'on veut d'une banque de données, qui est le point de départ de sa maîtrise des performances.

L'extrait utile des données pertinentes constitue le tableau de bord du commercial (il importe de ne pas le confondre avec le manuel du commercial, dont il a été fait état en fin de chapitre 10, et qui recueille l'ensemble des réflexions conduites par l'entreprise sur le plan des méthodes commerciales, des définitions de fonction et d'activités, de la politique commerciale, des objectifs, etc.).

L'adoption du tableau de bord par les commerciaux

Le tableau de bord du commercial lui permet de faire le point régulièrement sur ses performances et ses résultats par rapport aux objectifs quantitatifs et qualitatifs assignés à son secteur ou qu'il a déterminés lui-même.

---

1. *Manager les vendeurs, op. cit.*

Un document de ce genre ne sera adopté par les intéressés que s'il a été conçu avec eux, à partir de leur besoin. Il serait imprudent d'en confier la conception au seul service informatique de la société.

Contenu d'un tableau de bord

La fonction d'un tableau de bord est celle d'un mémento, consulté fréquemment, doublé d'un miroir qui renvoie vers l'intéressé les résultats de ses efforts et de son action. L'assistance constante de l'informatique débarrasse le commercial du suivi fastidieux – et consommateur inutile de temps – des statistiques commerciales. Le tableau de bord d'ailleurs ne sera pas confondu avec les statistiques commerciales. Il en est l'extrait.

Avec un programme de traitement adapté, chaque commercial peut recevoir, sous un délai n'excédant pas le temps de la saisie – soit de douze à trente-six heures – quelques informations essentielles, à des rythmes décidés en fonction des nécessités. Ce peut être par exemple :

• Chaque jour : le cumul des commandes depuis le début de l'année rapporté à l'objectif cumulé à ce jour, qui permet de mettre en évidence l'écart.

Les commandes reçues quotidiennement ne font pas partie de ce tableau de bord : une journée n'est pas représentative de la marche des affaires. Les chiffres communiqués au délégué commercial sont bien, eux, des commandes saisies et non les facturations, ces dernières demandant un certain délai de traitement.

• Chaque semaine : les écarts de ventes cumulés à cette date (c'est-à-dire la seule différence entre l'objectif et le résultat cumulé). Il s'agit des :

– produits « stratégiques » ;

– produits en promotion ou faisant l'objet d'une DRAC ;

– principales familles de produits.

Chaque semaine également seront fournis les écarts de commandes cumulés des principaux clients (Force 4 et Force 3 ou clients 20 × 80).

• Chaque mois :

– l'écart de marge du secteur à cette date ;

– le chiffre d'affaires national et son écart par rapport à l'objectif à cette date.

On sera progressivement conduit à élargir la comparaison à l'écart du chiffre d'affaires européen pour les sociétés ayant une couverture commerciale pour toute l'Union européenne.

Le tableau de bord, moyen de motivation

Si le tableau de bord ne s'inscrit pas dans le mouvement, il perd la majeure partie de son intérêt. Le recueil et la manipulation de statistiques ou d'éléments d'appréciation de la situation d'ordre qualitatif n'ont de signification que si l'on envisage de faire le point rapidement sur les points forts et les points faibles de son territoire de vente et de son action commerciale et si l'on établit son appréciation à partir de données aussi objectives que possible, pour raisonner son action future.

Le tableau de bord est aussi l'un des points de départ du dialogue indispensable entre le vendeur et son encadrement. Il appelle nécessairement une réflexion organisée. Nous l'organisons avec l'analyse périodique du secteur de vente.

L'ANALYSE PÉRIODIQUE DU SECTEUR DE VENTE

Un commercial n'a pas pour fonction – il n'en a en général peu le goût – de collationner des chiffres, quand bien même ceux-ci résultent de son action et la décrivent. En demandant à l'informatique d'effectuer ce travail, du temps est libéré pour que le commercial réfléchisse, en prenant du recul, à la situation du secteur de vente qui lui a été confié.

Pour l'aider nous proposons – et nous avons mis en place cette activité dans plusieurs entreprises – que le commercial procède, chaque trimestre ou à la rigueur chaque semestre, à une analyse périodique de son secteur de vente. Les destinataires de ce travail sont d'une part lui-même et d'autre part la direction commerciale de son entreprise.

Un plan est proposé, à la fois pour faciliter la rédaction et pour permettre d'utiles comparaisons d'une période à l'autre (et pour la direction commerciale d'un secteur à l'autre).

1 – *Cibles ou marchés principalement travaillés*
   – Objectifs, résultats, écarts.
   – Commentaires en cas d'écarts importants en plus ou en moins.

2 – *Les mouvements significatifs des affaires et de la distribution*
   – Avances : pourquoi ?   Est-ce à cause du prix, de la qualité, du service, de l'image, etc.
   – Reculs : pourquoi ?   Est-ce à cause du prix, de la qualité, du service, de l'image, etc. ?*
   – État des grosses affaires en cours : montant, échéance, pronostic de résultat.

3 – *Impressions sur les tendances du marché*
   – Prix
   – Concurrence
   – Conjoncture
   – Menaces
   – Opportunités

4 – *Principales opinions recueillies**
   – Positives
   – Négatives
   De qui émanent-elles ?

5 – *Recommandations à la Direction Commerciale*
   Initiatives à prendre, moyens à accorder sur les plans
   – Technique
   – Administratif
   – Commercial
   – Financier
   Hiérarchiser selon l'importance selon l'échéance

6 – *Mon plan personnel, compte tenu de la situation*

* Les commentaires seront appuyés sur des exemples, des anecdotes ou des faits significatifs.

TABLEAU 59 – *L'analyse périodique du secteur de vente.*

L'analyse périodique du secteur de vente participe d'un double point de vue sur le commercial : il est selon nous un personnage aussi autonome que possible ; les décisions sont décentralisées au niveau du terrain, donc de l'acteur commercial qu'est chaque vendeur.

En cas de dérapage négatif, le responsable hiérarchique du niveau immédiatement supérieur propose son aide à l'intéressé. À l'occasion d'une analyse détaillée de la situation et des activités, il favorise la prise de conscience et aide le commercial à mettre en place et à réaliser le dispositif de correction de la trajectoire.

LES PRINCIPES D'UN SYSTÈME D'INFORMATION COMMERCIALE

Notre lecteur a certainement compris à travers ce qui précède qu'un système d'information commerciale est guidé par six principes.

La vitesse

À l'heure de l'électronique, on ne comprendrait pas que l'information ne soit pas diffusée dès qu'elle est saisie. La rapidité de transmission rendue possible par l'informatique embarquée est le gage de la promptitude des réactions correctrices nécessaires.

Ici n'est pas recherchée une précision comptable. L'approximation suffit.

L'essentiel

L'information, nous l'avons vu au sujet du tableau de bord, est réduite au strict indispensable. Six à dix valeurs suffisent. Pour simplifier la lecture, on peut réduire l'information par exemple au seul écart cumulé (ce qui supprime le rappel de l'objectif et du réalisé).

Si l'observation de l'écart cumulé suscite une interrogation (le tableau de bord joue son rôle d'alerte), on se reporte alors à des statistiques détaillées, hors tableau de bord.

La décentralisation

Chaque niveau hiérarchique est considéré comme responsable de ses objectifs et de ses actions.

Le contrôle

Le contrôle, c'est-à-dire la tenue en mains de la ligne de conduite choisie (objectifs), est confié d'abord à l'acteur commercial lui-même, à charge pour lui d'observer régulièrement ses résultats cumulés et de les comparer à l'objectif cumulé pour en dégager l'écart éventuel.

Tout écart négatif donne lieu à une alerte du niveau hiérarchique supérieur en vue d'un examen de la situation et de la mise en place d'un dispositif de rétablissement.

L'information

Tous les chiffrages et les calculs sont transférés à l'informatique. L'informatique sort en temps voulu les données quotidiennes, hebdomadaires, mensuelles ou d'autre périodicité selon les besoins.

L'intelligence

Chaque acteur commercial consacre son attention à l'interprétation, aux commentaires et aux propositions d'action résultant de la collecte d'informations non chiffrées, recueillies par ses soins et de l'observation des informations chiffrées fournies par l'informatique.

On peut résumer le fonctionnement du système d'information commerciale par le schéma suivant :

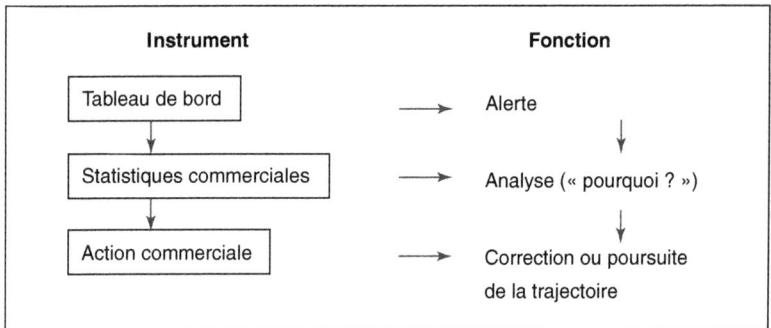

FIGURE 60 – *Schéma de fonctionnement du système d'information commerciale.*

Index

Table des figures et tableaux